Warum scheitern Manager?

Uwe Peter Kanning

Warum scheitern Manager?

Uwe Peter Kanning
Wirtschafts- und Sozialwissenschaften
Hochschule Osnabrück
Osnabrück, Niedersachsen, Deutschland

ISBN 978-3-662-61803-5   ISBN 978-3-662-61804-2 (eBook)
https://doi.org/10.1007/978-3-662-61804-2

Die Deutsche Nationalbibliothek verzeichnet diese Publikation in der Deutschen Nationalbibliografie; detaillierte bibliografische Daten sind im Internet über http://dnb.d-nb.de abrufbar.

© Der/die Herausgeber bzw. der/die Autor(en), exklusiv lizenziert durch Springer-Verlag GmbH, DE, ein Teil von Springer Nature 2020
Das Werk einschließlich aller seiner Teile ist urheberrechtlich geschützt. Jede Verwertung, die nicht ausdrücklich vom Urheberrechtsgesetz zugelassen ist, bedarf der vorherigen Zustimmung des Verlags. Das gilt insbesondere für Vervielfältigungen, Bearbeitungen, Übersetzungen, Mikroverfilmungen und die Einspeicherung und Verarbeitung in elektronischen Systemen.
Die Wiedergabe von allgemein beschreibenden Bezeichnungen, Marken, Unternehmensnamen etc. in diesem Werk bedeutet nicht, dass diese frei durch jedermann benutzt werden dürfen. Die Berechtigung zur Benutzung unterliegt, auch ohne gesonderten Hinweis hierzu, den Regeln des Markenrechts. Die Rechte des jeweiligen Zeicheninhabers sind zu beachten.
Der Verlag, die Autoren und die Herausgeber gehen davon aus, dass die Angaben und Informationen in diesem Werk zum Zeitpunkt der Veröffentlichung vollständig und korrekt sind. Weder der Verlag, noch die Autoren oder die Herausgeber übernehmen, ausdrücklich oder implizit, Gewähr für den Inhalt des Werkes, etwaige Fehler oder Äußerungen. Der Verlag bleibt im Hinblick auf geografische Zuordnungen und Gebietsbezeichnungen in veröffentlichten Karten und Institutionsadressen neutral.

Umschlagfoto: (c) adobe.stock/krise business hintergrund/shockfactor.de
Umschlaggestaltung: deblik Berlin

Planung/Lektorat: Marion Kraemer
Springer ist ein Imprint der eingetragenen Gesellschaft Springer-Verlag GmbH, DE und ist ein Teil von Springer Nature.
Die Anschrift der Gesellschaft ist: Heidelberger Platz 3, 14197 Berlin, Germany

Vorwort

Als in den späten 1990er-Jahren Daimler-Benz den Versuch unternahm, durch eine Fusion mit dem amerikanischen Automobilhersteller Chrysler zu einem der weltweit größten Automobilkonzerne aufzusteigen, war die Öffentlichkeit zunächst voll des Lobes. Der Vorstandsvorsitzende von Daimler-Benz wurde als visionärer Unternehmensführer gefeiert. Damals ahnte noch niemand, dass der Börsenwert des neuen Unternehmens in wenigen Jahren um zwei Drittel sinken, und Zehntausende von Menschen ihren Arbeitsplatz verlieren würden. Nach wenigen Jahren ist der Spuk vorbei und der Vorstandsvorsitzende wird in die Wüste geschickt.

Im Jahre 2008 endete die Geschichte eines der größten amerikanischen Bankhäuser – Lehman Brothers – mit einer gewaltigen Implosion. Die Schulden des über lange Jahre hinweg durchaus angesehenen Bankhauses übersteigen den realen Wert des Unternehmens um mehr als das 150-Fache. Sie betragen stolze 660 Mrd. US$. Hunderte von Mitarbeitern verlieren daraufhin ihren Job, Tausende Familien müssen ihr Eigenheim verkaufen, Rentner auf der ganzen Welt werden um ihr Erspartes gebracht, und das Image der Bankenbrachen bis auf den heutigen Tag hin geschädigt. Der Vorstandsvorsitzende verdient im letzten Jahr vor der Pleite noch 46 Mio. US$.

Seit insgesamt drei Jahrzehnten wird in Berlin der Versuch unternommen, einen neuen Großstadtflughafen zu bauen. Mehrfach wurde die Eröffnung angekündigt und wieder zurückgezogen. Die Kosten haben sich inzwischen fast verzehnfacht. Die Top-Führungskräfte inklusive der Mitglieder des Aufsichtsrates wurden mehrfach ausgetauscht.

Dies sind nur drei Beispiele für umfangreiche Managementfehler, die gravierende Konsequenzen nach sich gezogen haben. Sie markieren die sprichwörtliche Spitze des Eisbergs, denn Fehlentscheidungen geringerer Tragweite sind an der Tagesordnung, auch wenn sie nicht immer offen für jedermann sichtbar zu Tage treten. Bei der Vertuschung eigener Fehler geht so mancher Manager vielleicht geschickter vor, als bei der Bearbeitung seiner eigentlichen Aufgaben.

Vor dem Hintergrund von Befunden der psychologischen Forschung begibt sich das vorliegende Buch auf die Suche nach den Ursachen für Managementfehler und zeigt Perspektiven auf, wie man sich dagegen wappnen könnte. Dabei wird sich zeigen, dass die Ursachen sehr breit gestreut sind. Sie liegen in ungünstigen Eigenschaften vieler Menschen, die in Managementpositionen aufsteigen, ihrem Führungsverhalten, klassischen Denkfehlern und sozialpsychologischen Phänomenen, aber auch in Arbeitsbedingungen und unprofessioneller Personalarbeit. Viele der Risikofaktoren ließen sich vergleichsweise einfach vermeiden, wenn man sie als solche denn richtig erkennen würde und zu einem Umdenken bereit wäre.

Aufgrund besserer Lesbarkeit wurde – sofern eine geschlechtsneutrale Formulierung nicht möglich war – häufig die männliche Schreibweise verwendet. Selbstverständlich sind jedoch immer alle Geschlechter gemeint.

Das Manuskript zu diesem Buch wurde von Studierenden der Wirtschaftspsychologie von zahlreichen Tippfehlern befreit. Dafür danke ich ganz herzlich Malien Arndt, Daria Bielefeld, Evelyn Fellhölter und Tatjana Raisig. Alle verbleibenden Tippfehler gehen auf mein Konto.

Münster
im Frühling 2020

Uwe Peter Kanning

Inhaltsverzeichnis

1	Worum geht es?	1
2	Wie wird man (Spitzen-)Manager?	27
3	An welchen Eigenschaften scheitern Manager?	51
4	Wie führen schlechte Manager?	73
5	Warum treffen Manager Fehlentscheidungen?	89
6	Wie täuschen Manager sich und andere?	111
7	Unter welchen Bedingungen arbeiten Manager?	127
8	Wie bilden Manager sich weiter?	147
9	Warum werden sie nicht frühzeitig gestoppt?	163
10	Was ist zu tun?	181

Über den Autor

 **Prof. Dr. Uwe Peter Kanning,** Diplom-Psychologe, Professor für Wirtschaftspsychologie an der Hochschule Osnabrück. Autor und Herausgeber von mehr als 30 Fachbüchern und Testverfahren. Träger zahlreicher Auszeichnungen, zuletzt 2016 „Professor des Jahres" (Unicum Beruf), 2019 „vierzig führende HR Köpfe" (Personalmagazin). Seit mehr als 20 Jahren Beratung von Behörden und Unternehmen bei personalpsychologischen Fragestellungen. Arbeitsschwerpunkte: Personaldiagnostik und fragwürdige Methoden der Personalarbeit.

http://www.hs-osnabrueck.de/prof-dr-uwe-p-kanning

1

Worum geht es?

Als am 14. November 2014 das Landgericht Essen *Thomas Middelhoff* zu einer Freiheitsstrafe von drei Jahren verurteilt, findet die Wirtschaftskarriere eines besonders schillernden Spitzenmanagers ein ungewöhnlich dramatisches Ende. Zwar musste der gescheiterte Manager schon sechs Jahre zuvor bei ACANDOR (vormals KarstadtQuelle) seinen Hut nehmen, dies allein hätte ihm aber sicherlich nicht das Genick gebrochen. Schließlich hatte man ihn bereits im Jahr 2002 als Vorstandsvorsitzenden bei Bertelsmann in die Wüste geschickt. Arbeitslos wurde er danach nicht. Diesmal ging es allerdings nicht nur um Missmanagement, sondern auch um kriminelles Verhalten, das sich offensichtlich nicht so leicht unter den Teppich kehren lässt. Ins Gefängnis ging er wegen Untreue und Steuerhinterziehung, denn obwohl Middelhoff eigentlich angetreten war, ein marodes Unternehmen vor dem Konkurs zu retten, gibt er das Geld mit vollen Händen aus – und zwar ohne erkennbaren Nutzen für seinen Arbeitgeber:

- mehr als 300.000 € für Flugreisen, die privaten Zwecken dienten;
- 74.000 € für Hubschrauberflüge von seinem Wohnsitz in Bielefeld zur Konzernzentrale nach Essen, damit er nicht so lange mit seinem Chauffeur im Ruhrgebietsstau stehen musste;
- 1300 € für einen Hubschrauberflug zu einer Sitzung des Hochschulrates an der Westfälischen Wilhelms-Universität Münster – Middelhoff hatte Jahrzehnte zuvor in Münster studiert und wurde als besonders prominenter Absolvent in dieses damals noch recht neue Gremium berufen;

- 180.000 € für eine Festschrift zum 70. Geburtstag seines ehemaligen Bertelsmann-Mentors Mark Wössner;
- 700.000 € Spendengelder für die Universität Oxford – einer seiner Söhne studierte in Oxford und der Papa sicherte sich durch diese großzügige Spende einen Sitz in einem prestigeträchtigen Beratungsgremium der Alma Mater.

Sind diese Veruntreuungen allzu offensichtlich, hat sich Thomas Middelhoff bei anderen zwielichtigen Geschäften deutlich geschickter angestellt. So verkaufte er beispielsweise vier besonders wertvolle Karstadt-Immobilien an eine Immobiliengesellschaft, an der er selbst privat beteiligt war.

Doch auch jenseits krimineller Machenschaften kann Thomas Middelhoff als hervorragendes Beispiel für Missmanagement gelten. 1987 steigt er zunächst als Vorstandsassistent bei der Bertelsmann-Tochter Mohndruck ein und übernimmt 1990 aufgrund der Initiative seines Förderers Mark Wössner – dem Vorstandsvorsitzenden von Bertelsmann – die Geschäftsführung. Er verantwortet einen Umsatz von 1,2 Mrd. €, der mit einer Belegschaft von 4000 Mitarbeitern erwirtschaftet wird. In dieser Funktion kauft Middelhoff einen ehemaligen DDR-Schulbuchverlag. Schulbücher gehen immer, so könnte man als Laie denken, und vielleicht hat auch Middelhoff so gedacht, zumal der Verlag schon zu DDR-Zeiten in der Sowjetunion einen großen Absatzmarkt hatte. Was leider übersehen wurde, ist die Tatsache, dass zu Zeiten des kalten Krieges die wirtschaftlichen Beziehungen zwischen der Sowjetunion und der von ihr abhängigen „Bruderstaaten" ganz eigenen Regeln folgten. Die Schulbücher wurden vor der Wendezeit überhaupt nicht bezahlt, sondern als Reparationszahlungen einkassiert. Nach der Wende fehlten der Sowjetunion die Devisen, um die Bücher nun, im teuren Westen einkaufen zu können. Der Umsatz brach komplett ein. Das hätte man eigentlich vorher recherchieren können. Im Geschäftsjahr 1994/1995 erwirtschaftet Mohndruck einen Verlust von 23 Mio. €. 1994 schafft Middelhoff trotz solcher Ergebnisse den Sprung in den Bertelsmann-Vorstand und übernimmt das neu geschaffene Strategieressort. Hier gelingt ihm ein großer Coup – der vielleicht einzige in seiner Laufbahn. Er kauft für 1,8 Mio. € einen Anteil von 5 % an AOL, der einige Jahre später für abenteuerliche 7 Mrd. US$ wieder abgestoßen wird. Nun könnte man sich streiten, ob das Kaufen und Verkaufen von Firmenanteilen eine herausragende Managementleistung darstellt, schließlich hätte auch jeder Investor, der als Privatperson in der damaligen Zeit Aktienanteile am neuen Markt erworben hätte, in ähnlichen Größenordnungen Gewinne erzielen können, ohne dass jemals jemand auf die Idee gekommen wäre, hierin eine Managementleistung zu sehen. Andere Investments am neuen Markt (Einstieg bei Pixelpark und Lycos) erweisen sich hingegen als Fehlentscheidungen. Die Gewinne von AOL lassen sie jedoch nicht allzu deutlich in den Vordergrund treten. 1998 rückt Middelhoff zum Vorstandsvorsitzenden auf. Die Verluste im Internetgeschäft steigen auf fast 900 Mio. €, das traditionelle Buchgeschäft bleibt weiterhin in den roten Zahlen und auch die Tochter BMG steht kurz vor dem Verkauf. In dieser schwierigen Zeit überredet Middelhoff die Eigentümerfamilien, mit der Familientradition zu brechen und Anteile an RTL zu erwerben, indem sie den RTL-Anteilseignern Bertelsmann-Aktien zum Tausch anbieten. Einige Jahre später wird Bertelsmann für den Rückkauf dieser Anteile 4,5 Mrd. € zahlen müssen. Nach nur vier Jahren muss Middelhoff 2002 seinen Posten wieder räumen und wird dabei nicht gerade mit Lorbeeren überhäuft. In einer Firmenchronik werden die Middelhoff-Jahre später als „Phase der Desorientierung" elegant umschrieben.

Nach einem kurzen Intermezzo bei der britischen Firma Investcorp – einem Unternehmen, das mit Aufkauf und Ausschlachtung von Unternehmen das schnelle Geld macht – steigt Middelhoff 2004 als Sanierer bei KarstadtQuelle ein. Erneut sieht er seine Aufgabe nicht darin, durch klassisches Management das Unternehmen wieder auf Kurs zu bringen, sondern Firmenanteile geschickt zu (ver-)kaufen. Sonderlich erfolgreich ist er dabei nicht. So verkauft er beispielsweise einen Großteil der Karstadt-Immobilien für 4,5 Mrd. € an die Highstreet-Gesellschaft und muss von da an jährlich mehr als 320 Mio. € allein an Mietkosten aufbringen, Tendenz steigend. Die eingesetzten Strategien verschaffen ihm kurzfristig Luft, stellen aber keine Lösung der substanziellen Probleme dar. Gleiches gilt für den Einstieg bei Thomas Cook, einem damals gut laufenden Unternehmen. Durch die Gewinne von Thomas Cook, lassen sich die Bilanzen von KarstadtQuelle ein wenig aufhübschen, eine echte Managementleistung zur Sanierung des Unternehmens bleibt jedoch aus. In der Ära Middelhoff sinkt der Unternehmenswert von KarstadtQuelle um fast 90 % – eine stolze Bilanz.

Und auch privat gehörte das erfolgreiche Wirtschaften offensichtlich nicht zu den herausragenden Stärken des Thomas Middelhoff. Unter anderem erwirbt er gemeinsam mit Geschäftspartnern für 200 Mio. € ein Unternehmen, dass nach kurzer Zeit 60 % seines Wertes verliert. Nach seinem Ausstieg bei ACANDOR sieht er sich zahlreichen Klagen von ehemaligen Geschäftsfreunden ausgesetzt, mit denen er privat verbandelt war. Allein das Bankhaus Sal Oppenheim fordert von ihm fast 80 Mio. €, Roland Berger mehr als 6 Mio. €, sein Geschäftspartner Josef Esch 2,5 Mio. €, die

Sparkasse Köln-Bonn etwa 3 Mio. €. Über Jahre hinweg hat er – trotz seines sehr hohen Einkommens dank unzähliger Kredite – maßlos über seine Verhältnisse gelebt, mit Villa in Saint-Tropez (Kosten 1,3 Mio. € pro Jahr) und Jacht im Mittelmeer (700.000 € Kosten pro Jahr). Im Jahr 2015 geht er in die Privatinsolvenz.

Nur sieben Jahre zuvor erhielt er noch die Ehrendoktorwürde der Handelshochschule Leipzig. Ein Jahr früher wurde er mit den „Bayreuther Vorbildpreis" ausgezeichnet – wahrlich ein Vorbild, fragt sich nur für wen.

Dass Banken massive Managementfehler begehen, wundert heute niemanden mehr. Spätestens seit der weltweiten Bankenkrise vor gut zehn Jahren hat das Image der Branche selbst bei Kleinanlegern stark gelitten. In den frühen 1990er-Jahren sah da die Welt noch ganz anders aus. Bis der Skandal um den sog. „Baulöwen" *Jürgen Schneider* der Republik die Augen öffnete. Bis dahin war Jürgen Schneider ein gefeierter Star der Baubranche, der in der Nachwendezeit genau das machte, was sich viele vom Unternehmertum wünschten – die Ärmel hochkrempeln und den Aufbau Ost in Angriff nehmen. Im großen Stil kauft Schneider insbesondere im Osten des Landes ehemals prachtvolle Immobilien, die mit Mühe und Not die sozialistische Mangelwirtschaft überlebt haben, und unterzieht sie einer Hochglanzsanierung. So entsteht beispielsweise eine wunderschöne Einkaufspassage in Leipzig und viele Kulturdenkmäler werden vor dem Zerfall gerettet. Einen Nutzen aus den Edelsanierungen ziehen also keineswegs nur vermögende Mieter, sondern in starkem Maße auch die Allgemeinheit. Schneider wird so zum Liebling der Medien und so mancher Politiker sonnt sich in seinem Glanz.

Wie sich wenige Jahre später zeigen wird, basiert sein vermeintlicher Erfolg allerdings im Wesentlichen auf Betrügereien, die in ihrer Dreistigkeit fast schon skurril anmuten. Immer mit im Boot sitzen Banken, die unfassbar leichtgläubig auf seine Tricks hereinfallen. Das Kernproblem von Schneider ist, dass seine eigene Kapitaldecke viel zu gering ist, um die Bauprojekte stemmen zu können. Er muss sich daher das Geld vollständig bei den Banken leihen. Dies würde natürlich nicht funktionieren, wenn man ehrlich zu seinen Geschäftspartnern wäre. Also musste sich Schneider allerlei Kniffe einfallen lassen:

- Nehmen wir an, er will in bester Innenstadtlage eine Immobilie für 100 Mio. DM erwerben. Da er selbst über kein nennenswertes Eigenkapital verfügt, benötigt er 100 Mio. DM von den Banken. Üblicherweise würden ihm die Banken maximal 60 % finanzieren. Um einen Kredit über 100 Mio. DM zu bekommen, muss Schneider die Kaufsumme mit-

hilfe gefälschter Dokumente auf etwa 167 Mio. DM hochmanipulieren, sodass er am Ende die benötigte Summe bekommt. Gleichzeitig muss er die Bank durch gefälschte Belege über die Höhe seines Eigenkapitals täuschen, um kreditwürdig zu erscheinen.
- Da Schneider gleichzeitig viele vergleichbar große Bauprojekte nach demselben Prinzip am Leben hält und so gut wie nie Gewinn erwirtschaftet, benötigt er zusätzliche Kredite, um die bereits laufenden Kredite bedienen zu können. Nichts leichter als das. Dann wird die Kaufsumme eben von 167 auf 180 oder 190 Mio. DM angehoben.
- Dass Schneider einen Teil des neuen Kredites gar nicht für die intendierten Zwecke einsetzt, merkt der Kreditgeber nicht, weil Schneider seine Konten immer wieder bei anderen Banken führt.
- Wenn sich nun eine Bank tiefergehend für seine Kalkulationen interessiert und sehen möchte, ob er sein Bauvorhaben später überhaupt durch entsprechende Mieteinnahmen refinanzieren kann, so muss der Meister der Täuschung auch hier nachhelfen. Es gilt das Prinzip Klotzen und nicht Kleckern. Da werden Baupläne so manipuliert, dass man auch die Flure, Treppen und Aufzugschächte als zu vermietenden Wohnraum ausweist. Man erfindet zusätzliche Etagen und treibt so die fiktiven Mieteinnahmen in die Höhe. Im Falle der Zeil-Galerie in Frankfurt pumpt Schneider für die Banken ein Gebäude mit real 9000 m² Mietfläche auf erstaunliche 20.000 m² Mietfläche auf, ohne dass dies jemandem auffällt. Besonders pikant ist in diesem Fall, dass die Verantwortlichen der Bank einfach nur mal auf das Baustellenschild hätten blicken müssen, denn hier steht die exakte Quadratmeterzahl.
- Alternativ oder ergänzend werden astronomische Mieten vorgegaukelt. In der Zeil-Galerie lagen die realen Mieteinnahmen bei 8 Mio. DM. Schneider macht daraus 57 Mio. DM. Allein die Höhe der Miete, die Schneider für einen Kinderhort in der Zeil-Galerie veranschlagt, hätte die Banken stutzig machen können – es geht um eine monatliche Summe von 200.000 DM. Wie hoch müssten da wohl die Monatsbeiträge der Eltern sein?
- Als potenzielle Käufer von Immobilien, die Schneider sanieren will, treten unbekannte Unternehmen auf, die zum undurchsichtigen Firmenkonglomerat des Meisters – es sind mehr als 130 Einzelunternehmen – gehören. In Absichtserklärungen sichern sie gewaltige Summen für den Kauf der fertig sanierten Immobilie zu. Auch darauf fallen die Banken rein.
- Wollen die Banken reale Verträge sehen, vertröstet er sie immer wieder, bis nicht mehr nachgefragt wird. Zur Not fälscht er ganz einfach die

Papiere und lässt die Fälschungen von einem gut bezahlten Gutachter auch noch beglaubigen.
- Bevorzugt wendet er sich an kleine Filialen großer Banken, weil er weiß, dass sein Kredit deren Umsatz exponentiell in die Höhe schnellen lässt.
- Darüber hinaus erzeugt er den Eindruck, dass alles ganz fix gehen müsse, weil sonst das Projekt zu scheitern drohe.

Auf diesem Weg erschleicht sich Schneider einen Kredit nach dem anderen. Dabei wächst mit jedem Kredit der Druck, einen neuen Kreditgeber zu finden, damit der ständig steigende Geldbedarf zur Tilgung der Kredite befriedigt werden kann. Ein Teufelskreis, der nach etwa fünf Jahren sein Ende findet.

Ostern 1994 setzt Schneider sich zusammen mit seiner Frau unter falschem Namen in die USA ab, nicht ohne zuvor noch eine wenig Kleingeld für die Altersversorgung auf die Seite gelegt zu haben – 245 Mio. DM. Bald darauf wird er mit internationalem Haftbefehl gesucht und im Mai 1995 in Miami festgesetzt.

Einem Immobilienvermögen von etwa zwei Milliarden DM stehen Forderungen der Gläubiger in Höhe von 6,7 Mrd. DM gegenüber. Allein bei der Deutschen Bank steht Schneider mit 1,2 Mrd. DM in der Kreide. Die Anzahl der Gläubiger summiert sich auf mehr als 800 Unternehmen, meist kleine Handwerksbetriebe, deren Rechnungen er nicht bezahlt hat und von denen viele nun selbst in ihrer Existenz bedroht sind. Im Dezember 1997 wird Schneider zu sechs Jahren und neun Monaten Haft verurteilt. Die Haftstrafe fällt eher milde aus, weil die Richter den Banken eine erhebliche Mitschuld zuschreiben. Ohne ihr leichtfertiges Verhalten, ohne ihre massiven Fehlentscheidungen wäre Schneider schon beim ersten oder zweiten Kredit gescheitert. Im Dezember 1999 kommt er nach Anrechnung der Untersuchungshaft vorzeitig auf freien Fuß. Inwieweit in den Banken, die ihm allzu lange Zeit blind vertraut haben, personelle Konsequenzen gezogen wurden, ist unbekannt. Auch wenn sich ein Großteil der Bankenverluste steuerlich absetzen lässt, ist der verbleibende Schaden immens. In einer Pressekonferenz im Jahr 1994 bezeichnet der Vorstandsvorsitzende der Deutschen Bank den Schaden als „Peanuts" – dies trifft den Sachverhalt wohl nicht ganz.

Zu den weltweit markantesten Fällen in Sachen Missmanagement zählt in den letzten Jahren ohne Zweifel der *Dieselskandal*. Er wird vor allem mit dem Volkswagen-Konzern in Verbindung gebracht, sind viele andere Automobilhersteller doch in weitaus geringerem Umfang betroffen. Worum geht es? Als in den 80er-Jahren des letzten Jahrhunderts Automobilhersteller unter dem Eindruck der vergangenen Erdölkrise und dem langsam zunehmenden Umweltbewusstsein nach Alternativen zum Benzinantrieb suchen, rückte der Diesel als alternativer Kraftstoff in den Fokus insbesondere deutscher Automobilhersteller. Der Diesel hat gegenüber dem Benzinmotor zwei entscheidende Vorteile: Zum einen ist er effizienter, zum anderen produziert er weniger CO_2. Hatten Diesel-Fahrzeuge in den 1960er- und 1970er-Jahren immer noch mit dem Image eines Treckers zu kämpfen – langsame Beschleunigung, geringe Endgeschwindigkeit, laut vor sich hin nagelnde Motoren und weithin sichtbare Rußfahnen beim Anfahren – ändert sich das Bild zunehmend ins Positive. Dank des Erfindungsreichtums der Ingenieure werden Dieselmotoren von Generation zu Generation leiser, effizienter, geschmeidiger und leistungsstärker. Erst allmählich rücken auch die Nachteile des Diesels gegenüber dem Ottomotor in das Bewusstsein der Politik. Diesel produzieren im Vergleich zum Benziner mehr Stickoxide und Feinstaub. Um dieses Problem anzupacken, erlässt die Politik zunächst auf dem weltweit wichtigsten Automarkt, den USA und bald darauf auch in Europa zunehmend strengere Abgasrichtlinien. Bei der Zulassung eines neuen Fahrzeugs muss ein Hersteller in einem standardisierten Prüfverfahren belegen, dass sein neues Modell die strengen Abgasvorschriften erfüllt, ansonsten erhält er keine Zulassung. Die Automobilhersteller müssen sich also etwas einfallen lassen, um ihre Dieselfahrzeuge weiterhin auf die Straße zu bekommen. Im Prinzip stehen drei Techniken zur Verfügung, um die Umweltauflagen erfüllen zu können.

- Reinigung der Abgase mit Harnstoff; dies ist die gründlichste Methode, führt aber dazu, dass ein zusätzlicher Tank mit Harnstoff eingebaut werden muss, der alle paar Monate wieder neu zu befüllen ist.
- Einsatz von Katalysatoren; Katalysatoren sind weniger effektiv, erfordern aber keine regelmäßigen Wartungsarbeiten.
- Rückführung der Abgase in den Verbrennungsraum; hierdurch sinken zwar die Stickoxide, gleichzeitig steigen aber die Feinstaubwerte an. Der Feinstaub muss daher zusätzlich gefiltert werden, was grundsätzlich kein Problem darstellt. Allerdings sollen die Filter nach den US-Vorschriften ein ganzes Autoleben lang halten, was wiederum nur schwer zu realisieren ist.

Am leichtesten ließe sich das Problem über eine Harnstoffreinigung in den Griff bekommen. Dies gilt insbesondere für voluminöse Fahrzeuge, in denen sich leicht genügend Platz für einen so großen Harnstofftank finden lässt, den man nur einmal im Jahr bei der ohnehin anstehenden Inspektion in der

Werkstatt nachfüllen lässt. Der Kunde merkt im Grunde nicht einmal, dass seine Abgase mit Harnstoff gereinigt werden. Bei kleinen Fahrzeugen sieht dies ein wenig anders aus. Hier können nur kleine Zusatztanks installiert werden, was dazu führt, dass die Kunden den Harnstoff entweder selbst nachfüllen oder mehrmals im Jahr eine Werkstatt aufsuchen müssen. Volkswagen produziert überwiegend kleinere Fahrzeuge und fürchtet, dass die Kunden in den USA den größeren Aufwand nicht hinnehmen werden und man dadurch Marktanteile verlieren wird. Die Alternative zur reinen Harnstoffreinigung wäre eine Kombination der verschiedenen Technologien in einem Fahrzeug. In diesem Fall würde ein kleiner Harnstofftank auch bis zur jährlichen Inspektion reichen. Drei neue Technologien in ein Fahrzeug einzubauen, treibt aber wiederum die ohnehin schon knapp kalkulierten Preise für Kleinwagen überproportional in die Höhe. Während es für den Käufer einer neuen S-Klasse relativ unbedeutend ist, ob sein Fahrzeug 5000 € mehr oder weniger kostet, würden entsprechende Mehrkosten bei einem Golf, einem Polo oder gar einem Lupo wahrscheinlich dazu führen, dass man sich für ein anderes Auto entscheidet. Ganz verzichten auf die Dieseltechnologie kann man aber auch nicht, schließlich hat man hier riesige Summen investiert. Hinzu kommen die Vorteile im Bereich des CO_2-Ausstoßes.

In dieser Gemengelage greift man bei Volkswagen zu einem illegalen Trick. In das Auto wird eine spezielle Software – die sog. Abschaltvorrichtung – eingebaut. Die Software erkennt, ob sich das Fahrzeug im normalen Straßenbetrieb bewegt oder ob gerade eine Prüfung der Abgaswerte vorgenommen wird. Die Software erkennt den Unterschied u. a. daran, dass sich das gesamte Fahrzeug und auch das Lenkrad im Straßenbetrieb ständig bewegen. Im Testbetrieb läuft zwar der Motor mit hohen Drehzahlen, ansonsten herrscht aber Ruhe an Bord. Im Prüfmodus sorgt die Software für eine hohe Harnstoffzuführung, sodass die Abgaswerte im grünen Bereich bleiben und das Fahrzeug die Prüfung besteht. Im Normalbetrieb wird die Harnstoffzuführung hingegen sehr stark reduziert. So reicht die Füllung des Harnstofftanks bis zur nächsten Inspektion. Dass dabei natürlich die Abgasvorschriften im Alltagsbetrieb nicht eingehalten werden, merkt niemand – vorerst.

Eine Zeit lang fliegt der Betrug nicht auf. Obwohl schon im Jahr 1993 Abschaltvorrichtungen bei Cadillac aufgedeckt werden und in den folgenden Jahren zwei amerikanische Automobilhersteller 8 bzw. 80 Mio. US$ Strafzahlungen leisten müssen, wähnte man sich im fernen Wolfsburg offenbar in Sicherheit. Erst ab 2013 zieht sich auch für Volkswagen die Schlinge zu. In diesem Jahr untersucht ein Team der West Virginia University in Kalifornien den Abgasausstoß von drei Dieselfahrzeugen und zwar sowohl im Prüfstand als auch unter realen Bedingungen. Die Ergebnisse könnten kaum drastischer ausfallen. Während auf dem Prüfstand alle Normwerte eingehalten werden, produziert ein Passat im normalen Fahrbetrieb 22-mal so viele Schadstoffe. Bei einem Jetta liegt der Ausstoß im Normalbetrieb sogar um das 35-Fache über den Werten, die im Prüfmodus gemessen werden. Später repliziert die amerikanische Umweltschutzbehörde die Ergebnisse und stellt Volkswagen zur Rede. Hätte man jetzt alle Karten auf den Tisch gelegt, wäre man vielleicht noch mit einem blauen Auge davongekommen. Stattdessen treiben die Verantwortlichen aus Wolfsburg das Spiel weiter. Volkswagen spricht von einem dummen Fehler, entschuldigt sich und ruft einige hunderttausend Autos zurück, um ein neues Software-Update aufzuspielen. Leider ändert dies nichts, wie erneute Test der Umweltbehörde zeigen. Erst als die Behörde droht, den Modellen für das Jahr 2016 keine Zulassung für den amerikanischen Markt zu erteilen, gibt Volkswagen den Betrug zu. Betroffen sind allein in den USA mehr als 11 Mio. Fahrzeuge.

Von jetzt an gibt es kein Halten mehr. Im September 2015 – nur vier Wochen, nachdem der Skandal publik wird, muss der Vorstandsvorsitzende von Volkswagen Martin Winterkorn seinen Hut nehmen. Persönliche Schuld weist er weit von sich, übernimmt aber generös die politische Verantwortung. Er selbst sieht sich als Opfer eigenmächtig handelnder Ingenieure, die ohne sein Wissen die Abschalteinrichtung installiert haben sollen. Im Jahr 2018 erhebt ein amerikanisches Gericht Anklage gegen Winterkorn, ein Jahr später auch die Staatsanwaltschaft Braunschweig. Ebenfalls im Jahr 2019 wird in Braunschweig Anklage gegen den derzeitigen Aufsichtsratsvorsitzenden Hans Dieter Pötsch und den Vorstandsvorsitzenden Herbert Driess erhoben. Ihnen wird u. a. vorgeworfen, sie hätten seinerzeit die Anleger über das wahre Ausmaß und die finanziellen Risiken des Dieselskandals getäuscht. Pötsch war seinerzeit Finanzvorstand und Driess Chef der Marke VW im Volkswagenkonzern. Ausgestanden ist die Sache also noch lange nicht. Vielleicht wird sich auch eines Tages zeigen, wie eigenmächtig die Ingenieure seinerzeit wirklich gehandelt haben. 2017 wird der VW-Manager James Lian in den USA zu drei Jahren Haft verurteilt, sein Vorgesetzter Oliver Schmidt muss wenige Monate später für sieben Jahre ins US-Gefängnis. Doch damit nicht genug, allein in den USA sind bislang Gesamtkosten in einer Höhe von etwa 25 Mrd. € für Volkswagen aufgelaufen. Dabei geht es um Strafzahlungen an den Staat, ebenso wie um Entschädigungszahlungen für Kunden und Vertragshändler. In Deutschland sind etwa 2,4 Mio. Fahrzeuge betroffen. Die Rechtslage ist hier aber wesentlich weniger streng, als in den USA. Wahrscheinlich kommt man im Heimatland des Käfers mit einigen hundert Millionen Euro noch recht glimpflich aus der Affäre. Immerhin steht der Konzern auch heute noch hinter seinen Spitzenmanagern. Im Jahr 2016 wird der Vorstand auf der Aktionärsversammlung entlastet und auch die Boni an Winterkorn und seine Vorstandskollegen werden keineswegs einbehalten. Gute Leistung macht sich eben bezahlt.

Schauen wir einige Jahre zurück, so finden sich neben dem Dieselskandal viele weitere Hinweise auf massive Fehlentscheidungen des Managements.

1993 wirbt der damalige Vorstandsvorsitzende von Volkswagen, Ferdinand Piëch bei General Motors einen Spitzenmanager – José Ignacio López – ab, der bei dieser Gelegenheit auch gleich noch ein paar geheime Konstruktionsunterlagen der Tochterfirma Opel bei seinem alten Arbeitgeber mitgehen lässt. Opel und Volkswagen haben damals ihre Stärken im selben Marktsegment und sind eindeutige Konkurrenten. Letztlich wird Volkswagen für diesen Coups 100 Mio. US$ Strafe zahlen müssen. López wird zu 200.000 € Strafe verurteilt und muss schon 2016 das Unternehmen wieder verlassen. Eine lohnenswerte Investition.

Ende der 1990er-Jahre will Volkswagen endgültig die Klasse der Brot-und-Butter-Autos verlassen und zum automobilen Olymp aufsteigen. In Großbritannien stehen der angeschlagene Luxushersteller Rolls Royce mit seinem Tochterunternehmen Bentley zum Verkauf. Eigentlich geht die Welt davon aus, dass BMW hier zum Zuge kommt, zumal der bayerische Hersteller schon seit vielen Jahren Bauteile der Motoren für Rolls Royce liefert. Dies scheint den Verantwortlichen bei Volkswagen im Eifer des Gefechts entgangen zu sein. Mit einem gewaltigen Angebot von 700 Mio. € schnappen sie BMW kurz vor dem Ziel den Happen vor der Nase weg und werden zum Eigentümer von Rolls Royce/Bentley. Zuvor hatte BMW allerdings schon für 120 Mio. € die Rechte am Markennamen Rolls Royce erworben. Auch das hätte man vorher wissen können. Im Ergebnis einigt man sich später mit BMW und teilt den Kuchen untereinander auf. Rolls Royce geht zu BMW und Bentley verbleibt bei Volkswagen. Kostengünstiger hätte BMW wohl nie Rolls Royce erwerben können.

Im Jahr 2001 wartet Volkswagen mit einem eigenen Oberklassemodell auf, dem Phaeton. Er soll den großen Brüdern von Mercedes und BMW mit ihrer S-Klasse und dem 7er das Wasser abgraben. Im Jahr 2016 hat der Spuk ein Ende. Im Durchschnitt hat man pro Jahr etwas mehr als 5000 Fahrzeuge an den Kunden gebracht – weniger als die Nobelmarke Bentley. Liegt es vielleicht daran, dass Käufer der Oberklasse mehr als nur nüchterne Zahlen im Sinn haben, wenn sie sich für ein bestimmtes Modell entscheiden?

Vielleicht geht es ja auch um Tradition, Glamour, Distinguität. Aber so etwas kann man natürlich vorher nicht ahnen.

Als *Jürgen Schrempp* in den späten 1950er-Jahren eine Ausbildung zum Kfz-Mechaniker bei Daimler-Benz beginnt, waren zwei Entwicklungen wohl weder für ihn noch für irgendeinen Menschen in seiner Umgebung denkbar: Zum einen, dass er in den kommenden Jahrzehnten bis zum Vorstandsvorsitzenden aufsteigt, zum anderen, dass er schon bald darauf für die größte Firmenpleite in der Geschichte des Konzerns verantwortlich sein wird. Nach der Lehre absolviert er zunächst die Fachschule, in der er sich zum Ingenieur weiterbildet. 1974 steigt er bei Daimler-Benz in eine Managementfunktion auf und geht für acht Jahre nach Südafrika. 1984 wird er zum Vorstandsvorsitzenden des Tochterunternehmens DASA berufen, um 1995 die Nachfolge von Edzard Reuter als Vorstandsvorsitzenden bei Daimler-Benz anzutreten. Bis dahin sieht alles nach einer glänzenden Karriere aus, wenn wir einmal davon absehen, dass er als DASA-Chef den Kauf und Verkauf des Flugzeugherstellers Fokker zu verantworten hat, der mit mehr als 2,5 Mrd. € Verlust zu Buche schlägt. Im Jahre 1995 ist Jürgen Schrempp gerade 51 Jahre alt und hätte noch weit mehr als 10 Jahre als Vorstandsvorsitzender wirken können, ehe er anschließend auf den Posten des Aufsichtsratsvorsitzenden wechselt. Doch dazu wird es nicht kommen. Überhäuft mit Auszeichnungen, wie dem Bundesverdienstkreuz, dem Bayerischen Verdienstorden, einem Bambi und sogar dem Titel eines Professors ehrenhalber des Landes Baden-Württemberg scheidet er 2005 vorzeitig aus dem Konzern aus, nachdem ein Jahr zuvor sein Vertrag noch um drei weitere Jahre verlängert wurde. Eine Abfindung bekommt er nicht, aber immerhin muss er nicht ins Gefängnis. Was war geschehen?

Die Quelle allen Übels liegt in der Fusion von Daimler-Benz mit dem amerikanischen Massenhersteller Chrysler im Jahr 1998 zum neuen DaimlerChrysler Konzern. Wahrscheinlich wurde noch nie in der Geschichte des Automobils ein so großes Projekt in solch kurzer Zeit gestemmt. Im Januar 1998 begegnet Jürgen Schrempp dem damaligen Chef von Chrysler Robert Eaton und äußert in einem kurzen Gespräch en passant die Idee einer Fusion beider Unternehmen. Der Premiumhersteller aus Deutschland und der Massenhersteller aus den USA scheinen ihm irgendwie füreinander geschaffen zu sein. Zumindest überschneiden sich ihre Geschäftsbereiche so gut wie überhaupt nicht – außer, dass beide eben Automobile bauen. Mitte Februar treffen sich Schrempp und Eaton in Genf, um aus der Vision ein konkretes Ziel werden zu lassen. Wer nun denkt, dass in den nächsten 12 oder 15 Monaten hunderte von Experten aus allen Sektoren der beiden Konzerne über das Ob und Wie grübeln, um ein möglichst wasserdichtes Projekt auf die Beine zu stellen, der irrt. Schon zwei Monate später, am 19. April, legt Schrempp seinen Vorstandskollegen – die bislang nicht eingeweiht sind – einen fertigen Plan zur Fusion beider Unternehmen auf den Tisch. Am 6. Mai wird der Aufsichtsrat überrascht und noch am selben Tag werden feierlich die Verträge unterzeichnet. Einen Tag später lässt man in London öffentlich die Katze aus dem Sack. Die Planung ist so geheim, dass nicht einmal die Planer des Events wissen, worum es an diesem Tag eigentlich gehen soll. Auf den Namen DaimlerChrysler hat man sich erst zwei Tage vor der Vertragsunterzeichnung einigen können. Für eine Prüfung durch den Aufsichtsrat bleibt keine Zeit. Mit DaimlerChrysler entsteht der damals drittgrößte Automobilhersteller der Welt, was letztlich auf die Größe von Chrysler zurückzuführen ist. Größe allein erscheint vielen offenbar als ein Garant für Erfolg. Und so applaudiert nicht nur die Politik in Deutschland, sondern auch die Weltpresse. Schrempp erscheint als die Inkarnation erfolgreichen Unternehmertums. Mit einem Team von etwa 25 Eingeweihten auf beiden Seiten des Atlantiks wurde eine der größten Fusionen der Wirtschaftsgeschichte in gerade einmal drei Monaten unter Dach und Fach gebracht. Die Treffen der Delegationen sind so geheim, dass sie aus einem Agenten-Thriller stammen könnten. Man trifft sich an wechselnden Orten in verschiedenen Ländern. Die deutsche Delegation reist getrennt voneinander über verschiedene Flughäfen an. Zum Teil checkt man unter falschen Namen in Hotels ein, um bloß nicht enttarnt zu werden. Auf deutscher Seite sind lediglich drei Personen über alles eingeweiht. Alle übrigen Experten wissen nicht, worum es geht, wenn man bei ihnen Informationen abruft. Top-Secret das Ganze und allein in den Händen von nur drei Entscheidungsträgern auf deutscher Seite, die von sich glauben, den Durchblick zu haben.

Praktisch vollzogen wird die Fusion im September/Oktober 1998, indem die Aktionäre beider Unternehmen ihre alten Aktien gegen die neuen DaimlerChrysler Aktien tauschen. Für eine Daimler-Benz Aktie erhält man eine DaimlerChrysler-Aktie und für eine Chrysler-Aktie 0,6 Aktienanteile des neuen Unternehmens. Beinahe alle Aktionäre glauben an das Unterfangen und folgen der Umtauschempfehlung. Jürgen Schrempp ist auf dem Höhepunkt seiner Karriere und ergibt sich in immer waghalsigeren Lobeshymnen: „Heute gründen wir das führende Automobilunternehmen des 21. Jahrhundert, eines, das das Tempo der Automobilwelt im nächsten Jahrtausend bestimmen wird." „DaimlerChrysler wird das innovativste, profitabelste und das weltweit am besten aufgestellte Unternehmen seiner Branche sein." Die Realität wird schon bald ganz anders aussehen.

Jürgen Schrempp gehört zu der neuen Generation von Managern, die den Erfolg eines Unternehmens ausschließlich am Aktienkurs und der Rendite festmachen und so muss er sich auch gefallen lassen, dass er genau daran gemessen wird. Nach einem kurzen Anstieg der Aktienkurse bis zum April 1999 sinkt der Aktienkurs in den folgenden fünfeinhalb Jahren um mehr als zwei Drittel. Dies entspricht einem Wertverlust von etwa 50 Mrd. €. In Wirklichkeit ist der Verlust noch sehr viel stärker, wenn man bedenkt, dass die Aktienkurse im Dax zwischen 1995 und 2005 um 162 % gestiegen sind. Versprochen wird den Aktionären zum Zeitpunkt der Fusion eine jährliche Rendite von 12 %. Am Ende wäre wohl jedes Sparbuch rentabler gewesen. Ein amerikanischer Aktionär wird später vor Gericht eine Entschädigung von 300 Mio. € erstreiten. Die meisten anderen tragen ihre Verluste offenbar mit größerer Fassung. Doch es geht nicht nur um materielle Verluste. Zu Beginn der Fusion beschäftigt DaimlerChrysler etwa 440.000 Menschen, im Jahr 2005 sind es fast 20 % weniger. Die Fusion ist gescheitert. Im Jahr 2007 trennen sich beide Unternehmen wieder. Aus DaimlerChrysler wird die Daimler AG, was die Erben von Carl Benz wohl bis heute nicht überwunden haben. Jahre später wird Chrysler in den Fiat-Konzern integriert.

Auch wenn die DaimlerChrysler-Pleite so übermächtig groß erscheint, dass sie geeignet ist, alle anderen Managementfehler in den Schatten zu stellen, sollen an dieser Stelle noch einige weitere Fehlentscheidungen wieder ans Tageslicht geholt werden. Sie verdeutlichen eines: Missmanagement war in jenen Jahren bei DaimlerChrysler kein singuläres Ereignis.

- 1998 kündigt Schrempp öffentlich an, gemeinsam mit Nissan Dieselmotoren für Lkw fertigen zu wollen. Ein halbes Jahr später versandet das Projekt.
- Im Jahr 2000 kauft sich DaimlerChrysler für 2 Mrd. € bei Mitsubishi ein und erwirbt damit ein so großes Aktienpaket, dass sie eine Sperrminorität besitzen. In den nächsten Monaten sinken die Umsätze bei Mitsubishi um mehr als 10 % und 44.000 Arbeiter verlieren ihren Arbeitsplatz. 2004 stehen Ausgleichszahlungen von DaimlerChrysler an Mitsubishi in Höhe von 1,5 Mrd. € an. Schrempp ist zu der Finanzspritze bereit, obwohl ihm aufgrund der Fusion mit Chrysler, das Wasser schon bis zum Hals steht. Nur auf Betreiben der übrigen Vorstandskollegen beendet man das Abenteuer und verkauft die Firmenanteile wieder – natürlich mit Verlust.
- Ebenfalls im Jahr 2000 kauft man sich für eine halbe Milliarde Euro bei Hyundai ein. Vier Jahre später ändert man wieder seine Meinung und verkauft wieder alle Anteile.

- Im Jahr 2002 startet Daimler den Versuch, in das Luxussegment britischer Automarken wie Rolls Royce und Bentley aufzusteigen, indem sie der ausgestorbenen deutschen Luxusmarke Maybach neues Leben einhauchen. Nach britischem Vorbild wird das Fahrzeug in einer eigenen Manufaktur gefertigt. Geplant ist eine Produktion von 1000 Fahrzeugen pro Jahr. Doch dieses Ziel wird nie erreicht. Der Höhepunkt der jährlichen Verkaufszahlen liegt mit 600 Fahrzeugen in 2004. Von da an geht es stetig bergab. Im Jahr 2010 sind es nur noch 180 Fahrzeuge. Rolls Royce verkauft im selben Jahr mehr als zehnmal so viele Automobile. Offensichtlich hat man den Markt falsch eingeschätzt bzw. die Kundenwünsche nicht verstanden. Wer mehrere hunderttausend Euro in den Kauf einer Luxuslimousine steckt, sucht etwas besonders Exklusives. Leider sah der Maybach von Anfang an aus, wie eine aufgeblasene S-Klasse – keineswegs schlecht, aber leider nicht annähend so exklusiv wie ein Rolls Royce oder ein Bentley. Inzwischen ist die Manufaktur eingestellt worden und Maybach ist nur noch der Name eine Luxusaustattungsvariante der S-Klasse. Wie viele Milliarden bei diesem Unterfangen in den Sand gesetzt wurden, bleibt vor der Öffentlichkeit verborgen.

Wer nun denkt, es geht nicht mehr schlimmer, sei an den Niedergang des amerikanischen Bankhauses *Lehman Brothers* erinnert. Lehman Brothers wird Mitte des 19. Jahrhundert von drei Brüdern aus Deutschland gegründet, die in die USA ausgewandert sind. Im Laufe der Jahrzehnte entwickelt man sich zu einer der fünf größten Investmentbanken der USA. 2008 wird das Unternehmen unter der Leitung von Richard Fuld in die Insolvenz gewirtschaftet. Zum damaligen Zeitpunkt ist das Unternehmen mit 660 Mrd. US verschuldet. Dem gegenüber steht ein Unternehmenswert von geradezu lächerlichen 4,4 Mrd. US. Die Schulden übertreffen den Unternehmenswert um das 150-Fache. Das primäre Arbeitsfeld von Investmentbanken liegt in der Vergabe von risikoreichen Krediten an Unternehmen. Aufgrund des hohen Risikos können größere Gewinne erzielt werden, als dies bei Geschäftsbanken der Fall ist. Das eigene Risiko federt die Investmentbank ab, indem sie die Kredite in Form von Anleihen an Kunden weiterreicht. Jeder Käufer von Anleihen wird somit zu einem kleinen Kreditgeber und trägt einen Teil des Risikos, hat aber auch die Chance größere Gewinne zu erwirtschaften. Während Kleinanleger bis 1999 als potenzielle Kreditnehmer vor den höheren Risiken der Zusammenarbeit mit einer Investmentbank geschützt waren und sich an eine normale Geschäftsbank wenden mussten, ändert sich in diesem Jahr die Rechtslage in den USA. Mit einem Mal können Investmentbanken auch an Kleinanleger hoch risikoreiche Kredite vergeben und setzen ihre Kreditnehmer damit der Gefahr aus, sich zu verschulden, wenn sie zu hohe Kredite aufnehmen, die sie später bei steigenden Zinsen nicht mehr zurückzahlen können. Mit dieser Gesetzesänderung nimmt um die Jahrtausendwende herum das Unheil seinen Lauf. Im großen Stil verkaufen Investmentbanken über selbstständige Hypothekenmakler Menschen mit geringem Einkommen Baukredite. Die Baukredite werden später dann – vergleichbar zu klassischen Anleihen – in Form von Kreditderivaten an Kunden, Banken und Fonds verkauft. Banken und Fonds verkaufen die Anteile wiederum an ihre Kunden, die zu einem großen Teil selbst Kleinanleger sind und über die Risiken der Anleihen im Unklaren gelassen werden. Am Anfang der Entwicklung scheinen alle Beteiligten nur zu profitieren:

- Häuslebauer mit geringem Einkommen bekommen ohne Prüfung ihrer Bonität einen Kredit mit geringen Zinsen und können ihren Traum vom Eigenheim verwirklichen. Dies ist grundsätzlich politisch gewollt. Sie müssen nicht einmal Eigenkapital vorweisen. Mehr noch, sie können sogar einen Baukredit aufnehmen, der die Kosten des Hausbaus übersteigt, sodass sie gleich bei Abschluss des Kredits Bargeld ausgezahlt bekommen. Durch die extrem leichte Kreditvergabe wird in den USA ein Bauboom ausgelöst. Hausbesitzer und Bauherren können daher mit steigenden Immobilienpreisen rechnen und somit ihr eigenes Risiko absichern.
- In dem Maße, in dem der Bauboom einsetzt, verdienen die Kreditvermittler sehr viel Geld durch hohe Provisionen. Dabei wird von ihnen keine fachliche Ausbildung eingefordert. Hypothekenmakler kann jeder werden, der dies möchte.
- Die Investmentbanken streichen hohe Gewinne ein, indem sie die Schuldverschreibungen als Kreditderivate weiterverkaufen. Mit dem Teil des Geldes zahlen sie eigene Kredite bei den Geschäftsbanken zurück, bei denen sie sich in sehr großem Stil verschulden. Der Rest des Gewinns wird in Form steigender Boni an die eigenen Mitarbeiter sowie in Form von Renditen an die Anteilseigner der Investmentbank ausgeschüttet.
- Die Kreditderivate der Investmentbanken lassen sich umso leichter verkaufen, je positiver sie von privaten Ratingagenturen bewertet werden. Die Ratingagenturen verdienen ihr Geld u. a. durch Gebühren für die Begutachtung aber auch als Serviceanbieter, wenn sie die Investmentbanken bei der Gestaltung der Kreditderivate sowie der Gebühren der Kreditderivate beraten. Je mehr Kreditderivate auf den Markt kommen, desto mehr Geld lässt sich hier verdienen.

- Klassische Banken verdienen zum einen, indem sie Kredite an Investmentbanken vergeben und zum anderen indem sie Kreditderivate an (Klein-)Anleger verkaufen.
- Die Kleinanleger erhalten attraktive Renditen.

Eine Zeit lang läuft alles gut. Anfang der 2000er-Jahre treten dann die ersten Probleme auf. In der Gier, immer mehr und schneller Geld verdienen zu wollen, schwatzen die Hypothekenmakler zunehmend auch solchen Kunden Baukredite auf, die hiermit in jeglicher Beziehung überfordert sind und schon bald die Kredite nicht mehr zurückzahlen können. Je häufiger dies geschieht, desto mehr wird dadurch das gesamte System ins Wanken gebracht. Hinzu kommt, dass durch die immer größere Nachfrage die Immobilienpreise immer weiter steigen und damit auch die Überschuldung der nächsten Bauherrengeneration zunimmt. Da aufgrund der komplexen Verschachtelung des Gesamtsystems sehr viele Menschen mitverdienen wollen, müssen die Zinsen für die Baukredite nach kurzer Zeit steigen. In vielen Fällen vervielfachen sie sich innerhalb weniger Jahre, was dazu führt, dass Bauherren insolvent werden und diejenigen, die von den Kreditderivaten profitieren wollen, ihr Geld verlieren. Das Ganze funktioniert wie eine Art Pyramidensystem, bei dem die ersten Teilnehmer noch große Gewinnchancen haben. Je später man jedoch einsteigt, desto größer ist die Gefahr, am Ende zu denen zu gehören, die die Zeche zahlen müssen. Dies gilt auch in gewisser Weise für die Investmentbanken selbst. Am Anfang streichen sie enorme Gewinne ein, wenn sie aber nicht erkennen, wann der Markt sich dreht und immer weiter Kredite bei Großbanken aufnehmen, die sie als Baukredite an nicht solvente Bauherren weitergeben, sinkt der Wert ihrer Kreditderivate immer weiter und sie bleiben am Ende auf einem riesigen Schuldenberg sitzen.

Genau so ist es Lehman Brothers ergangen. Interne Warnungen, dass das Unternehmen schon drei Jahre vor dem Zusammenbruch um den Faktor 22 verschuldet ist, schlägt der große Unternehmenslenker Richard Fuld in den Wind. Trotz Insolvenz wird Richard Fuld noch äußerst vorteilhaft aus der Sache herauskommen. Im letzten Jahr vor dem Zusammenbruch betrug sein Gehalt 46 Mio. US$. Offensichtlich hat es sich für ihn ausgezahlt das Spiel so lange weiter zu spielen, bis alles in sich zusammenbricht.

Fehlentscheidungen von Managern sind natürlich kein Privileg der Wirtschaft. Der jährliche Bericht des Bundes der Steuerzahler mag hier als ein grober Indikator dienen. Auf der Suche nach einem herausragenden Leuchtturmprojekt katastrophalen Managements im öffentlichen Dienst muss man nicht lange suchen. Welches Projekt bietet sich besser an, als die unendliche Geschichte des *Flughafenbaus in Berlin?* Die Geschichte beginnt vor 30

Jahren kurz nach der Wende als der Vorstandsvorsitzende der westdeutschen Lufthansa und der Generaldirektor der ostdeutschen Interflug anregen, im Süden Berlins einen neuen Großflughafen zu bauen, um dem zukünftigen Fluggastaufkommen Herr werden zu können. Ab 1991 nimmt sich die Politik der Sache an. Die Bundesländer Berlin und Brandenburg gründen gemeinsam mit der Bundesregierung die „Berlin Brandenburg Flughafen Holding". Im Aufsichtsrat sitzen Vertreter verschiedener Behörden und als Aufsichtsratsvorsitzende fungieren fast ausschließlich ausgewiesene Bau- und Luftfahrtexperten: Eberhard Diepgen, Klaus Wowereit, Mathias Platzeck, ihres Zeichens regierender Bürgermeister von Berlin bzw. Ministerpräsident von Brandenburg.

Die wichtigste Frage, die zu Beginn beantwortet werden muss, ist die nach dem genauen Standort des Flughafens. Im Jahr 1993 stehen noch sieben Alternativen zur Verfügung, von denen drei besonders geeignet erscheinen. Die nähere Auswahl wird an ein Gutachterteam delegiert. Auf Platz 1 liegt danach der Standort Sperrenberg. Aufgrund der geringen Bevölkerungsdichte wäre hier mit wenig Gegenwehr der Bevölkerung zu rechnen und zudem ein 24-h-Flugbetrieb möglich. Darüber hinaus bietet das Land drum herum viele Möglichkeiten, um in den nächsten Jahren und Jahrzehnten weiter expandieren zu können. All dies sind wichtige Voraussetzungen für einen internationalen Großflughafen. Auf Platz 2 landet der Standort Jüteborg und auf Platz 3 Schönefeld-Süd. Die Flughafengesellschaft entscheidet sich für Schönefeld-Süd und damit für die aus Sicht der Experten schlechteste Lösung. Der Neubau des Schönefelder Flughafens liegt in einem relativ dicht besiedelten Gebiet. Aufgrund der Besiedlung darf zwischen 23.30 und 5.30 Uhr kein Flugverkehr stattfinden. Zusätzlich werden Kosten für den Schallschutz der Anwohner in einer Größenordnung von etwa 600 Mio. € fällig. Aufgrund von Sicherheitsvorschriften können die Flugzeuge beim Starten nicht geradeaus fliegen, sondern müssen nach links und rechts abbiegen – ein Umstand der den Verantwortlichen erst lange nach der Entscheidung bewusst wird, nachdem die Deutsche Flugsicherung ihr Veto einlegt. Dies wiederum hat zur Folge, dass noch mehr Bewohner vom Fluglärm betroffen sind und entweder entschädigt, oder durch teure Maßnahmen des Schallschutzes besänftigt werden müssen.

Einige Jahre zuvor werden schon 250 Mio. € in den Sand gesetzt, weil man noch vor der Festlegung des Standorts ein Bauareal in unmittelbarer Nähe zum alten Flughafen Schönefeld kauft, dass nach der Entscheidung für den Standort Schönefeld-Süd überflüssig ist, weil der alte Flughafen Schönefeld geschlossen werden soll. Ein Untersuchungsausschuss wir hierfür später die Flughafengesellschaft rügen – mehr passiert nicht.

Die Probleme wachsen, nachdem klar wird, dass die Flughafengesellschaft auch noch den Bau des Flughafens in Eigenregie bewältigen will. Ursprünglich war angedacht, drei Viertel der Anteile der Flughafengesellschaft zu privatisieren und damit diese wichtige Aufgabe in die Hände von Baufirmen und Banken zu legen, die sich mit vergleichbaren Großbauprojekten auskennen. Auf die Ausschreibung hin bewerben sich mehrere Konsortien, in denen sich namhafte Firmen zusammenfinden. Gruppe 1 besteht aus den Firmen Hochtief Airport GmbH, Siemens und der Flughafen Frankfurt/Main AG. Konsortium 2 umfasst die Flughafen Wien AG zusammen mit der Dresdner Bank. Nachdem zunächst die erste Gruppe den Zuschlag erhält, wird die Entscheidung vom Oberlandesgericht wieder gekippt, weil es eine unschöne personelle Verquickung gab. Vertreter der Bundesregierung, die im Aufsichtsrat der Flughafengesellschaft sitzen, belegen gleichzeitig dieselbe Position im Aufsichtsrat des Flughafen Frankfurt/Main – und niemandem fällt dies vorher auf, nicht mal den Betroffenen selbst. Nun schließen sich die vormaligen Konkurrenten zu einem gemeinsamen Konsortium zusammen und dürfen ein gemeinsames Angebot abgeben. Da keine Konkurrenz mehr zu fürchten ist, steigt das Angebot des Monopolisten um satte 50 % an. Wer hätte das gedacht. Doch nun wird es der Flughafengesellschaft zu bunt. Sie erklärt kurzerhand die Ausschreibung für gescheitert und will fortan das Projekt ganz allein stemmen. Allein für die Ausschreibung sind inzwischen fünf weitere Jahre ins Land gezogen. Wir schreiben das Jahr 2003. Ab jetzt türmen sich die Probleme immer weiter auf, bis der Flughafenbau fast zu einer weltweiten Lachnummer wird:

- 2007 gehen vier Angebote auf eine Ausschreibung für den Bau des Terminals ein. Kalkuliert waren Baukosten von 620 Mio. €. Alle Angebote liegen über einer Milliarde Euro. Die Ausschreibung platzt – zum zweiten Mal. Nun entschließt man sich dazu, das ganze Paket in Einzelposten auszuschreiben und selbst die Koordination zu übernehmen. Ein folgenschwerer Fehler.
- 2008 fällt auf, dass für die Gepäckabfertigung nur acht Gepäckbänder eingeplant wurden. Flughäfen mit vergleichbarer Größe verfügen über mehr als doppelt so viele Bänder.
- 2011 merken die Manager, dass aufgrund veränderter EU-Regeln deutlich mehr Platz für die Kontrolle der Fluggäste benötigt wird. Die hierfür eingeplante Fläche muss verdoppelt werden.
- Der Beginn des Flugbetriebs ist für den 03.06.2012, die feierliche Eröffnung für den 24.05.2012 geplant. Erst am 8. Mai wird der Eröffnungstermin abgesagt, obwohl schon der Umzug aus Tegel

angelaufen ist. Aufsichtsratsmitglied Matthias Platzeck kommentiert: „Das ist mehr als eine böse Überraschung". Damals glaubt man noch, die Eröffnung könne im August stattfinden.
- 2012 sickert durch, dass manche Rolltreppen zu kurz geraten sind. Bei herkömmlichen Treppen waren hingegen die Treppengeländer zu kurz.
- Entrauchungsanlage: Eines der zahllosen Probleme ist die nicht funktionierende Entrauchungsanlage. Im Brandfall können die Räumlichkeiten des Flughafens nicht rechtzeitig vom Rauch befreit werden.
- Brandschutztüren: Mehr als 4000 Brandschutztüren schließen nicht automatisch, sodass im Brandfall die Ausbreitung eines Feuers nicht eingedämmt werden kann. Eine lustige Idee besteht darin, einstweilen neben die Türen 700 Mitarbeiter zu stellen, die sie im Brandfall schließen. Der Aufsichtsrat bewilligt für diese „Lösung" 13 Mio. € für Zeitarbeitskräfte, die die Türen bewachen und im Brandfall schließen sollen. So sieht Hightech im 21. Jahrhundert aus.
- Stromkabel: Starkstromkabel liegen auf vielen Kilometern direkt neben Telefon und Datenkabeln. Natürlich kommt es durch die elektromagnetischen Felder der Starkstromkabel zu Störungen in der Datenübertragung – Physikunterricht Klasse 6.
- Parkplätze: Die Anzahl der Parkplätze ist um mindestens 50 % zu gering, wenn vergleichbar große Flughäfen in Deutschland als Maßstab herangezogen werden.
- Deckenverkleidungen: Deckenverkleidungen wurden montiert, bevor die Leitungen, die sie eigentlich verdecken sollten, angebracht waren. Nun müssen sie wieder entfernt werden.
- Klagen: Air Berlin, Lufthansa und Deutsche Bahn, die alle fest mit dem Eröffnungstermin kalkuliert haben, drohen mit Klagen. Es geht um Schadenersatzforderungen im zweistelligen Millionenbereich.
- Die Kosten für den Terminalbau liegen 2013 bei 1,2 Mrd. € und damit über den Angeboten, die bei der zweiten Ausschreibung den Verantwortlichen so hoch erschienen, dass sie die Regie lieber selbst übernahmen.
- Die Behebung der Mängel verursacht zusätzlich Ärger, weil die zuständigen Firmen aus Sicht der Flughafenplaner überhöhte Rechnungen stellen. Der Streitwert beläuft sich auf etwa 250 Mio. €.
- Im Jahr 2014 stürzt der neue technische Leiter des Flughafens, Jochen Großmann. Er soll u. a. 350.000 € Schmiergeld von einer Firma gefordert haben.
- In einem anderen Fall geht es bei einem Prokuristen der Flughafengesellschaft um Schmiergelder in Höhe von 2 Mio. €.

- Der Firma, die für die Bauüberwachung engagiert wurde, wird nach dem Eröffnungsdesaster gekündigt, ebenso dem Architekten und dem für die Technik zuständigen Geschäftsführungsmitglied. Damit sind so ziemlich alle aus dem Boot geworfen worden, die zumindest noch ansatzweise einen Überblick über das Projekt gehabt haben könnten.
- Später verliert auch der Geschäftsführer der Flughafengesellschaft seinen Posten und erstreitet vor Gericht eine Abfindung in Höhe von 1,2 Mio. €.
- 2014 wird öffentlich, dass z. T. Blitzableiter fehlen und Notstromaggregate mit zu geringer Leistung installiert wurden. Gleichzeitig sind die Kühlaggregate für die IT-Anlage nicht leistungsstark genug, um ihre Aufgabe erfüllen zu können.
- 2015 wird bekannt, dass 600 Wände eingerissen und neu aufgebaut werden müssen, weil sie den Brandschutzvorschriften nicht entsprechen.
- Im Herbst 2012 beziffert ein interner Prüfbericht, der nach der Verschiebung des Eröffnungstermins angefordert wurde, die zu beseitigenden Mängel auf etwa 20.000. Im August 2013 ist von 150.000 Mängeln die Rede.
- Hinzu kommen Klagen über Klagen von Anwohnern und Umweltschutzverbänden. Im Zuge des Planfeststellungsverfahrens werden 133.000 Einwände vorgetragen.

Kalkuliert wurden die Baukosten ursprünglich mal mit 770 Mio. €. Schätzungen gehen davon aus, dass es inzwischen mehr als 6,5 Mrd. € sein werden. Nur eines scheint gewiss, falls der Flughafen eines Tages fertiggestellt werden sollte, haben sich die Fluggastzahlen inzwischen so weit nach oben entwickelt, dass er zu klein geraten sein wird. Aber das macht nichts. Schließlich kann man ja aus Erfahrungen lernen und baut dann einfach ganz geschwind noch einen zweiten, viel größeren Airport.

Missmanagement dürfte auch in kirchlichen Einrichtungen kein unbekanntes Phänomen sein. Nur selten tritt es jedoch so offen zutage wie im Fall des *Bischofs von Limburg*. Im Jahr 2007 wird Franz-Peter Tebartz-van Elst von Benedict XVI. zum Bischof von Limburg ernannt. Üblicherweise ist dies ein Amt, dass man bis zum 75. Lebensjahr innehat. Im Falle von Tebartz-van Elst wären dies noch 26 Jahre gewesen. Das Ende der Karriere sollte diesmal jedoch schon nach sieben Jahren erreicht sein. Im März 2014 entbindet ihn der Papst von allen Ämtern und beordert ihn in den Vatikan, wo er wahrscheinlich für den Rest seines Lebens vor den Augen der Öffentlichkeit verborgen niedere Dienste leisten muss. Sein Sturz ist untrennbar verbunden mit dem Umbau des Bischofssitzes in Limburg.

Geplant wird das Projekt in groben Zügen schon zu Zeiten seines Vorgängers Bischof Kamphausen, der selbst jedoch den Aufwand scheute. Ein erstes Entsetzen gibt es in der Öffentlichkeit, als die geplanten Kosten für den Umbau mit etwa 7 Mio. € beziffert werden, woraufhin das Domkapitel die Maximalkosten bei 2 Mio. deckelt. Beglichen werden sollten die Kosten aus zwei getrennten Töpfen, zum einen den Steuereinahmen der Diözese, zum anderen aus dem Vermögen des bischöflichen Stuhls. Über letzteres kann der Bischof vergleichsweise frei verfügen, muss aber gegenüber einem Aufsichtsgremium – dem sog. Vermögensverwaltungsrat – Rechenschaft ablegen. Nur bei besonders großen Einzelposten muss der Bischof im Vatikan nachfragen. Dies macht die Sache für den Bischof leichter. Den größeren Teil der Summe wird er über den Bischofsstuhl abrechnen, kann er so doch das relativ öffentliche Gremium des Domkapitels ein Stück weit über die wahren Kosten täuschen. 2013 dringt an die Öffentlichkeit, dass die realen Baukosten inzwischen bei 31 Mio. EUR liegen, was einer abenteuerlichen Steigerung um mehr als das 15-Fache entspricht. Bei der Suche nach dem Hauptverantwortlichen wird man schnell fündig, hat doch der Bischof mit vielen Bauplanänderungen und zusätzlichen Wünschen die Kosten unnötig in die Höhe getrieben. Für die normalen Schäfchen der Diözese dürfte der Luxus, in dem ihr oberster Hirte zu leben gedenkt, kaum vorstellbar sein. Hier einige Zahlen:

- Schreinerarbeiten in der Privatwohnung des Bischofs = 350.000 €
- Freistehende Badewanne für den Bischof = 15.000 €
- Ein neuer Konferenztisch = 25.000 €
- Kunstwerke zur Erbauung des Bischofs = 450.000 €
- Zusätzliche Fenster in seiner Privatkapelle = 100.000 €
- Seilzug für einen Adventskranz in der Privatkapelle = 50.000 €
- Anlage eines Teiches mit Koi-Karpfen = 213.000 €
- Anlage eines Privatgartens = 790.000 €

Zusätzlich zur oberirdischen Privatwohnung werden weitere Wohnräume für den Bischof in einem neuen Kellergeschoss eingerichtet. Hierzu muss ein weiteres Kellergeschoss in den Felsen, auf dem die gesamte Anlage steht, gefräst werden. Die Kosten hierfür sind unbekannt, dürften aber sicherlich im höheren sechsstelligen Bereich liegen.

Des Öfteren wurde auf persönlichen Wunsch des Bischofs ein bereits fertiger Bauabschnitt wieder umgebaut. Ganze Wände werden eingerissen und die Zuschnitte von Räumen nach den sich wandelnden Ideen des Bischofs geändert.

Von der Öffentlichkeit erst einmal in den Fokus genommen, treten immer mehr Details ans Tageslicht, die deutlich machen, hier ist nicht etwa ein weltfremder Kirchenmann von den allzu irdischen Umständen übermannt worden, nein, die Sache hat System. Gegenüber der Öffentlichkeit wird gezielt so lange wie möglich mit falschen Angaben gespielt. So beziffert der Bischof beispielsweise die Größe seiner Privatgemächer in einem Zeitungsinterview mit 100 Quadratmeter. Später stellt sich heraus, dass es fast 300 Quadratmeter sind. Obwohl die Architekten bereits im Jahr 2011 die Kosten mit mehr als 20 Mio. € angeben, wird gegenüber den Gremien der Kirche noch von 5,5 Mio. € gesprochen. Begründet wird der Anstieg der Baukosten mit den Auflagen des Denkmalschutzes. Architekten schätzen diesen Anteil auf bestenfalls 400.000 €. Große Summen werden absichtlich in so kleine Teilbeträge zergliedert, dass eine Genehmigung des Vatikans rechtlich nicht notwendig ist. Es reicht der Segen des allzu bischofstreuen Vermögensverwaltungsrats. Die wahren Baukosten sind zudem stets nur einer sehr kleinen Anzahl von Menschen bekannt, die noch dazu Stillschweigen bewahrten, weil sie dem Bischof treu ergeben sind.

Für zusätzlichen Ärger sorgt ein Vorfall, der das Image des Bischofs nachhaltig zerstört. Im Jahr 2012 fliegt der Bischof mit seinem Vikar erster Klasse nach Indien, um sich hier über soziale Projekte der Kirche zu informieren. Das hierin vielleicht ein Widerspruch nach dem Prinzip „Wasser predigen und Wein trinken" bestehen könnte, kommt ihm offenbar nicht in den Sinn. Vor laufender Kamera wird er später von einem SPIEGEL-Journalisten auf den Flug angesprochen und leugnet, dass er erster Klasse geflogen sei. Doch damit nicht genug, nachdem der SPIEGEL von seiner Lüge berichtet, leugnet der Bischof an Eides statt auch gleich noch, dass ihm eine solche Frage überhaupt gestellt worden sei. Dummerweise hatte er vergessen, dass bei dem Interview eine Kamera mitlief. Später wird er wegen eidlicher Falschaussage 20.000 € berappen müssen und kommt noch mal mit zwei blauen Augen davon.

In Sachen Bauvorhaben kann er seinen Kopf aber nicht mehr aus der Schlinge ziehen. Trotz Unterstützung durch einige wenige Bischöfe schickt Papst Franziskus im Jahr 2013 einen Gesandten nach Deutschland, der die Sache aufklären soll. Einige Wochen später muss auch der Vorsitzende der Deutschen Bischofskonferenz dem Papst Bericht erstatten. Tebartz-van Elst versucht ihm noch zuvorzukommen und bricht einige Tage früher nach Rom auf, um den Papst seine Version der Geschichte ins Ohr zu flüstern. Leider läuft dieser Schachzug in Leere. Der Papst lässt ihn tagelang warten, bis er eine Audienz gewährt und da ist es schon fast zu spät. Im März 2014 liefert die Deutsche Bischofskonferenz in Rom einen vollständigen Bericht ab. Drei Wochen später wird der unrühmliche Bischof seiner Ämter enthoben – selbstverständlich auf eigenen Wunsch.

Die Auflistung massiver Managementfehler und letztlich auch gescheiterter Manager ließe sich noch sehr lange weiter fortführen – Bau der Elbphilharmonie, Ankauf der vermeintlichen Hitler-Tagebücher durch den Stern, die Beschäftigung eines Postboten als Oberarzt (Gerd Postel), die Übernahme von Monsanto durch die Bayer AG, die Insolvenzen von Schlecker, Praktiker, Air Berlin und vielen mehr. Die oben skizzierten Beispiele stellen nur die Spitze des Eisbergs dar. Es handelt sich um besonders prominente Fälle, die in der Öffentlichkeit sehr viel Aufmerksamkeit gefunden haben und zum Teil sogar verfilmt wurden. Dies täuscht ein wenig darüber hinweg, dass Managementfehler *ein ganz alltägliches Phänomen* darstellen, denen sehr viele Menschen in ihrem Berufsalltag auf Schritt und Tritt begegnen. Schätzungen gehen davon aus, dass die Fehlerrate bei Entscheidungen über alle Managementebenen hinweg zwischen 33 % und 67 % liegt. Im Mittelwert wären dies fast 50 %. Dies deckt sich mit der Selbsteinschätzung eines deutschen Spitzenmanagers im Ruhestand, der vor einigen Jahren in einem Fernsehinterview von einem Journalisten danach befragt wurde, wie viele seiner Entscheidungen sich im Nachhinein als richtig erwiesen hätten. Er schätzte den Wert auf 50 % und meinte, dies sei durchaus ein gutes Ergebnis. Wir wollen uns nicht ausmalen, wie es in unserer Welt aussehen würde, wenn andere Berufsgruppen wie etwa Chirurgen, Piloten oder Bauingenieure sich mit vergleichbar geringen Trefferquoten zufriedengeben würden.

Managementfehler liegen immer dann vor, wenn eine Entscheidung gefällt wurde, die im Vergleich zu einer alternativen Entscheidung die schlechtere Option darstellt. Dies kann im Einzelnen dazu führen, dass Gelder ungünstig investiert werden oder vollständig verloren gehen. Die *monetäre Schadenssumme* ist nur sehr grob abzuschätzen. Amerikanische Schätzungen gehen von einer durchschnittlichen Schadenssumme zwischen 750.000 und 2,7 Mio. US$ pro Fall aus, wobei mit zunehmender Hierarchiestufe der Managementposition die Schadenssumme ansteigt.

Wenn wir über Managementfehler sprechen, dann geht es nicht nur um betriebswirtschaftliche Schäden, die sich in mancher Bilanzsumme vielleicht sogar gut verbergen lassen. Es geht auch um *volkswirtschaftliche Schäden*, die entstehen, weil Unternehmen, die schlecht laufen, weniger Steuern zahlen oder Mitarbeiter freisetzen, die dann zumindest übergangsweise aus den Sozialkassen finanziert werden. Große Firmenpleiten wie die in der

Bankenkrise beschwören mitunter gar eine weltweite Rezession herauf. In weniger dramatischen Fällen verlieren Aktionäre einen Teil ihres Vermögens und manche Menschen damit einen Teil ihrer Altersversorgung.

Und auch *einzelne Menschen* tragen mitunter die harten Konsequenzen. Mitarbeiter in betroffenen Unternehmen werden arbeitslos bzw. müssen ihren beruflichen Lebensweg neu ausrichten, weil Managemententscheidungen ein Unternehmen auf den falschen Weg geleitet haben. Und selbst wenn es nicht soweit kommt, muten doch viele Unternehmen ihren Mitarbeitern zu, die Fehlentscheidungen von Managern selbst dann umsetzen zu müssen, wenn diese offenkundig falsch sind. Was zählt, ist oft nicht die Expertise, sondern die Macht, Entscheidungen durchzudrücken – mit der Konsequenz, eines Gefühls der Ohnmacht bei vielen Mitarbeitern. Wenn wir davon ausgehen, dass viele Manager um ihre eigene Unzulänglichkeit wissen und nicht völlig skrupellos agieren, so können wir selbst unter den Verursachern potenzielle Opfer ausmachen. Wer möchte schon einen Job haben, der einen überfordert und dies im schlimmsten Fall vielleicht sogar so offenkundig, dass Kollegen und Mitarbeiter es merken?

Kunden werden falsch beraten und geschädigt. Bauprojekte verzögern sich unnötig oder werden nur sehr mangelhaft ausgeführt. Möglicherweise werden Mitarbeiter unnötigen Gesundheitsrisiken und psychischen Belastungen ausgesetzt. Fähige Mitarbeiter verlieren, ohne dies selbst zu verantworten, einen Bonus, sind zunehmend demotiviert, melden sich immer häufiger krank oder sehen sich schließlich genötigt, das Unternehmen zu verlassen, weil sie nicht unter einem weitgehend unfähigen Management arbeiten wollen. Mitarbeiterteams arbeiten mehr gegen- als miteinander. Die Arbeitsunzufriedenheit steigt an und mit ihr das Konfliktpotenzial bis hin zu Mobbing. All dies sind mehr oder weniger weitreichende Konsequenzen von Managementfehlern.

Bisweilen sind Fehlentscheidungen von Managern vorsätzlich, vor allem um sich selbst zu bereichern. In Europa sind fast 50 % der Unternehmen schon einmal Opfer von *Wirtschaftskriminalität* geworden. Allein in Deutschland waren es nach den Statistiken des Bundeskriminalamtes im Jahr 2017 mehr als 74.000 identifizierte Fälle. Hinzu kommt eine unbekannte Dunkelziffer. Der Schaden, der in 2017 durch Wirtschaftskriminalität verursacht wurde, lag bei mehr als 3,7 Billionen €. Auf Platz 1 der Straftaten stehen Unterschlagung und Betrug mit 33 % der Fälle, gefolgt von Produktpiraterie/Industriespionage (18 %) und Korruption (10 %). In fast 25 % der identifizierten Fälle zählen Vertreter des Topmanagements zu den Tätern. Neben dem direkten Schaden ist zudem mit negativen Begleitschäden zu rechnen, insbesondere mit einem Vertrauensverlust bei

Geschäftspartnern und Kunden, die sich zurückziehen und dadurch weitere Umsatzeinbußen verursachen.

Andere Fehler entstehen aus einer unheilvollen Mischung aus Inkompetenz, Selbstüberschätzung und Ignoranz. Wenn wir beispielsweise bedenken, dass pro Jahr etwa 3,4 Mio. Stellen in Deutschland neu besetzt werden und dies mit dem Durchschnittsgehalt deutscher Arbeitnehmer multipliziert, ergibt sich eine Summe von über 150 Mrd. € Lohnkosten, die allein im ersten Jahr nach der Einstellung anfallen. Berücksichtigen wir darüber hinaus, dass die meisten Auswahlverfahren wahrscheinlich kaum mehr als 20 % der beruflichen Leistung der Bewerber prognostizieren können, so werden allein in diesem Feld mehr als 100 Mrd. € pro Jahr nach dem Zufallsprinzip investiert. Dies sind natürlich nicht alles Fehlentscheidungen. Wer weitgehend nach dem Zufall entscheidet, erhöht jedoch dramatisch die Wahrscheinlichkeit für Fehlentscheidungen. Der Missstand liegt keineswegs daran, dass man keine bessere Personalauswahl realisieren könnte, sondern daran, dass die verantwortlichen Entscheidungsträger seit Jahrzehnten die einschlägigen Forschungsergebnisse ignorieren und die Potenziale der Personalauswahl nicht nutzen. Auch dies ist eine Folge von ganz alltäglichen Managementfehlern.

Managementfehler können in unterschiedlicher Intensität und Wirkung daherkommen. Vereinzelte Fehler werden sicherlich jedem Manager, wie auch jedem anderen Menschen unterlaufen. Die Frage ist jedoch, ob die Fehler bei weniger weitreichenden Entscheidungen auftreten, und auch wieder leicht zu korrigieren sind oder ob es sich um folgenschwere Fehlentscheidungen handelt. Fehler können bei einzelnen Managern die Ausnahme von der Regel darstellen oder aber die Regel selbst bilden. Ließen sich im ersten Fall noch in starkem Maße die Rahmenbedingungen für die Misere verantwortlich machen, spricht im zweiten Fall vieles dafür, dass die Ursachen primär in der Person des Managers selbst zu suchen sind. Dies gilt umso mehr, wenn die Fehler nicht nur gehäuft in einzelnen Arbeitsfeldern, sondern in vielen oder gar allen Arbeitsfeldern der Person auftreten. Der Gipfel der Eskalation ist schließlich erreicht, wenn die betreffende Person offen scheitert. In der Forschung wird dieser worst case als „Derailment" bezeichnet. Der Begriff beschreibt ursprünglich einen Zug, der entgleist, und symbolisiert damit gleichsam die Dramatik des Phänomens. Von Derailment ist die Rede, wenn ein Manager oft schon nach wenigen Monaten in seiner Position komplett scheitert und daraufhin entweder degagiert wird, das Unternehmen verlassen muss oder aus eigenem Antrieb selbst kündigt. Derailment ist dabei nicht nur Ausdruck des individuellen Versagens, sondern auch ein Indikator für Managementfehler der übergeordneten Ebene, die dafür gesorgt hat, dass die fragliche Stelle falsch besetzt wurde.

Wir sehen, Managementfehler haben mitunter Konsequenzen für viele Menschen, die davon unmittelbar oder auch nur sehr indirekt betroffen sind. Fast jeder kennt zumindest Fälle in seinem Umfeld oder glaubt, Betroffener von Managementfehlern zu sein. Es erscheint daher lohnenswert, sich mit der Frage zu beschäftigen, wie Managementfehler entstehen und wodurch sie sich zumindest ein Stück weit eindämmen ließen. Genau an dieser Stelle setzt das vorliegende Buch an.

In den folgenden Kapiteln werden neun Fragen behandelt, die Aufschluss über die Ursachen für Managementfehler geben und gleichzeitig Ideen zur Eindämmung des Missstandes ableiten:

- Wie wird man (Spitzen-)Manager?
- An welchen Eigenschaften scheitern Manager?
- Wie führen schlechte Manager?
- Warum treffen Manager Fehlentscheidungen?
- Wie täuschen Manager sich und andere?
- Unter welchen Bedingungen arbeiten Manager?
- Wie bilden Manager sich weiter?
- Warum werden sie nicht frühzeitig gestoppt?
- Was ist zu tun?

Grundlage der Darstellung sind dabei zum einen Informationen über konkrete Fälle von Missmanagement, wie sie oben skizziert wurden, zum anderen Forschungsergebnisse der Psychologie.

2

Wie wird man (Spitzen-)Manager?

Wenn es um die Suche nach Ursachen für Managementfehler geht, ist die sicherlich naheliegendste Frage die nach der Qualität der Personalauswahl. Wie kommen eigentlich Menschen, die in wichtigen Positionen gravierende Fehlentscheidungen treffen oder sogar scheitern, zu ihrer Stelle? Warum sind ihre Schwächen nicht schon im Auswahlverfahren aufgefallen? Wird ihre Eignung im Vorfeld gar nicht kritisch überprüft? Gibt es vielleicht gar keine aussagekräftigen diagnostischen Methoden, die geeignet wären, um die Befähigung von Bewerbern für eine Managementfunktion festzustellen?

Wer sich eingehend mit Forschung und Praxis der Personalauswahl beschäftigt, wird sehr schnell eines feststellen: Beide Welten habe in Deutschland wenig miteinander zu tun. Auf der einen Seite gibt es in der Psychologie seit Jahrzehnten Forschung zur Personalauswahl, wobei jährlich mehrere hundert wissenschaftliche Publikationen veröffentlicht werden. Aus Sicht der Forschung wissen wir sehr gut, wie Personalauswahl eigentlich ablaufen sollte. Ja, mehr noch, in keinem anderen Feld der Personalarbeit lassen sich vergleichbar gut abgesicherte Handlungsempfehlungen aus der Forschung ableiten. Auf der anderen Seite hat sich eine Praxis etabliert, die nach eigenen Prinzipien funktioniert und dabei nicht selten im völligen Widerspruch zu den Befunden der Forschung steht. Forschungsergebnisse sind den Entscheidungsträgern in den Unternehmen meist nicht bekannt oder werden einfach ignoriert. Junge, gut ausgebildete Diagnostiker, die unsere Hochschule verlassen, erleben nicht selten, dass man sich überhaupt nicht für ihre fachliche Qualifikation interessiert, weil ihre älteren Kollegen und Vorgesetzten Expertise mit Erfahrung verwechseln. Wer verstehen will, wie weit beide Welten auseinanderliegen, der mag sich ein Krankenhaus vorstellen, in dem 95 % der Stellen für Mediziner mit Heilpraktikern besetzt sind, die Erkenntnisse der Schulmedizin entweder nicht kennen oder sie schlichtweg ablehnen. Gleichzeitig glauben die Heilpraktiker aber daran, dass sie geradezu zwangsläufig zu einem Internisten mutieren, wenn sie nur lange genug praktizieren. Dass das beharrliche Anwenden wirkungsloser Methoden leider nicht dazu führt, dass die Methoden irgendwann einmal auf wundersame Weise von allein Wirkung entfalten, können die Betroffenen offenbar nicht erkennen.

Schauen wir uns im Folgenden einmal an, wie gute Personalauswahl eigentlich aussehen sollte und wie sich im Gegensatz dazu die Praxis der Personalauswahlverfahren darstellt. Wir beginnen mit der Anwerbung potenzieller Bewerber, dem sog. *Personalmarketing*. Im Zuge des Personalmarketings macht ein Arbeitgeber auf eine vakante Stelle aufmerksam, beschreibt die Anforderungen der Stelle und ebenso, welche Bedürfnisse der Arbeitsplatz befriedigen kann – z. B. Aufstiegsmöglichkeiten, Auslandsaufenthalte, überdurchschnittliches Einkommen oder was auch immer. Das eigentliche Ziel besteht darin, den Pool der späteren Bewerber bereits selektiv zu beeinflussen, und zwar so, dass sich möglichst viele Menschen bewerben, die mit hoher Wahrscheinlichkeit für die Stelle geeignet sind und gleichzeitig potenziell ungeeignete Personen von einer Bewerbung absehen. Letztlich geht es also nicht um die absolute Menge der Bewerber, sondern um den prozentualen Anteil der geeigneten Personen im Bewerberpool. Wenn es auf diesem Wege beispielsweise gelingt, 80 % geeignete Personen in die Bewerbergruppe zu lotsen, liegt schon die Zufallswahrscheinlichkeit, später eine fähige Person zu finden, bei 80 %. In diesem Fall dürfte es also nicht allzu schwierig sein, bei der Personalauswahl einen Treffer zu landen. Sehr viele Unternehmen schildern im Zuge des Personalmanagements ihre vakanten Stellen nur in den rosigsten Farben und reden gleichzeitig die Anforderungen so klein wie möglich. Personalmarketingkampagnen wirken bisweilen wie Produktwerbung, bei der man dem Kunden das Blaue vom Himmel herunter verspricht. Man scheint sich geradezu im Garten Eden zu bewerben: Der potenzielle Arbeitgeber bietet viel Geld, ohne konkrete oder anspruchsvolle Qualifikations- und Leistungsansprüche zu stellen. Alle Kollegen, mit denen man später zusammenarbeiten wird, haben sich selbstverständlich lieb und die Vorgesetzten sorgen sich den ganzen Tag um das Wohl ihrer Schützlinge. Die eigenen Mitarbeiter sind hoch motiviert und brennen nur darauf, dem neuen Chef die Wünsche von den Lippen abzulesen. Das Unternehmen steht für erstklassige Produkte und Dienstleistungen, die nicht nur weit überdurchschnittliche Boni ermöglichen, sondern auch eine sichere Zukunft bieten. Ein jeder kann hier das aus sich machen, was er gern möchte. Erstaunlich, dass solche Unternehmen überhaupt Stellen öffentlich ausschreiben, statt sie auf dem Schwarzmarkt zu handeln. Ohne jede Reflexion überträgt man die Prinzipien der Produktwerbung auf das Personalmarketing und belügt so die potenziellen Bewerber nach Strich und Faden. Das Problem einer völlig verzerrten Realitätsdarstellung ist, dass sich nun auch viele Personen bewerben, die bei einer realistischen Schilderung der Anforderungen und Rahmenbedingungen selbstkritisch genug gewesen wären, von einer Bewerbung abzusehen. Mehr noch, so mancher tatsächliche Leistungsträger wird sich vielleicht sogar abschrecken lassen. Die Forschung zeigt, dass gerade gut qualifizierte Bewerber Authentizität im Personalmarketing sehr viel mehr zu schätzen wissen, als platte Werbung. Die Folge ist, dass der prozentuale Anteil der Geeigneten im Bewerberpool – die sog. Grundquote – sinkt. Je kleiner sie ausfällt – 30 %, 20 %, 10 % – desto wichtiger ist es, dass die sich anschließende Personalauswahl erstklassige Leistung erbringt. Bei einer sehr hohen Grundquote ist die Aufgabe der Personalauswahl vergleichbar mit dem Ernten auf einem Erdbeerfeld in einem großartigen Sommer – auch bei nachlässigster Arbeit wird man überwiegend perfekte Erdbeeren in seinem Korb sammeln. Je kleiner aber die Grundquote wird, desto mehr ähnelt die Personalauswahl der Suche nach dem letzten Goldnugget in einem ausgelaugten Schürfgebiet. Leider setzen die meisten Unternehmen kaum professionelle Auswahlmethoden ein, wenn es um die Besetzung von Managementpositionen geht (s. u.). In der Folge können sie die Fehler des eigenen Personalmarketings auch nur unzureichend kompensieren. Mit anderen Worten: Es fällt ihnen sehr schwer, erstklassige Kandidaten im Bewerberpool als solche zu identifizieren, selbst wenn sich erstklassige Kandidaten beworben haben sollten. Vergeben wird die vakante Stelle nicht an die Person mit der besten Eignung, sondern an irgendjemanden, der bei den Entscheidungsträgern ein diffuses Gefühl besonderer Eignung erzeugt.

Insbesondere bei hohen Managementpositionen wird das klassische Personalmarketing durch *Headhunting* (auch: „Executive Search") ersetzt. In der Regel wird Headhunting durch spezialisierte Beratungsunternehmen übernommen. Das Ziel ist es, aus einem anderen Unternehmen eine passend erscheinende Person abzuwerben. Die vakante Stelle wird also nicht offen ausgeschrieben. Das Headhunting-Unternehmen sucht vielmehr gezielt nach einer möglichst geeigneten Person in anderen Unternehmen. So weit, so gut. Eine groß angelegte Studie aus den USA mit mehr als 2000 Headhunting-Fällen offenbart die Fallstricke des Headhuntings.

Das erste und sehr grundlegende Problem entsteht ganz am Anfang des Prozesses, wenn es um die Frage geht, wer ein geeigneter Kandidat für eine Abwerbung sein könnte. Vergleichbar zum Personalmarketing geht es gewissermaßen um die Grundquote, mit dem entscheidenden Unterschied, dass oft nur ein oder zwei Personen angesprochen werden. Der Pool potenzieller Kandidaten ist somit extrem klein. Wer schon bei der Auswahl der anzusprechenden Personen einen Fehler begeht und die falschen Leute kontaktiert, nimmt sich damit die Chance einer erstklassigen Besetzung. Anzusprechen sind also ausschließlich solche Personen, die eine hervorragende Eignung für die vakante Stelle erwarten lassen. Genau hier liegt das Problem. Woher weiß der Headhunter eigentlich, wer ein erstklassiger Leistungsträger ist? Die Studie zeigt, dass in der Regel die tatsächliche Leistung oder die Potenziale der angesprochenen Person völlig unbekannt sind. Bekannt ist hingegen ihr Status und das Image ihres Arbeitgebers. Genau daran orientiert sich der durchschnittliche Headhunter. Folgen wir dieser Logik, so müsste jeder Abteilungsleiter bei Daimler eine besonders befähigte Person sein, weil Daimler ein renommiertes Unternehmen ist und wir einfach mal blauäugig davon ausgehen, dass hier nur Top-Kandidaten in wichtige Position gehievt werden. Jeder der in einem solchen Unternehmen arbeitet weiß, dass dies nicht stimmt. Auch in den besten Unternehmen, Universitäten oder Kliniken arbeiten keineswegs ausschließlich Top-Leute in wichtigen Positionen. Dies wäre nur dann der Fall, wenn die Arbeitgeber frei unter den besten Leuten wählen könnten, die besten Methoden der Eignungsdiagnostik einsetzten, und Beförderungen ausschließlich nach dem Prinzip Leistung und Eignung vonstattengehen würden. Keine dieser drei Bedingungen wird in der Realität jedoch oft erfüllt sein. Natürlich gibt es auch in renommierten Unternehmen Personen in Managementpositionen, die weitgehend ungeeignet für ihre Aufgaben sind oder zumindest nur die viert- oder fünftbeste Wahl darstellen. Wer glaubt, dass in renommierten Organisationen nur Spitzenleute in Spitzenpositionen kommen, der müsste sich konsequenterweise auch Thomas Middelhoff als Vorstandsvorsitzenden ins Haus holen und den Aufsichtsrat von einem x-beliebigen Berliner Bürgermeister leiten lassen. Oder wie steht es mit den Mitarbeitern der Deutschen Bank, die seinerzeit dem Baulöwen Jürgen Schneider ohne ernst zu nehmende Prüfung der Fakten Millionenkredite genehmigt haben? Handelte es sich hierbei nicht auch um erfahrene und irgendwie bis dahin erfolgreiche Manager?

Die Ansprache potenzieller Kandidaten ist aber nur der erste Schritt im Prozess des Headhuntings. Im zweiten Schritt geht es darum, eine Eignung für die vakante Stelle zu überprüfen. Eigentlich könnte man nun ein Feuerwerk professioneller Diagnostik abbrennen und den Kandidaten kritisch auf Herz und Nieren überprüfen. Dann würde sich schon die Spreu vom Weizen trennen. Man würde erkennen, welcher Manager eines renommierten Unternehmens nur ein positives Image hat, wer in seinem derzeitigen Job vielleicht sehr gute Leistungen bringt, für die neue Stelle aber dennoch nicht geeignet ist und wer die besten Voraussetzungen für den Erfolg auf der vakanten Stelle mitbringt. Leider stehen dieser Lösung zwei gewichtige Probleme im Weg. Zum einen traut man sich in Deutschland nicht, erfahrenen Bewerbern, die schon in höhere Positionen vorgedrungen sind, kritisch auf den Zahn zu fühlen. Zum anderen ist dies umso mehr der Fall, wenn man die Bewerber handverlesen angesprochen und ihnen damit bereits suggeriert hat, dass sie eigentlich ein toller Hecht sind und man sich glücklich schätzen muss, wenn sie am Ende einen Vertrag unterschreiben. Je höher die Position ist, um die es geht, bzw. je höher die derzeitige Position des Kandidaten ist, desto vorsichtiger wird der Headhunter agieren, um den Fisch nicht von der Angel zu lassen. Schließlich verdient er genau damit seine Brötchen.

Das nächste Problem ergibt sich in der letzten Phase des Prozesses, nachdem sich der zukünftige Arbeitgeber aufgrund der Empfehlung des Headhunters für einen bestimmten Kandidaten entschieden hat und ihm ein konkretes Stellenangebot unterbreitet. Jetzt geht es um die Frage, ob der so Umworbene letztlich den Vertrag unterschreibt oder lieber seinen alten Arbeitgeber um eine Verbesserung seiner derzeitigen Position ersucht. Die amerikanische Studie geht der Frage nach, wovon es abhängt, ob beim Headhunting ein Kandidat das Wechselangebot akzeptiert oder ablehnt und kommt zu einem bemerkenswerten Ergebnis: Die Wahrscheinlichkeit zu wechseln ist umso größer, je häufiger die betreffende Person in der Vergangenheit auf Headhunting-Angebote positiv reagiert hat. Was bedeutet dieses Ergebnis? Es bedeutet, dass über das Headhunting die Wahrscheinlichkeit für Blender-Karrieren unfreiwillig gesteigert wird. Und das geht z. B. ungefähr so:

Nach seinem Studium startet unser Blender seine Karriere in einem vergleichsweise kleinen Unternehmen und steigt hier aufgrund seines akademischen Grades und seines professionellen Umgangs mit dem Firmeninhaber sehr schnell auf. Nach drei Jahren wird ein Headhunter auf ihn aufmerksam. Er ist tief beeindruckt, dass dieser junge Mann es mit nur 28 Jahren bereits zum Prokuristen gebracht hat. Er wirbt ihn für das nächstgrößere Unternehmen ab, wo er sich zwar mit einer deutlich niedrigeren Position begnügen muss, er aufgrund der Größe des Unternehmens aber mehr Verantwortung trägt und auch mehr verdient. Seine ausgeprägten sozialen Kompetenzen ermöglichen es ihm, nach nur zwei Jahren eine Hierarchieebene aufzusteigen. Als Abteilungsleiter mit nur 30 Jahren weckt er das Interesse des nächsten Headhunters und er macht einen weiteren Karriereschritt. Ab jetzt wechselt er alle 2–3 Jahre den Arbeitgeber. Er bleibt in jedem Unternehmen lange genug, um nicht den Eindruck von Unstetigkeit zu erwecken und gleichzeitig aber auch nicht so lange, dass dem Arbeitgeber die Defizite seiner Führungskraft allzu deutlich werden könnten. Mit etwa 40 Jahren ist er als Geschäftsführer in einem mittelständischen Unternehmen gelandet. Ab jetzt geht es nur noch darum, die Verantwortung für seine eigenen Fehler anderen in die Schuhe zu schieben. Hierzu hat er in seiner Position die allerbesten Möglichkeiten. Und wer weiß, mit 40 oder 45 Jahren ist noch lange nicht das Ende der Karriereleiter erreicht.

Um nicht missverstanden zu werden: Headhunting führt nicht automatisch zu Fehlbesetzungen oder Blender-Karrieren. Die besonderen Umstände begünstigen jedoch beides, wenn sich die Verantwortlichen nicht aktiv durch professionelle Arbeit gegen diese Gefahr zur Wehr setzen.

Lösen wir uns nun wieder vom Headhunting und kehren zurück zum klassischen Prozess der Personalauswahl. Nach dem Personalmarketing sind nun mehr oder minder viele *Bewerbungsunterlagen* eingegangen und es gilt, eine Vorauswahl zu treffen. Die Bedeutung der Vorauswahl wird gern unterschätzt, weil man davon ausgeht, dass Fehler, die hier unterlaufen können, später im Einstellungsinterview leicht auszugleichen sind. Dies stimmt aber nur zum Teil. Bei der Vorauswahl können zwei Fehler unterlaufen. Der sog. „Fehler der ersten Art" besteht darin, dass man einen Bewerber überschätzt und ihn zum Einstellungsinterview einlädt, obwohl er objektiv für die Stelle nicht geeignet ist. Dieser Fehler lässt sich wieder ausgleichen, vorausgesetzt das Interview ist in der Lage, die tatsächliche Eignung festzustellen. Der „Fehler der zweiten Art" ist viel gefährlicher. Er besteht in einer Unterschätzung eines an sich geeigneten Kandidaten. Der Bewerber wird in diesem Fall gar nicht erst zum Interview eingeladen und kann hier seine tatsächliche Eignung auch nicht unter Beweis stellen. Er ist für das Unternehmen verloren, obwohl er vielleicht sogar besser geeignet gewesen wäre als die Person, die letztlich eingestellt wird. Fatal ist dabei, dass die Entscheidungsträger ihren Fehler nicht bemerken können, sich in Sicherheit wiegen und die tatsächliche Aussagekraft ihres Auswahlverfahrens überschätzen. Den Fehler der ersten Art wird es zwangsläufig immer wieder geben. Dies liegt in der Natur der Sache, weil die Bewerbungsunterlagen bei Weitem nicht so aussagekräftig sind, wie viele annehmen. Man neigt in der Praxis dazu, viel mehr in die Bewerbungsunterlagen hineinzuinterpretieren, als de facto drinsteckt. Der Fehler der zweiten Art lässt sich nur dann reduzieren, wenn man weniger streng zur Sache schreitet und lieber einen Bewerber zu viel als einen zu wenig zum Interview einlädt. Vor allem ist es wichtig, sich immer wieder nüchtern zu fragen, welche Informationen tatsächlich Auskunft über die Eignung eines Menschen geben und welche nur traditionell zur Auswahl herangezogen werden, ohne wirklich valide zu sein. Hier gibt es noch viel zu verbessern.

Eine Studie aus dem Jahre 2016 zeigt, dass in Deutschland bei der Sichtung von Bewerbungsunterlagen in sehr starkem Maße Informationen herangezogen werden, die sich in der Forschung als nicht oder kaum valide erwiesen haben: Tippfehler, Grammatikfehler, Lücken im Lebenslauf, Inhalte des Anschreibens, Freizeitaktivitäten. Folgen wir der tradierten Auswahlfolklore, so steckt in jeder dieser Informationen ein versteckter Hinweis auf die Persönlichkeit eines Menschen: Bewerber, die Tippfehler im Anschreiben haben, sind nicht gewissenhaft. Große Lücken lassen auf mangelnde Zielstrebigkeit schließen. Mannschaftssportler müssen ganz einfach teamfähig sein. Obwohl diese Überzeugungen eine gewisse Plausibilität für sich in Anspruch nehmen können, sind sie alle falsch. Die Anschreiben haben heute u. a. auch deshalb keine Aussagekraft, weil sie inzwischen in mehr als zwei Dritteln der Fälle nicht mehr selbst verfasst werden. Die Bewerber arbeiten mit vorgefertigten Vorlagen aus dem Internet und frisieren das Ganze nur noch ein klein wenig. Wer mehr Geld hat, lässt die Bewerbungsunterlagen gleich von einem professionellen Ghostwriter anfertigen. Dies dürfte insbesondere bei hohen Managementfunktionen eher die Regel, denn die Ausnahme sein. Plausibilität und Realität sind leider zwei verschiedene Paar Schuhe. Wer Bewerber allein aufgrund solcher Nichtigkeiten zurückweist, ohne sie in einem Interview o. ä. eingehend auf ihre Eignung für die Stelle zu untersuchen, erhöht die Wahrscheinlichkeit für den Fehler der zweiten Art und zwar ohne es zu merken.

In Deutschland wird der Berufserfahrung die größte Bedeutung bei der Vorauswahl der Kandidaten beigemessen. Dies gilt insbesondere für Führungspositionen. Kaum eine Stellenausschreibung für bedeutsame Managementfunktionen verzichtet auf den Hinweis, dass man ganz selbstverständlich umfangreiche Erfahrung mit der Führung von Menschen voraussetzt. Wahrscheinlich geht man davon aus, dass Erfahrung automatisch mit Lernfortschritt und dem Aufbau von Expertise verbunden ist. Erfahrene Führungskräfte wären demnach klar im Vorteil gegenüber unerfahrenen. Ein Blick in die Forschung zeigt, dass der Zusammenhang zwischen Erfahrung und beruflicher Leistung leider komplizierter ist, als er auf den ersten Blick scheinen mag. Unabhängig von der Frage, welche

Positionen Menschen im Berufsleben bekleiden, liegt der Zusammenhang zwischen der Dauer an Berufserfahrung und ihrer zukünftigen Leistung bei gerade einmal 7 %. Berücksichtigt man jedoch nicht die Dauer in Jahren, sondern die Vielfalt der Erfahrungen, die jemand in den Jahren seiner Berufserfahrung gesammelt hat, so steigt die Prognosegüte auf immerhin 18 %. Es ist also nicht so wichtig, ob jemand 5, 15 oder 25 Jahre einer bestimmten Tätigkeit nachgeht. Entscheidender ist, ob jemand in diesen Jahren die Chance hatte, durch vielfältige Arbeitsaufgaben immer wieder Neues zu lernen. Wer immer nur dasselbe macht, hat irgendwann auf seiner Stelle nichts mehr zu lernen und dann ist es auch egal, ob man der Tätigkeit weitere 10 oder 20 Jahre nachgeht. Je einfacher die Arbeitsaufgaben sind, desto früher ist das Lernplateau erreicht. Bei einfacher Maschinentätigkeit dürfte dieser Punkt wohl schon nach wenigen Wochen erreicht sein, bei einem Chirurgen wird es hingegen Jahre dauern. Bezogen auf den Kompetenzgewinn bei Führungskräften ist besondere Skepsis angesagt. Eine Studie mit mehr als 800 Führungskräften – mehr als 500 davon mit z. T. sehr langjähriger Führungserfahrung und ca. 250 Neueinsteiger – zeigt im Mittelwert keinerlei Lerngewinn in unterschiedlichsten Kompetenzen. Die Erfahrung ist also keineswegs ein Garant dafür, dass Führungskräfte aus ihren Erfahrungen lernen und zu immer besseren Führungskräften werden. Im Einzelfall wird es natürlich solche Menschen geben. Wenn im Mittelwert einer sehr großen Gruppe von Führungskräften jedoch kein positiver Effekt der Erfahrung zu verzeichnen ist, bedeutet dies, dass es auch ganz andere individuelle Entwicklungsverläufe geben muss: Manche Führungskräfte können vielleicht gar nicht mehr besser werden, weil sie kein Feedback über ihre Leistung erfahren und daher nicht wissen, ob und in welche Richtung sie sich verändern sollten. Andere werden nicht besser, weil sie kurz nach der Beförderung bereits alle Potenziale ausgeschöpft haben und sich auch unter besten Bedingungen nicht weiter steigern können. Wieder andere werden mit der Zeit selbstgefällig und nachlässig, sodass sie mit den Jahren sogar abbauen. Für die Vorauswahl von potenziellen Führungskräften ist dies ein großes Problem. Woher will man wissen, in welchen Topf Frau A oder Herr B gehören? Aus diesem Grund ist es falsch, Personen ohne Führungserfahrung systematisch zurückzuweisen und nur erfahrene Bewerber in die nächste Auswahlrunde kommen zu lassen – ein Fehler, der sicherlich hundertfach jeden Tag in deutschen Unternehmen begangen wird.

In Zeiten der Digitalisierung mag so mancher Arbeitgeber auch verleitet sein, zusätzlich noch einen Blick in die sozialen Netzwerke zu werfen, um hier das wahre, unverfälschte Leben der Bewerber zu erforschen. Auch dies würde leider nicht viel weiterhelfen. Nach derzeitigem Stand der Forschung liefert das Internet zwar vielerlei Ansatzpunkte für küchenpsychologische Deutungen, aber leider keine validen Informationen, mit denen sich der berufliche Erfolg prognostizieren ließe. Wer hier auf die Pirsch geht, erzeugt eine noch höhere Fehlervarianz und sorgt dafür, dass geeignete Kandidaten, die nicht dem Stereotyp eines erfolgreichen Managers entsprechen, frühzeitig aus dem Verfahren ausscheiden. Leider bemerkt der Arbeitgeber den Fehler nicht. Im Gegenteil, er fühlt sich wahrscheinlich sogar noch sicherer in seinem Urteil, weil er mehr Quellen angezapft hat, allerdings ohne dabei die Qualität der erhobenen Daten hinreichend zu würdigen.

Die wichtigste Auswahlmethode in der Phase der Endauswahl der Kandidaten ist ohne Zweifel das *Einstellungsinterview.* Keine Managementposition dürfte ohne Einstellungsinterview vergeben werden, sofern es sich nicht um interne Kandidaten handelt, die einfach befördert werden. In der Regel ist das Interview in deutschen Unternehmen leider auch die einzige Methode, die nach der Vorauswahl zum Einsatz kommt. Umso wichtiger ist es, das Interview professionell zu gestalten. Die Forschung liefert hierzu seit Jahrzehnten eindeutige Empfehlungen. Aussagekräftige Interviews sollten demnach ein sehr hohes Maß an Strukturierung aufweisen. Im Vorfeld ist eine Anforderungsanalyse durchzuführen, um genau zu klären, welche Kompetenzen zukünftige Stelleninhaber aufweisen müssen. Dabei geht es nicht um die üblichen Worthülsen – Teamfähigkeit, Leistungsbereitschaft, Konfliktfähigkeit etc. – sondern darum, einen differenzierten Blick auf die jeweilige Stelle, die Kultur des Hauses und die Ansprüche verschiedener Personengruppen zu erhalten. Im Rahmen der Anforderungsanalyse gilt es, Personen zu befragen, die aus verschiedenen Perspektiven auf den Arbeitsplatz schauen: Vorgesetzte, Kollegen, Kunden, unterstellte Mitarbeiter und ggf. derzeitige Stelleninhaber. Auf der Basis der Anforderungsanalyse wird eine überschaubare Anzahl von Kompetenzdimensionen stellenspezifisch definiert. Im zweiten Schritt geht es darum, einen Interviewleitfaden zu erstellen. Er beinhaltet zu jeder Kompetenz mehrere Fragen, die später allen Bewerbern in gleicher Weise gestellt werden. Zudem wird für jede Frage ein Bewertungsraster für die Antworten entwickelt, sodass im Vorfeld eindeutig festgelegt wird, welche Antwort für eine sehr geringe, hinreichend hohe oder exzellente Ausprägung der Kompetenzdimension steht. Das eigentliche Interview wird später von mindestens zwei Personen geführt, die unabhängig von ihrem Status gleichberechtigt eine Bewertung der Kandidaten vornehmen. Solchermaßen hoch strukturierte Interviews sind in Deutschland die große Ausnahme. Nicht einmal 5 % der Unternehmen setzen sie ein.

Der Interviewalltag sieht vielmehr so aus: Das Interview wird allein durch den direkten Vorgesetzten geführt. Ein Interviewleitfaden existiert ebenso wenig wie eine differenzierte und explizite Definition der Anforderungen. Der Interviewer denkt sich die meisten Fragen im laufenden Gespräch aus und führt daher auch bei drei Bewerbern drei weitgehend unterschiedliche Gespräche. Eine Bewertung der einzelnen Fragen ist ebenso wenig vorgesehen, wie ein Vergleich der individuellen Ergebnisse mit einem Anforderungsprofil. Aufgrund der Tatsache, dass von den Bewerbern überwiegend unterschiedliche Informationen erfasst werden, sind die Kandidaten am Ende nicht mehr untereinander vergleichbar. Dies erlebt der Entscheidungsträger aber nicht als Problem, weil er ohnehin in maßloser Selbstüberschätzung davon ausgeht, dass er geeignete Kandidaten aufgrund seiner Menschenkenntnis, Erfahrung, Intuition oder seines Bauchgefühls ohne irgendwelche Hilfsmittel erkennt. Am Ende gewinnt nicht die Person mit der besten Eignung, sondern die, die dem Interviewer das beste Gefühl bereitet.

Die Forschung weiß seit Jahrzehnten, dass derart unstrukturierte Interviews nur sehr geringfügig die berufliche Leistung der Bewerber prognostizieren können – zwischen 4 und 14 %. Hochstrukturierte Interviews erreichen hingegen Werte von bis zu 50 % (vgl. Abb. 2.1). Wer heute

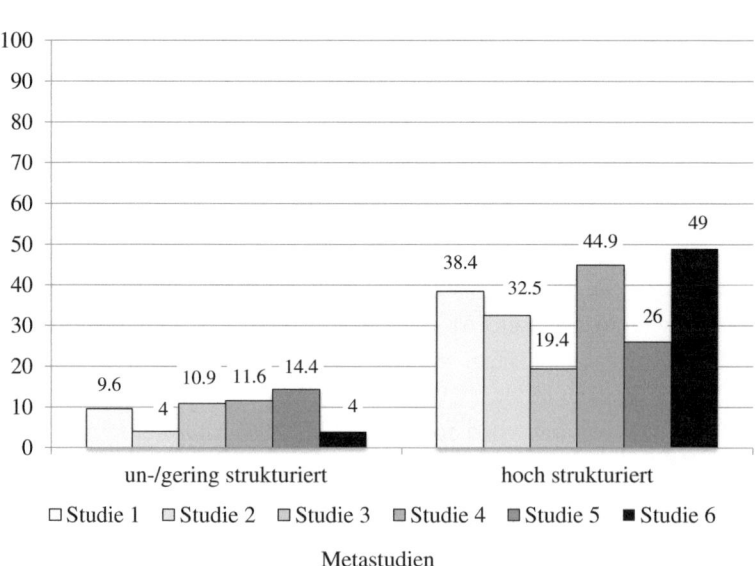

Abb. 2.1 Prognosegüte verschiedener Formen des Einstellungsinterviews

noch unstrukturierte Interviews bei der Besetzung wichtiger Positionen einsetzt, handelt so fahrlässig wie ein Chirurg, der sein OP-Besteck nicht sterilisiert oder ein Brückenbauer, der konsequent darauf verzichtet, die Statik seiner Bauwerke zu berechnen.

Aus Sicht der Entscheidungsträger trifft man mit unstrukturierten Verfahren die richtige Entscheidung, weil man fest daran glaubt, der Entscheidungsträger selbst sei das eigentliche Messinstrument der Personalauswahl. Aus Sicht der Forschung ist er jedoch leider nicht das Messinstrument, sondern der Messfehler. Unzählige Studien zeigen, dass wir in systematischer Weise Menschen verzerrt wahrnehmen, wenn wir sie aus dem Bauch heraus beurteilen:

- Menschen, die besonders gut aussehen, werden in Kompetenzen überschätzt, die nichts mit dem Aussehen zu tun haben, wie etwa der Intelligenz oder der Fachkompetenz.
- Übergewichtige Bewerber erscheinen als leistungsschwächer im Vergleich zu ihren schlanken Konkurrenten.
- Menschen, die groß und kräftig sind, werden als führungsstärker erlebt als Menschen, die klein und zart sind. Dies reduziert im Durchschnitt die Chancen von Frauen, in hohe Positionen vorzudringen, weil sie der Wahrscheinlichkeit nach meist weniger groß und kräftig sind als ihre männlichen Mitbewerber.
- Personen, die dem Stereotyp der jeweiligen Stelle entsprechen, – bei Managementpositionen also männlich, selbstsicher, redegewandt, gut gekleidet sind etc. – werden als besonders passend für die vakante Stelle erlebt.
- Bewerber, die dem Entscheidungsträger in demografischen Merkmalen, der Biografie oder in Werthaltungen besonders ähnlich sind, werden eher eingestellt als solche Personen, die sich deutlich von den Entscheidungsträgern unterscheiden.
- Personen, die mit einem regional ungewöhnlichen Akzent sprechen, – z. B. sächsisch bei einer Bewerbung in Norddeutschland – erfahren eher Ablehnung als Bewerber, die hochdeutsch sprechen oder einen regional üblichen Akzent haben.
- Menschen mit Migrationshintergrund werden oft schon aufgrund ihres Namens bei der Vorauswahl zurückgewiesen.

Wahrscheinlich wissen die meisten Entscheidungsträger nicht einmal um derartige Fehler oder denken, dass sie ihnen selbst niemals unterlaufen würden, schließlich hat man ja viel Erfahrung mit Auswahlverfahren gesammelt. Die Forschung bestätigt diese Hoffnung nicht. Erfahrene Personaler und Führungskräfte unterliegen in gleicher Weise solchen Urteilsfehlern, wie völlige Laien. Wer zwanzig Jahre lang schlechte Einstellungsinterviews führt, konnte ohne Zweifel sehr viel Erfahrung sammeln. Dadurch werden die Interviews aber leider nicht besser. Das Einzige, was beharrlich wächst, ist die Selbstüberschätzung, es heute viel besser zu machen als früher. Eine Illusion. Wer zwanzig Jahre lang unstrukturierte Interviews führt, ist am Ende kein Experte für gute Personalauswahl, sondern Experte für schlechte Interviews.

Besonders anfällig dürften Menschen sein, die aufgrund ihrer hierarchischen Position gewohnt sind, dass niemand sie offen kritisiert. Dies sind genau dieselben Personen, die hohe und wichtige Managementpositionen aus dem Bauch heraus besetzen. Geeignet ist, wer gefällt und nicht etwa, wer nachweislich den Anforderungen entspricht. Personalauswahl nach dem Prinzip Sklavenmarkt.

Eine diagnostische Methode, die nachweislich sehr gute Prognosewerte erzielt, wird in deutschen Unternehmen so gut wie gar nicht eingesetzt, wenn es um die Besetzung von Managementpositionen geht. Die Rede ist vom Intelligenztest. Mithilfe des Intelligenzquotienten lässt sich im Durchschnitt über viele Berufe hinweg die spätere Leistung der Bewerber im Berufsalltag zu etwa 25 % prognostizieren. Der Intelligenztest ist damit weitaus besser als die immer noch so beliebten unstrukturierten Einstellungsgespräche. Seine Aussagekraft steigt, je akademischer und je komplexer die beruflichen Aufgaben werden. Bei Managementpositionen lässt sich die berufliche Leistung zu 45 % allein über den IQ prognostizieren. Folgerichtig zählt der Intelligenztest in den USA ganz selbstverständlich zu den Methoden, die bei der Besetzung von Spitzenpositionen in der Wirtschaft zum Einsatz kommen. In etwa 50 % der entsprechenden Stellenbesetzungen wird hier die Intelligenz der Bewerber gemessen. In Deutschland liegt der Wert bei 4 %! Hierzulande wird die Messung der Intelligenz wohl eher als Majestätsbeleidigung begriffen oder man glaubt, dass studierte Bewerber, die bereits einige Karrierestufen genommen haben, sich nicht mehr in ihrer Intelligenz unterscheiden. Natürlich findet man im Pool der Bewerber für eine Vorstandsposition keine Lernbehinderten, gleichwohl ist die Varianz der Intelligenz in dieser Gruppe immer noch groß genug, um hier bedeutsame Unterschiede feststellen zu können. Wenn es bei der Besetzung von Spitzenpositionen den Verantwortlichen tatsächlich um Leistung ginge, kämen sie eigentlich nicht um die Messung der Intelligenz herum.

Es gibt noch viele weitere diagnostische Methoden, um die Eignung von Bewerbern für eine vakante Stelle professionell überprüfen zu können (Arbeitsproben, Assessment-Center, Persönlichkeitstests etc.). Wir wollen es an dieser Stelle aber mit den Klassikern bewenden lassen. Auch bei den hier nicht explizit genannten Methoden zeigt sich immer wieder das altbekannte Bild: Die Methoden werden entweder gar nicht eingesetzt oder so schlecht umgesetzt, dass sie ihre intendierte Wirkung kaum entfalten können. Und so kommt es, dass in Einzelfällen selbst aufwendige Auswahlverfahren so nützlich sind wie ein Münzwurf oder diese im allerschlimmsten Fall sogar eine negative Validität aufweisen. Die neu eingestellten Mitarbeiter sind dann im Berufsalltag umso weniger leistungsstark, je besser sie im Auswahlverfahren abgeschnitten haben. Das muss man erst mal schaffen.

Wenn wir an Personalauswahlverfahren denken, dann gehen wir implizit immer davon aus, dass die Verantwortlichen an einer Bestenauslese interessiert sind. Eine sehr aufwendige Studie aus den USA legt nahe, dass dies keineswegs immer der Fall sein muss. Zumindest steht die Leistung nicht immer im Vordergrund, wenn es z. B. um die interne Stellenbesetzung geht. In der Studie aus den 90er Jahren wurde das Alltagshandeln von verschiedenen Managergruppen untersucht und miteinander verglichen. Unterschieden wurde zwischen effektiven und erfolgreichen Managern. Effektive Manager sind solche, die gut wirtschaftliche Kennzahlen produzieren (hoher Umsatz, hohe Gewinne, geringer Absentismus, geringe Fluktuation o. Ä.). Erfolgreiche Manager sind hingegen diejenigen, die schnell Karriere machen und dabei an den effektiven Kollegen vorbeiziehen. Beide Managertypen unterscheiden sich der Studie zufolge sehr grundlegend in ihrem Alltagshandeln. Während die effektiven Manager den Großteil ihrer Zeit damit verbringen, in engem Austausch mit den eigenen Mitarbeitern zu stehen und sich um die Weiterbildung kümmern, widmen erfolgreiche Manager die meiste Zeit der Netzwerkpflege. Für sie geht es darum, die richtigen Leute zu kennen, mit einflussreichen Menschen essen zu gehen, sich gegenseitig auf dem Weg nach oben zu helfen oder zu wissen, welche Meinung gerade angesagt ist bzw. zu welchen Themen man sich lieber bedeckt halten sollte. Wenn ein solches Alltagsverhalten mit größerem Karriereerfolg in Verbindung steht, dann deutet dies darauf hin, dass das Prinzip „Vetternwirtschaft" offenbar von großer Bedeutung für die Besetzung von (hohen und höchsten) Managementpositionen ist. Man wird nicht ausgewählt, sondern auserwählt. Weiter kommt nicht in erster Linie, wer die beste Eignung aufweist, sondern wer irgendwie schon dazugehört oder sich für eine Aufnahme in den Kreis der Ingroup als hinreichend würdig erwiesen hat.

Eine ähnliche Schlussfolgerung legen die Studien eines deutschen Soziologen nahe, der sich mit der Frage auseinandergesetzt hat, welche Merkmale Menschen aufweisen müssen, die in Deutschland Vorstandsmitglied in einem großen Konzern werden. Betrachtet man nur diejenigen, die ein einschlägiges Studium absolviert haben (BWL, Jura, Ingenieurwesen) und zudem noch promoviert haben, so identifiziert er eine entscheidende Variable: Die Wahrscheinlichkeit, Vorstandsmitglied zu werden, hängt signifikant davon ab, ob der eigene Vater in einer vergleichbaren Position tätig war. Wie in der guten alten Zeit, als der Adel die lukrativen Geschäfte unter sich ausgemacht hat, entsteht somit eine Art großbürgerlicher Wirtschaftsadel, bei dem sich die Insider die einflussreichsten Positionen zuschieben. Dazugehören ist alles. Aus psychologischer Sicht wäre dabei interessant zu erfahren, ob die Betroffenen sich dieser Mechanismen bewusst sind und ob sie das Prinzip der Vetternwirtschaft absichtlich einsetzen oder ob eine entsprechende Förderung einfach geschieht, ohne dass die Entscheidungsträger es selbst merken. Letzteres ist durchaus denkbar. Wir wissen aus der Forschung, dass Menschen Mitglieder der eigenen Ingroup positiv verzerrt wahrnehmen, und zwar selbst dann, wenn ihnen diese Personen nicht persönlich bekannt sind. Es muss keine Absicht sein. Sie sehen die Welt halt so verzerrt und erleben die Verzerrung als objektiv. Am Ende ist das Ergebnis bei einer solchermaßen unbewussten Diskriminierung dasselbe wie bei einer bewussten. Der einzige Unterschied besteht darin, dass Entscheidungsträger, die absichtlich diskriminieren, nur schwer auf den Pfad der Tugend zurückzuführen sind. Für sie ist die bestmögliche Besetzung einer Stelle überhaupt kein erstrebenswertes Ziel.

Gerade bei internen Stellenbesetzungen, also dem Aufstieg in immer höhere Managementpositionen, wird oft der *Leistungsbeurteilung* durch den direkten Vorgesetzten eine hohe Bedeutung beigemessen. Im öffentlichen Dienst schreibt der Gesetzgeber diese sogar explizit vor, ohne sich offenbar jemals tiefer gehend mit der Materie auseinandergesetzt zu haben. Leistungsbeurteilungen durch direkte Vorgesetzte weisen zahlreiche Probleme auf. Manche liegen in der Natur der Sache, andere ließen sich methodisch in den Griff bekommen, wenn man sich professionell aufstellen würde:

- Vorgesetzte bekommen nur einen kleinen Ausschnitt des Arbeitsverhaltens ihrer Mitarbeiter überhaupt mit, weil sie ihren Mitarbeitern nicht den ganzen Tag über die Schulter schauen können.
- Die Arbeitsergebnisse der Mitarbeiter sind heute oft das Ergebnis von Teamwork. Daher fällt es schwer, den Anteil des Einzelnen am Erfolg klar zu identifizieren.

- Im direkten Kontakt zur Führungskraft präsentieren die Mitarbeiter ein mehr oder minder positiv verzerrtes Bild ihrer eigenen Person.
- Die eingesetzten Leistungsbeurteilungsskalen sind oft methodisch so schlecht, dass fast jeder Zweitsemesterstudent in der Psychologie es besser machen könnte: Die Leistungskriterien sind extrem schwammig definiert, sodass sie viel Interpretationsspielraum lassen.
- Ein und dieselbe Leistung wird von verschiedenen Vorgesetzten unterschiedlich bewertet.
- Leistungsbeurteilungen sind sehr oft positiv verzerrt, weil die Führungskraft unangenehmen Gesprächen und Rechtfertigungen aus dem Weg gehen will.
- Leistungsschwache Mitarbeiter werden oft aus strategischen Gründen positiv verzerrt bewertet, in der Hoffnung, dass sie dann hausintern leichter aufsteigen und in einer anderen Abteilung ihr Unwesen treiben.
- Sehr gute Mitarbeiter werden strategisch eher ein wenig zu schlecht bewertet, um sie möglichst lange in der eigenen Abteilung zu halten.
- Die Leistung von Teilzeitkräften wird systematisch schlechter bewertet als die von Vollzeitkräften, obwohl eigentlich das Gegenteil zu erwarten wäre, weil sie aufgrund der geringeren Belastung pro Zeiteinheit effektiver arbeiten können.
- Personen in höheren Positionen werden systematisch positiver bewertet als Menschen in niedrigeren Positionen. Hier wirkt das Prinzip „Es kann nicht sein, was nicht sein darf.". Wer in höheren Positionen arbeitet, kann aber sehr wohl geringe Leistung bringen, z. B. weil die Stellenbesetzung nicht leistungsbezogen erfolgt ist. Durch zu positive Bewertungen in der Leistungsbeurteilung verbirgt die Organisation vor sich selbst ihre eigenen Fehlbesetzungen und kann sich der wohligen Illusion hingeben, alles würde bestens laufen.

Das größte Problem von Beförderungen auf der Grundlage der früheren Leistung besteht allerdings in einer mangelnden Berücksichtigung der Anforderungen der jeweiligen Stelle. Leistung ist das Ergebnis eines Zusammenspiels zwischen den Eigenschaften einer Person und den Anforderungen einer Stelle. Je besser beides zueinander passt, desto größer ist die resultierende Leistung. Mit dem Aufstieg in die nächsthöhere Ebene verändern sich die Anforderungen und schon allein deshalb kann es zu einer veränderten Leistung kommen. Ein erstklassiger Sachbearbeiter muss keine gute Führungskraft sein. Die Umkehrung gilt auch: Eine erstklassige Führungskraft muss kein guter Sachbearbeiter sein. Wer bei der Beförderung sichergehen will, muss daher die tatsächliche Eignung für die neue Stelle in einem professionellen Auswahlverfahren untersuchen. Dies ist umso wichtiger, je hochwertiger die Stelle ist, bzw. je stärker der Nutzen und auch der Schaden ist, der auf der entsprechenden Stelle produziert werden kann. Leider gilt in den meisten Unternehmen ungewollt das gegenteilige Prinzip: Je höherwertiger die Stelle ist, desto schlechter fällt die Qualität der eingesetzten Auswahlmethoden aus. In manchen Großunternehmen werden angehende Azubis oder Trainees weitaus kritischer auf ihre Eignung hin untersucht als die Vertreter der obersten Managementebene.

Wie fahrlässig manche Auswahlverfahren gestaltet sind, wird deutlich, wenn wir uns einmal einige besonders prominente Fehlplatzierungen anschauen.

Der vielleicht schillerndste Fall einer Fehlbesetzung ist der des gelernten Postboten *Gerd Postel*. Über einen Zeitraum von fast 20 Jahren hinweg gelingt es ihm immer wieder, sich mit gefälschten Unterlagen erfolgreich auf unterschiedlichste Stellen, z. B. als Arzt oder Rechtsanwalt, zu bewerben. Schulische und akademische Abschlüsse werden erfunden, um sich wahlweise in einen Universitätsstudiengang hineinzumogeln oder sich direkt auf akademische Positionen zu bewerben. Sein Meisterstück legt er als Oberarzt in einer psychiatrischen Klinik ab. Hier arbeitet er rund eineinhalb Jahre, ohne dass dem Chefarzt, den Kollegen oder Pflegekräften der Betrug auffällt. Aufgeflogen ist seine Aktion nur aufgrund eines dummen Zufalls, weil eine Angehörige eines Patienten ihn einige Jahre zuvor unter anderer Identität kennengelernt hatte. Folgen wir den Ausführungen von Postel, so bereitet er sich seinerzeit auf das Vorstellungsgespräch beim Chefarzt der Klinik in keiner Weise fachlich vor. Völlig zutreffend geht er einfach davon aus, dass man seine Fachlichkeit nicht in Zweifel ziehen würde, wenn er ein gewisses Alter erreicht hat, auf eine vermeintlich erfolgreiche Karriere zurückblicken kann und vor allem gute Zeugnisse vorlegt. So fälscht er nicht nur seinen Doktortitel, sondern ruft auch gleich noch als imaginärer Psychiatrieprofessor der Universität Münster bei dem Chefarzt der Klinik an, um ihm einen besonders begabten Funktionsoberarzt als Besetzung für die vakante Oberarztstelle zu empfehlen. Postel spielt einfach nur mit den Stereotypen seiner Mitmenschen und bemüht sich darum, immer die Antworten zu geben, die erwartet werden. Er stellt sich als bescheiden und lernbereit dar, antwortet brav auf Fragen, die schon vom Ansatz her nicht in der Lage sind, seine Eignung für die fragliche Stelle zu überprüfen. Weil er als Mensch seinem zukünftigen Chef und einer Auswahlkommission des Klinikbetreibers gefällt, geht der selbst ernannte Personalauswahlexperte auch davon aus, dass er ein guter Psychiater und Oberarzt sein müsse. Ebenso gut könnte man glauben, dass Günther Jauch ein Spaceshuttle fliegen könne, weil er ein so angenehmer Zeitgenosse ist. Selbst im alltäglichen Klinikbetrieb fällt der Betrug nicht auf. Postel bemüht sich nach Kräften darum, allen Menschen zu gefallen und delegiert wichtige Entscheidungen an die Assistenzärzte. Funktionieren würde das heute auch noch, weil die Entscheidungsträger in aller Regel nicht die geringste diagnostische Fachkompetenz aufweisen und letztlich aus dem Bauch heraus entscheiden. Die Stelle wird nicht vergeben, weil der Bewerber geeignet ist, sondern weil er den Entscheidungsträgern ein gutes Gefühl vermittelt und bestenfalls darüber hinaus in ihr Stereotyp einer geeigneten Person hineinpasst.

Ganz ähnlich ergeht es *Thomas Middelhoff*, als er sich im Jahr 1987 in vergleichsweise fortgeschrittenem Alter – er ist bereits 32 Jahre alt – als Vorstandsassistent bei Bertelsmann in Gütersloh bewirbt. Aus unerfindlichen Gründen wird er gleich zum Vorstandsvorsitzenden Wössner vorgelassen. Möglicherweise suchte man gerade dringend eine Unterstützung und war dankbar für jede Initiativbewerbung oder glaubte, dass der Unternehmersohn ökonomisches Talent mit der Muttermilch aufgesogen hat. Es liegt in der Natur der Sache, dass Vorstandsvorsitzende wenig Zeit haben und so dauerte das Gespräch auch nur wenige Minuten. Middelhoff bekommt einen Job, zwar nicht als Assistent des Vorstandes, wohl aber als Assistent der Geschäftsführung bei Mohndruck. So schnell kann es gehen. Fast jeder Drittsemesterstudent in der Psychologie hätte es besser verstanden als der große Vorstandsvorsitzende, Middelhoff auf seine Eignung für den Job hin zu überprüfen. Eingestellt wird er nicht, weil er ein bestimmtes Anforderungsprofil erfüllt, weil seine Intelligenz hinreichend ist, weil man seine bisherigen Erfahrungen differenziert betrachtet hätte, weil in einem hochstrukturierten Interview relevante Kompetenzen erfasst worden wären, sondern weil Middelhoff Herrn Wössner gefallen hat. Vielleicht hat sich der Entscheidungsträger irgendwie an seine Jugend erinnert gefühlt und eine gewisse Ähnlichkeit wahrgenommen. Vielleicht ist es aber auch nur die dynamische, offene und positive Art, die den gutaussehenden Bewerber bis in seine Zeit als Untersuchungshäftling hinein so besonders auszeichnet. Wahrscheinlich hat man sich zu dieser Zeit bei Bertelsmann mehr Mühe bei der Auswahl von Auszubildenden gegeben als mit einem neuen Vorstandsassistenten. In der Biografie von Middelhoff gab es durchaus Hinweise darauf, dass er intellektuell, motivational oder anderweitig in Leistungssituationen Schwierigkeiten bekommt. Obwohl er aus einem akademischen Elternhaus stammt und aufs Gymnasium geht, gelingt ihm nicht das Abitur. Die Promotion an der Universität Münster scheitert und erst im zweiten Anlauf gelingt diese ihm in Saarbrücken. Dies bedeutet natürlich nicht, dass sein partielles Scheitern allein auf ihn zurückzuführen ist oder dass er in Zukunft zwangsläufig wieder scheitern wird, wenn man ihm viel abverlangt. Ein Blick in die Biografie hätte die Verantwortlichen bei Bertelsmann aber dazu veranlassen sollen, sich professionell mit der Eignung dieses Bewerbers auseinanderzusetzen, wenn man schon nicht routinemäßig professionelle Diagnostik betreibt. Auch bei seinem Aufstieg bei Bertelsmann scheint Middelhoff niemals ein halbwegs professionelles Auswahlverfahren durchlaufen zu haben. Ja, er muss nicht einmal gute Leistung auf seiner derzeitigen Position zeigen, um noch weiter aufsteigen zu können. Es genügt vollkommen, dass der Vorstandsvorsitzende an ihn glaubt. Middelhoff wird zum Protegé von Wössner, der ihn in den Vorstand beruft, obwohl Middelhoff als Geschäftsführer bei Mohndruck rote Zahlen schreibt und nachweislich Fehlentscheidungen fällt, die das Unternehmen Millionen kostet. Hätte es in einem Unternehmen mit vielen Tausend Mitarbeitern niemanden gegeben, der geeigneter für diese Position gewesen wäre? Wie viele Menschen wären wohl sehr viel besser geeignet gewesen, wenn man den Blick aus dem Unternehmen heraus auf den Arbeitsmarkt insgesamt gerichtet hätte? Diese Fragen werden wohl nicht einmal gestellt, weil man nicht so weit denkt und im künstlich klein gehaltenen Kreis der Aspiranten letztlich nur zählt, was die Entscheidungsträger fühlen. Weil der Chef an ihn glaubt, spielt im Fall Middelhoff die Realität offenbar keine Rolle mehr. Und so geht es auch nach seinem Rauswurf bei Bertelsmann weiter. Als Karstadt auf die Suche nach einem neuen Spitzenmanager geht, der das Unternehmen vor dem Konkurs retten soll, gibt es auf dem internationalen Arbeitsmarkt sicherlich mehr als tausend Menschen, die für diese Aufgabe besser qualifiziert wären als Middelhoff. Warum hat man sich gerade für ihn entschieden? Weil man ihn über sieben Ecken persönlich kannte? Weil er von Autoritäten empfohlen wurde? Weil er so smart und charmant auftrat? Weil er im beschaulichen Essen mit seinen internationalen Erfahrungen im Big Business geblendet hat? Hätte nicht sein Scheitern bei Bertelsmann zumindest Anlass für eine gründliche eignungsdiagnostische Untersuchung geben können?

Ganz ähnlich verhält es sich mit *Jürgen Schrempp*. Wir wissen nicht, wie sein Auswahlverfahren aussah, als er in den 60er Jahren nach einem Studium als Ingenieur wieder bei Daimler-Benz einsteigt. Zuvor hatte er hier eine betriebliche Ausbildung absolviert. Es wird damals aber wohl kaum professionellere Auswahlverfahren gegeben haben als heute. Zu denken sollte uns geben, dass Jürgen Schrempp als Vorstandsvorsitzender der Daimler-Benz-Tochter DASA allein durch den Kauf und Verkauf des Flugzeugherstellers Fokker mehr als 2,5 Mrd. EUR in den Sand gesetzt hat.

Später wird überliefert, dass er sich selbst damit brüstete, wohl der einzige Spitzenmanager zu sein, der so viel Geld vernichten kann und dennoch nicht entlassen wird. Er sollte recht behalten. Bis zu seiner Entlassung würden noch Jahre vergehen und er muss noch erheblich viel mehr Geld vernichten, bis endlich die Reißleine gezogen wird. Trotz seines wirtschaftlichen Scheiterns bei der DASA zieht er in den Daimler-Vorstand ein und wird einige Jahre später sogar Vorstandsvorsitzender. Die Schadenssumme ist so unvorstellbar groß, dass man sich nicht vorstellen mag, dass alternative Vorstandsaspiranten noch größere Verluste zu verantworten haben und man sich daher gewissermaßen für den Einäugigen unter den Blinden entschieden hat. Auch hier wird wohl wieder jemand seine Hand schützend über einen mehr als fragwürdigen Kandidaten gehalten haben. Vor dem Hintergrund der weiteren Entwicklungen erscheint dies als ein völlig unverzeihlicher Fehler der Personalauswahl. Fast hat man den Eindruck, als wären bestimmte Karrieren kaum mehr zu stoppen, wenn sie erst einmal richtig Fahrt aufgenommen haben. Erst wenn die eigenen Fehlentscheidungen so folgenschwer sind, dass sie ein ganzes Unternehmen in den Abgrund zu ziehen drohen, wird die Reißleine gezogen; manchmal auch erst danach, wie etwa im Fall von Richard Fuld, dem Chef von Lehman Brothers. Wie viele Milliarden Euro oder Dollar ließen sich sparen und wie viele Arbeitsplätze ließen sich sichern, wenn man einfach mal die Eignung überprüfen würde, bevor eine Spitzenposition mit einem neuen Kandidaten besetzt wird?

Wer (Spitzen-)Manager werden will, hat sicherlich einen Vorteil, wenn er eine besondere Eignung mitbringt; dies stellt aber keine zwingende Notwendigkeit dar. Mitunter reicht es schon, dem Stereotyp eines erfolgreichen Managers zu entsprechen. Jeder große, kräftige und gutaussehende Mann hat schon auf den ersten Blick gute Karten. Das allein reicht natürlich noch nicht aus. Selbstsicheres Auftreten, hervorragende Umgangsformen und Wortwitz tun ein Übriges, um die Illusion einer perfekten Eignung zu erzeugen. Wer dann auch schon ein wenig älter ist und Berufserfahrung vorzuweisen hat, erhöht seine Chancen deutlich.

Möchten Sie als Quereinsteiger in eine (höhere) Managementfunktion aufrücken, so lassen Sie sich am besten von einem Headhunter ansprechen. Das hat zwei große Vorteile. Zum einen kann der durchschnittliche Headhunter Ihre Eignung gar nicht einschätzen und orientiert sich am Image der bisherigen Positionen. Zum anderen wird er sich nicht trauen, die Eignung des Kandidaten nach der Ansprache sehr kritisch zu hinterfragen. Schließlich ist der Bewerber von vornherein in einer starken Position, da er dem Anschein nach ja gar nicht auf der Suche ist, sondern abgeworben werden muss. Zu guter Letzt ist der Headhunter daran interessiert, seinem

Auftraggeber besser früher als später jemanden zu präsentieren, denn schließlich muss auch er seine Brötchen verdienen.

Nun hat nicht jeder das Glück, von einem Headhunter angesprochen zu werden. In diesem Fall bleibt der Weg der klassischen Bewerbung. Hier läuft alles noch wie zu Großväterszeiten, auch wenn die digitale Bewerbung den Anschein großer Modernität vermittelt. Am besten lassen Sie ihre Bewerbungsunterlagen von einem professionellen Ghostwriter frisieren, damit Sie nicht aufgrund formaler Kriterien schon in der Frühphase aus dem Rennen genommen werden. Schmeicheln Sie dem Arbeitgeber im obligatorischen Anschreiben und vermittelt Sie dabei den Eindruck, dass es eine Ehre sei, Ihr Leben in den Dienst eines Fußpuder-Fabrikanten zu stellen oder Industriefette zu entsorgen. Außerhalb der betreffenden Unternehmen würde Ihnen das natürlich niemand glauben, Außenstehende sind aber auch nicht diejenigen, die Ihre Bewerbung begutachten müssen. Selbstverständlich weisen Sie alle Kompetenzen auf, die in der Stellenanzeige gefordert werden. Das ist nicht schwer, denn sie sind so schwammig und austauschbar, dass sie subjektiv auf mindestens 70 % aller Menschen zutreffen. Lücken im Lebenslauf müssen rigoros ausgemerzt werden, denn ansonsten deutet der Hobbypsychologe in die Lücken so mancherlei zu Ihrem Nachteil hinein. Wer ein halbes Jahr nach seinem Studium immer noch keine Stelle hat, ist selbstverständlich nicht zielstrebig, verfügt über eine schwach ausgeprägte Leistungsmotivation und ist vielleicht sogar ein Eigenbrötler – alles Eigenschaften, die sich schlecht machen, wenn man Manager werden will. Vergessen Sie nicht, so zu tun, als würden sie neben ihrem 12-h-Tag auch noch intensiv Sport betreiben. Am besten gleich eine Kombination aus Ausdauersport und Mannschaftssport, dann erscheinen Sie dem Menschenkenner auf der anderen Seite der Bewerbung gleichermaßen als belastbar und sozial kompetent. Sofern Sie hinreichend skrupellos sind, können Sie natürlich auch gleich noch akademische Abschlüsse oder frühere Arbeitgeber erfinden. Vor einigen Jahren berichtete ein Privatdetektiv, der sich auf die Überprüfung von Lebensläufen von Bewerbern auf Managementfunktionen spezialisiert hat, in einem Zeitungsinterview, dass er bei etwa einem Drittel der Fälle massive Fälschungen entdeckt habe. Sie befinden sich hier also in einer erlesenen Gesellschaft. Achten Sie insbesondere darauf, dass ihre Zeugnisse erstklassig sind, dies erreichen sie ggf., indem Sie ihren früheren Arbeitgebern mit Klage drohen, falls Sie die Zeugnisse nicht ohnehin selbst schreiben durften. Die Gegenseite wird auf Berufserfahrung mehr Wert legen als auf alles andere, weil sie Erfahrung mit Kompetenz verwechselt. Je älter Sie sind und je weiter Sie in Ihrer bisherigen Karriere gekommen sind, desto leichter lässt sich diese Hürde nehmen, ohne dass Sie viel dazu beitragen müssten. Es reicht zu überleben. In den Augen der einstellenden Unternehmen reifen Sie von allein wie ein guter Wein, ohne dass die Verantwortlichen darüber nachdenken, dass dies keineswegs für alle Weine und schon gar nicht für Menschen zutreffend ist. In den Augen der Entscheidungsträger ergeht es dem Bewerber wie ihnen selbst. Schließlich werden auch ihre Auswahlverfahren mit der Zeit immer besser, je länger sie die Forschung beharrlich ignorieren und nicht valide Methoden zum Einsatz bringen.

Wenn Sie die Bewerbungshürde genommen haben, ist eigentlich schon die größte Herausforderung bestanden. Die allermeisten Konkurrenten haben Sie hinter sich gelassen. Jetzt geht es nur noch darum, dem Gesprächsleiter ein gutes Gefühl zu vermitteln. Je höher die Position ist, auf die Sie sich bewerben, desto leichter wird es. Sie müssen nicht mehr mit Leistungstests, Arbeitsproben oder Assessment-Centern rechnen, mit denen man an Ihrem sorgsam aufpolierten Image kratzen könnte. Stattdessen wird Sie ein völlig unstrukturiertes Vorstellungsgespräch erwarten. Versuchen Sie, im Vorfeld möglichst viel über ihren Gesprächspartner in Erfahrung zu bringen. Es geht darum, sich im Einstellungsinterview dem Interviewer als möglichst ähnlich zu präsentieren. Je ähnlicher, desto besser – schließlich geht der Interviewer ja davon aus, dass er selbst eine der besten Stellenbesetzungen repräsentiert, die dieses Unternehmen jemals vorgenommen hat. Insofern kann ein Bewerber, der irgendwie so ist wie der Interviewer selbst, keine schlechte Wahl sein. Gehen Sie davon aus, dass Ihr Gesprächspartner Sie als Mensch kennenlernen möchte. Niemand kann einen anderen Menschen in einer Stunde wirklich kennenlernen und das ist eigentlich auch gar nicht die Aufgabe eines Auswahlverfahrens, aber das weiß die Gegenseite nicht. Verhalten Sie sich daher einfach so, als würden Sie auf einer Party einen einflussreichen Menschen kennenlernen, bei dem Sie sich einschleimen wollen. Wenn Sie solch eine Aufgabe bewältigen können, sollte auch ein Vorstellungsgespräch keine allzu große Herausforderung sein. Gehen Sie weiterhin davon aus, dass der Interviewer wissen möchte, ob Sie sich intensiv mit seinem Unternehmen auseinandergesetzt haben. Natürlich sind Sie kein besserer Manager, nur weil Sie herunterbeten können, wie groß der Umsatz des Unternehmens im dritten Quartal des Jahres 2012 auf den Malediven war, aber darum geht es ja auch gar nicht. Es geht nur darum, dass Sie außergewöhnliches Interesse und Engagement heucheln. Rechnen Sie fest mit Allerweltsfragen, die seit Jahrzehnten in jedem Ratgeber stehen – Was sind Ihre Stärken? Was sind Ihre Schwächen? Wie würde Ihr Vorgesetzter Sie charakterisieren? Warum soll ich gerade Sie einstellen? – Diese Fragen werden nach wie vor jeden Tag tausendfach gestellt, vielleicht ja auch in Ihrem Interview. Bereiten Sie sich darauf vor, indem Sie die Kompetenzen und Werte aus der Stellenanzeige nehmen und sich zu jedem dieser Punkte einen glaubwürdig klingenden Schwank aus ihrem Leben ausdenken, den sie als Scheinbeleg für Ihre eigene Eignung anführen können. Besonders gewitzte Interviewer geben sich nicht damit zufrieden, wenn Sie ihnen einfach sagen, dass Sie ein sehr führungsstarker Mensch seien und Nachhaltigkeit gut fänden. Das reicht für eine erfolgreiche Bewerbung. Im Interview wird mitunter mehr verlangt. Greifen Sie dem Interviewer aber nicht vor, indem Sie gleich auch noch Scheinbelege für Ihre Passung zum Unternehmen im Allgemeinen und zur vakanten Stelle im Besonderen liefern. Der Interviewer will auch etwas zu tun haben. In unprofessionellen Interviews hat der Interviewer einen sehr viel größeren Redeanteil als der Bewerber, nur so fühlt er sich in seiner machtvollen Position richtig wohl. Nehmen Sie ihm also nicht die Freude und lassen Sie ihm die Chance nachzufragen: „Und worin spiegelt sich Ihre hohe Führungsstärke im Alltag? Können Sie mir bitte ein Beispiel aus Ihrem Leben schildern?" Erst jetzt sind Sie wieder am Zuge und tischen Ihre Geschichte auf. Am glaubwürdigsten wirken Sie, wenn Sie Ihre Geschichte detailreich schildern und mit Emotionen unterfüttern – Täuschen auf höchstem Niveau, denn schließlich wollen Sie ja auch hoch hinaus. Vergessen Sie darüber hinaus keineswegs Fragen an den Interviewer zu stellen. Das vermittelt den Eindruck von besonderem Interesse und wie gesagt – der Interviewer hört sich selbst am liebsten reden.

Nach dem Interview ist alles, was Sie jetzt noch zu tun haben, abzuwarten. Sie haben Ihr Bestes gegeben, um den Auswahlprozess professionell zu manipulieren. Wenn Sie jetzt die Stelle nicht bekommen, dann nur deshalb nicht, weil ein alternativer Bewerber mehr Glück hatte als Sie. Verzagen Sie nicht, wenn Sie diesmal nicht zum Zuge kommen. Gegen den Zufall können Sie wenig ausrichten. Versuchen Sie es mit derselben Masche einfach wieder in einem anderen Unternehmen.

Ganz andere Wege eröffnen sich, wenn Sie nicht von außen ein Unternehmen entern wollen, sondern von innen Ihren Weg durch die Instanzen gehen. Nach dem Vorbild von Middelhoff, Schrempp & Co. arbeiten Sie sich über die Jahre immer weiter nach oben, bis Ihre Karriere eines Tages zum Stillstand kommt, weil Ihre Konkurrenten noch geschickter sind als Sie oder aber Ihre Unfähigkeit in einer bestimmten Hierarchieebene so offenkundig zutage tritt, dass Sie nicht mehr weiter aufsteigen können. Macht nichts, Sie haben es ja auch so schon viel weiter gebracht als die meisten, die für Ihren Job wirklich geeignet gewesen wären. Natürlich ist es auch für diesen Karriereweg hilfreich, gute Kennzahlen zu produzieren. Viel wichtiger ist aber Ihr Engagement in Sachen Networking, Mikropolitik und

Täuschung. Hierauf werden wir in einem späteren Kapitel noch ausführlicher eingehen.

Der oben skizzierte Weg ist selbstverständlich nicht der einzige, um als Manager Karriere zu machen. Tausende von Managern sitzen sicherlich völlig verdient auf ihrem Stuhl, weil sie gute Arbeit abliefern. Das sind aber auch nicht diejenigen, die später scheitern oder großen Schaden anrichten. Je weniger geeignet eine Person für bestimmte Managementfunktionen ist, desto eher muss sie sich solcher und ähnlicher Mittel bedienen, um dennoch aufsteigen zu können.

3

An welchen Eigenschaften scheitern Manager?

Da insbesondere Spitzenmanager viel zu selten professionell auf ihre Eignung überprüft werden, erhöht sich die Wahrscheinlichkeit, dass sie Eigenschaften aufweisen, die letztlich einer guten Erfüllung ihrer Arbeitsaufgaben im Wege stehen. Dabei wirken einzelne dieser Eigenschaften in gewisser Weise paradox. Auf der einen Seite führen sie dazu, dass Menschen eher in hohe Positionen vordringen. Auf der anderen Seite reduzieren sie die Leistung in entsprechenden Funktionen. Das ist ungefähr so, als würden Menschen umso eher in ein Basketballteam aufgenommen werden, je kleiner sie sind.

Eigenschaften sind dabei immer als Dimension zu verstehen: Jeder Mensch ist mehr oder weniger teamfähig, intelligent, selbstreflektiert. Die Eignung für einen bestimmten Arbeitsplatz ergibt sich aus der Passung der individuellen Ausprägungen seiner Eigenschaften und den diversen Anforderungen des Arbeitsplatzes. So mag beispielsweise auf dem Arbeitsplatz A eine geringe Selbstreflexionsfähigkeit vollkommen ausreichend sein, während sie auf Arbeitsplatz B zu einer Minderleistung oder gar zum Scheitern führt. Daher kann nicht ohne Weiteres von der beruflichen Leistung einer früheren Position auf die zukünftige Leistung geschlossen werden. Ein guter Abteilungsleiter mag als Bereichsleiter versagen, so wie ein guter Bürgermeister mit den Aufgaben eines Aufsichtsrates überfordert sein kann. Wer weiß, vielleicht wäre Jürgen Schrempp im mittleren Management eine hervorragende Besetzung gewesen, obwohl er an der Spitze von DaimlerChrysler offenkundig versagt hat. Vielleicht wäre Thomas Middelhoff ein hervorragender Theaterschauspieler geworden und als

Theaterintendant ebenso gescheitert, wie als Karstadt-Sanierer. Umgekehrt gilt, dass die Eignung für eine höhere Position nicht automatisch die Eignung für tiefere Hierarchieebenen voraussetzt. Ein Theaterintendant muss kein guter Schauspieler sein, ebenso wenig, wie wir von einem Flughafenmanager erwarten, dass er selbst ein Flugzeug steuern kann. Es kommt immer auf die richtige Passung an.

Eigenschaften lassen sich im Sinne von Persönlichkeitsmerkmalen nur schwer, kaum oder gar nicht beeinflussen. Zwar kann sich die Persönlichkeit eines Menschen über die gesamte Lebensspanne hinweg verändern, dies sind aber fast immer langfristige und schleichende Veränderungen, die mit zunehmendem Lebensalter immer geringer ausfallen. Die Persönlichkeit eines Menschen verfestigt sich gewissermaßen über die Jahrzehnte. Größere Veränderungen basieren dann vor allem auf einschneidenden Erlebnissen wie dem Tod eines langjährigen Partners oder dem Ausbruch einer Krankheit. Gezielte Maßnahmen der Personalentwicklung bauen daher auf den vorhandenen Eigenschaften der Mitarbeiter auf, ohne sie selbst grundlegend zu verändern. So ist es sicherlich möglich, vielen Führungskräften Gesprächstechniken beizubringen, mit denen sie schwierige Mitarbeitergespräche besser bewältigen können. Aus einem Donald Trump macht aber kein Training der Welt einen Bill Gates. Insofern kommt den Eigenschaften eine wichtige Bedeutung bei der richtigen Besetzung von Managerpositionen zu.

Werfen wir zunächst einen Blick auf sehr grundlegende Persönlichkeitseigenschaften, die sog. „Big 5". Bei den Big 5 handelt es sich um fünf Eigenschaften, denen seit Jahrzehnten sehr viel Aufmerksamkeit in der Forschung zuteil wurde. Zuletzt wohl auch deshalb, weil sie sich in vielen Kulturen empirisch als eine sinnvolle Struktur zur Unterscheidung basaler Persönlichkeitsmerkmale erwiesen haben. Im Einzelnen gehören zu den Big 5:

- Emotionale Stabilität; Menschen mit einer hohen Ausprägung dieses Merkmals ruhen gewissermaßen in sich selbst. Sie erleben keine starken Stimmungsschwankungen, lassen sich von Kritik nicht leicht aus der Bahn werfen oder leicht provozieren.
- Extraversion; eine hohe Extraversion bedeutet, dass man aus sich herausgeht, schnell Kontakt zu anderen Menschen findet und auch gern im Mittelpunkt steht. Die Betroffenen streben Durchsetzung ihrer Interessen an und sind besonders aktiv.
- Offenheit; je höher die Offenheit, desto eher probiert ein Mensch neue Dinge aus, ist an neuen Erfahrungen interessiert und begegnet Veränderungen aufgeschlossen.

- Gewissenhaftigkeit; eine hohe Gewissenhaftigkeit liegt vor, wenn die Person gestellte Aufgaben sorgfältig erledigt und selbst eine gute Leistung anstrebt. Sie steht zu ihrem Wort, ist verlässlich, besonnen und diszipliniert.
- Verträglichkeit; eine hohe Verträglichkeit steht schließlich dafür, dass Menschen sich leicht in Gruppen integrieren, Kompromisse schließen und sich für andere einsetzen.

Eine amerikanische Metaanalyse aus dem Jahr 2001 geht der Frage nach, welche Bedeutung den Big 5 für den Erfolg von Führungskräften zukommt. Darüber hinaus wird untersucht, inwieweit sie einen Beitrag dazu leisten, dass wir einen Menschen als Führungskraft wahrnehmen. Interessant sind dabei besonders die unterschiedlichen Ergebnisse zu beiden Fragestellungen. Menschen, die extravertiert sind, werden von anderen sehr viel eher als Führungskraft erlebt als Menschen, die still und zurückhaltend sind. Die Extraversion nimmt im Durchschnitt aber nur etwa 6 % Einfluss auf die tatsächliche Leistung. Gleichzeitig unterschätzen wir die Bedeutung der Verträglichkeit für den Erfolg in Führungspositionen. Menschen, die verträglich sind, werden von anderen nicht als bessere Führungskraft erlebt, obwohl dies so sein sollte. Hierin spiegelt sich ein klein wenig das Zerrbild einer archaischen Führungskraft, das möglicherweise auch viele Entscheidungsträger im Kopf haben, wenn sie im Rahmen von Beförderungen und Auswahlverfahren aus dem Bauch heraus potenzielle Kandidaten einschätzen. In der Konsequenz filtern sie Personen heraus, die offensiv auftreten, obwohl unter den defensiven Alternativen Kandidaten sind, die ebenso gut oder vielleicht sogar noch besser geeignet wären.

Diese Verzerrung allein führt natürlich noch nicht dazu, dass systematisch unfähige Personen in Managementpositionen kommen würden. Sie engt jedoch den Blick unnötig ein und erhöht die Wahrscheinlichkeit für suboptimale Stellenbesetzungen. Schauen wir uns im Folgenden einmal Eigenschaften an, die tatsächlich Schaden anrichten können. Es handelt sich um Eigenschaften, die weniger abstrakt sind als die Big 5 und vielleicht gerade deshalb eine größere Bedeutung für das alltäglichen Handeln von Managern haben.

Hinweise auf solche Eigenschaften finden sich in der Derailment-Forschung. Derailment liegt vor, wenn ein Manager in eine neue Position eintritt und hier die gewünschte Leistung nicht erbringt, sodass er oft schon nach wenigen Monaten entweder selbst kündigt, innerhalb des Unternehmens versetzt bzw. degradiert wird oder der Arbeitgeber ihn entlässt. Derailment ist somit der offensichtlichste Beleg für ein Scheitern des

Managers und ebenso auch für eine Fehlbesetzung der Stelle durch den Arbeitgeber. Befragt man nach einem solchen Derailment-Fall Vorgesetzte, Kollegen oder Mitarbeiter nach möglichen Eigenschaften der betroffenen Manager, die ihr Scheitern gefördert haben könnten, so werden zahlreiche Eigenschaften genannt.

Besonders häufig gilt dies für die *mangelnde Integrität*. Bei der Integrität geht es um die Frage, inwieweit ein Mensch für seine Umwelt vertrauenswürdig ist und sich an Regeln und gesellschaftliche Normen hält. Hierzu zählt auch die Einhaltung gesetzlicher Bestimmungen. Menschen mit geringer Integrität suchen primär den eigenen Vorteil und sind dazu auch bereit, Regeln zu brechen. Auf der Ebene eines Arbeiters in der Produktion oder eines einfachen Außendienstmitarbeiters geht es vielleicht „nur" darum, hin und wieder ein Werkzeug mitgehen zu lassen, jeden Tag die Pausenzeiten zu überziehen oder sich häufig krankschreiben zu lassen, ohne wirklich krank zu sein. Auf höheren Ebenen bieten sich sehr viel weitgehendere Möglichkeiten, zumal „blau machen" oder „etwas aus dem Büro mitgehen lassen" nicht wirklich attraktive Missetaten sind, wenn man mehrere hunderttausend Euro im Jahr verdient. Hier geht es eher darum, Firmengelder zu veruntreuen, bestechlich zu sein oder geheime Daten des Arbeitgebers an die Konkurrenz weiterzuleiten, weil man anschließend dorthin wechselt. Letzteres erinnert an den Fall der GM-Managers José Ignacio López, der in den 1990er-Jahren in den VW-Vorstand berufen wird und dabei im Gepäck auch gleich noch wichtige Konstruktionsunterlagen vom VW-Konkurrenten Opel mit sich führt. Lebendige und zum Teil auch sehr kreative Beispiele liefern die Herren Middelhoff und Tebartz-van Elst. Middelhoff fliegt eine Zeit lag mit dem Hubschrauber von seinem Wohnsitz in Bielefeld zur Karstadt-Zentrale in Essen, weil er nervige Wartezeiten im täglichen Verkehrschaos umgehen will. Wir können allerdings sicher sein, dass er diese Wartezeiten durchaus sinnvoll hätte nutzen können. Er wird bestimmt einen Chauffeur gehabt haben und hätte bequem aus dem Fond einer Luxuslimousine heraus das eine oder andere Telefongespräch abwickeln oder vielleicht auch mal eine Akte studieren können. Hätte man diese kleinen Eskapaden vielleicht noch als eitle Schrulligkeit auslegen können, sieht es vollkommen anders aus, wenn wir erfahren, dass unter seiner Führung Karstadt bzw. Acandor der Universität Oxford etwa 700.000 € spendet. Sicherlich nicht, weil die Elite-Universität sich um Karstadt-Verkäuferinnen verdient gemacht hätte, sondern doch wohl sehr viel eher, weil Thomas Middelhoff sich einen prestigeträchtigen Posten in einem Beiratsgremium der Universität sichern will. Da fallen die 180.000 €, die Karstadt für eine Festschrift zum 70. Geburtstag des ehemaligen

Vorstandvorsitzenden von Bertelsmann abgedrückt hat, kaum noch ins Gesicht. Warum Karstadt dem fremden Spitzenmanager eine solche Ehre zuteil werden lassen sollte, bleibt indes fraglich. Sicherlich will Middelhoff seinen langjährigen Förderer, ohne den er wohl niemals bei Bertelmann bis in den Vorstand aufgestiegen wäre, für dessen Steigbügelhalterdienste danken. Dies ist verständlich und irgendwie auch legitim, nur hätte er dann doch die Rechnung besser auch selbst bezahlen sollen. Ob Middelhoff Karstadt hat bluten lassen, weil er selbst schon weiß, dass er privat hoffnungslos überschuldet ist, weil er denkt, das merke sowieso niemand oder weil er davon ausgeht, dass ihm solch kleine Extras als Vorstandsvorsitzenden einfach zustehen, werden wir nie erfahren.

Middelhoff wird bald vergessen sein. Sein Kollege im Geiste, Franz-Peter Tebartz-van Elst, wird hingegen wohl auch in hundert Jahren den Menschen, die eine Stadtführung in Limburg buchen, ein Begriff sein. Nicht etwa, weil er ein so frommer Kirchenmann war, sondern weil ihm seine barocke Lebensführung auf Kosten der Kirchenkassen letztlich das Genick gebrochen hat. Beim Umbau des Bischofssitzes werden die Privatgemächer des Bischofs von ursprünglich 100 m^2 auf 300 m^2 ausgeweitet. Dumm nur, dass die Anlage auf einem Felsen steht und man sich zum Zwecke der Wohnraumerweiterung aufwendig in den Untergrund hineinfräsen muss. Billig ist das nicht. Für zusätzliche Umbauarbeiten in der Privatkapelle des Kirchenmanns fallen mindestens 150.000 € an. Die Anlage eines Teiches mit edlen Koi-Karpfen im Garten des Bischofs schlägt mit mehr als 200.000 € zu Buche, was fast schon angemessen erscheint, wenn man bedenkt, dass der Garten an sich fast 800.000 € Kirchengelder verschlingt. Wie bescheiden nimmt sich im Vergleich die Geschichte eines Münsteraner Bank-Managers aus, der seine Wahl zum Rotary-Präsidenten auf Firmenkosten feiern lässt oder die eines Vorstandsvorsitzenden, der seinen Töchtern einen Firmenwagen zur Verfügung stellt, damit sie standesgemäß in den Urlaub fahren können.

All dies sind mehr oder weniger drastische Auswirkungen einer mangelnden Integrität. Studien zeigen, dass hohe Integritätswerte mit einer etwa 12 % höheren Arbeitsleistung einhergehen. Niedrige Integritätswerte fördern hingegen etwa 22 % des sog. kontraproduktiven Verhaltens, also die Schädigung des Arbeitgebers im Sinne der oben genannten Beispiele. Geht es um Managementpositionen, so steigen die Werte auf 26 % bzw. 46 %. Fast die Hälfte des kontraproduktiven Verhaltens von Managern lässt sich also über mangelnde Integrität erklären. Dass es „nur" 46 % sind, deutet darauf hin, dass mangelnde Integrität immer auch auf günstige Rahmenbedingungen stoßen muss, um ihr negatives Potenzial vollends entfalten zu können.

Gelegenheit macht halt ein Stück weit Diebe. Hätten beispielsweise die Aufsichtsgremien im Falle von Middelhoff oder Tebartz-van Elst einwandfrei funktioniert, so wäre zumindest ein Teil des Problems bereits im Keim erstickt worden. Kontrolle löst das Problem mangelnder Integrität natürlich nicht vollständig, da die Akteure mitunter einen versteckten Weg finden, um sich selbst zu bereichern. Vernünftige Kontrollen können das Problem aber deutlich reduzieren. Noch besser wäre es natürlich, Menschen mit geringer Integrität erst gar nicht in einflussreiche Positionen aufsteigen zu lassen.

Eng verbunden mit der Frage der Integrität ist die nach den *Arbeitsmotiven* oder Werten, die einen Menschen im Berufsleben antreiben. Geht es primär um Geld, um gesellschaftliches Ansehen oder darum, eine interessante Aufgabe zu erfüllen oder besondere Leistungen zu erbringen. Mehr als ein Dutzend derartiger Arbeitsmotive lassen sich unterscheiden. Sie beantworten letztlich die Frage, warum ein Mensch arbeitet, welche Ziele er durch seine berufliche Arbeit verfolgt. Dabei stehen die verschiedenen Motive nicht im Widerspruch zueinander. Auch hier gilt, jedes Motiv kann unterschiedlich stark ausgeprägt sein. In der unterschiedlichen Ausprägung zahlreicher Motive spiegelt sich letztlich die Individualität des einzelnen Menschen wider. Menschen mit geringer Integrität werden wahrscheinlich solche sein, die ein sehr reduziertes Profil der Arbeitsmotive aufweisen. Im Zentrum steht Geld, Macht und Ansehen, die weit überdurchschnittlich ausgeprägt sein dürften. Vielleicht spielt auch das Streben nach Autonomie noch eine gewichtige Rolle. Das dürfte es dann aber auch schon gewesen sein.

Häufig werden in der Derailment-Forschung auch Defizite im Bereich der *intellektuell-fachlichen Fähigkeiten* als Quelle des Übels benannt. Die Betroffenen sind fachlich überfordert, weil ihre Aufgaben so komplex geworden sind, dass die Fachkompetenzen nicht ausreichen, um die Arbeit in der notwendigen Tiefe zu durchdringen. Die Aneignung der Fachlichkeit scheitert dann daran, dass sich die Betroffenen in der Kürze der zur Verfügung stehenden Zeit die notwendigen Kenntnisse nicht mehr aneignen können und/oder ihre Lernfähigkeit zu eingeschränkt ist. Sie können die Tragweite ihrer Entscheidungen nicht hinreichend überblicken, wenn sie ein bestimmtes Komplexitätsniveau überschreiten oder scheitern bereits daran, die Komplexität als solche zu erkennen und fällen daher nur oberflächlich abgesicherte Entscheidungen. Ihnen fällt es schwer, sich selbst und andere zu organisieren oder eine effektive Planung aufzustellen, weil sie zu wenig komplex denken und daher gern Wichtiges außer Acht lassen.

Je höher die Managementposition in der Hierarchie eines Unternehmens angesiedelt ist, desto wichtiger werden die intellektuellen Fähigkeiten.

Während man im Studium oder auf einer niedrigen Einstiegsposition eine geringe intellektuelle Leistungsfähigkeit vielleicht noch mit Fleiß oder durch die Hilfe von anderen ausgleichen kann, wird dies von Karrierestufe zu Karrierestufe zusehends schwieriger. Es fehlt schlichtweg die Zeit, um sich langsam in eine neue Materie einzuarbeiten oder wie vor einer Klausur den Lehrstoff tagelang zu bimsen. Die Mitarbeiter sind ausgewiesene Fachexperten, deren Expertise fast zwangsläufig die des Spitzenmanagers übersteigt. Dennoch muss er in der Lage sein, die Kernelemente zu verstehen und eine Integration der Informationen über verschiedene Expertisefelder hinweg zu leisten. Nur so lassen sich auf einem übergeordneten Niveau sinnvolle Entscheidungen treffen. Je komplexer es wird, desto weniger leicht lassen sich die eigenen Defizite verbergen. Im Gespräch mit wichtigen Geschäftspartnern müssen die Entscheidungsträger in Echtzeit die Schwächen in der Argumentation des Gegenübers erkennen und nicht erst, nachdem man eine halbe Stunde darüber nachgedacht und sich mit Mitarbeitern ausgetauscht hat. Ebenso muss man selbst mit Ideen oder Gegenargumenten parieren können.

Die Forschung zeigt, dass mit zunehmender Komplexität die Bedeutung der Intelligenz für die berufliche Leistung ansteigt. In Managementpositionen liegt der Wert bei 45 %, also fast bei der Hälfte der Leistung. Manager, die intellektuell mit ihren Aufgaben überfordert sind, dürfte es eigentlich nicht geben, ist doch die Intelligenz im Zuge der Personalauswahl sehr leicht zu messen. Leider ist dies in Deutschland die große Ausnahme.

Wer als Manager intellektuell-fachlich mit seinen Aufgaben überfordert ist, hat im Grunde nur eine Möglichkeit, erfolgreich in seiner Position zu beharren. Er muss so viele Aufgaben wie möglich an fähigere Mitarbeiter delegieren und sie dann auch gewähren lassen. Dies wiederum setzt zunächst einmal eine realistische *Selbstreflexion* voraus, die offenbar bei vielen Menschen in Spitzenpositionen nicht (mehr) gegeben ist. Darüber hinaus muss das Führungsverhalten von Partizipation, Delegation und Vertrauen geprägt sein. Dies fällt aber vielen Menschen schwer, die sich in Spitzenpositionen zu Recht oder Unrecht von Neidern und Konkurrenten umzingelt sehen. Die prinzipiell vorhandenen Kompensationsmöglichkeiten werden daher nicht in hinreichendem Maße genutzt. Statt fähigeren Mitarbeitern zu vertrauen, versuchen die Betroffenen ihr Idealbild eines Managers als „Macher" auszuleben und scheitern damit zusehends – zumindest in den Augen ihrer unmittelbaren Umgebung. Die Forschung zum Derailment zeigt denn auch, dass Managerscheitern häufig mit geringer Selbstreflexion bzw. großer Selbstüberschätzung einhergeht.

Andere Defizitträger – wahrscheinlich diejenigen, die über eine halbwegs realistische Selbsteinschätzung verfügen – lähmen ihre Arbeitsbereiche durch allzu große Vorsicht und *Entscheidungsschwäche*. Sie wollen in jedem Fall Fehler vermeiden und übersehen dabei, dass zu spät getroffene Entscheidungen selbst zum Problem werden können. Die allzu große Sprunghaftigkeit, die gescheiterten Managern nachgesagt wird, kann sowohl bei Defizitträgern mit zu geringer Selbstreflexion auftreten als auch bei denen, die eine Sachlage richtig einschätzen. Erstere müssen ihre Entscheidungen immer wieder korrigieren, weil es zu Fehlern kommt. Letztere korrigieren ihre Entscheidungen aus Versagensängstlichkeit schon im Vorhinein, bevor sie überhaupt wissen, ob es diesmal vielleicht zufällig die richtige Entscheidung gewesen wäre. All dies ließe sich vermeiden, wenn man von vorherein die Positionen mit besonders fähigen Personen besetzen würde.

Managementfehler entstehen u. a., wenn Entscheidungen entweder ad hoc aus dem Bauch heraus gefällt oder viel zu lange herausgezögert werden. Beides wird in der Derailment-Forschung beschrieben. Die Wurzel der Übel kann in diesem Falle in einer Eigenschaft liegen, die in der Psychologie als „*need for cognition*" bezeichnet wird. „Need for cognition" beschreibt das Bedürfnis eines Menschen, sich aus eigenem Antrieb heraus intellektuell tiefergehend mit Sachverhalten zu beschäftigen. Das Bedürfnis kann mehr oder weniger stark ausgeprägt sein. Probleme ergeben sich an beiden Extrempolen des Kontinuums.

Manager mit einem sehr geringen „need for cognition" würden demnach die Vorlagen, die ihnen Mitarbeiter auf den Tisch legen, nicht sorgfältig lesen, bevor sie eine Entscheidung fällen. Sie haben einfach keine Lust, sich eigenständig in eine komplexe Materie einzuarbeiten oder glauben an eine geheime Kraft, die sie mit Begriffen wie „Erfahrung", „Intuition", „Menschenkenntnis" oder „Bauchgefühl" belegen und die ihnen auf wundersame Weise helfen soll, immer die richtigen Entscheidungen zu fällen. Viele Menschen überschätzen die Bedeutung der Erfahrungen. Ja, berufliche Erfahrung kann dazu beitragen, dass wir etwas lernen und Expertise aufbauen. Dies ist leider kein Automatismus. Bei weitem nicht alle Menschen lernen viel aus ihren Erfahrungen. Lernen kann man nur dann, wenn ein belastbares Feedback über die Qualität der eigenen Arbeitsleistung vorliegt und die Betroffenen bereit sind, sich mit eigenen Fehlern auseinanderzusetzen und gleichzeitig auch hinreichend motiviert sind, es in Zukunft besser machen zu wollen. Diese Bedingungen sind keineswegs immer erfüllt. Insbesondere in komplexen Zusammenhängen ist es nicht leicht festzustellen, warum eine Managemententscheidung nicht zum Ziel geführt hat. Die Verantwortlichen können sich leicht einreden, dass nicht sie die Quelle des Übels sind, sondern andere Menschen, die Politik, der Markt oder andere Einflussgrößen, die sie nicht kontrollieren können. Wer so denkt, lernt nicht aus eigenen Fehlern, weil es seiner subjektiven Weltsicht zufolge nichts zu Lernen gibt. Das Vertrauen auf die eigene Erfahrung oder auf „die richtige Nase" ist dann letztlich ein Trugschluss, der einerseits Selbstsicherheit produziert und andererseits Fehlentscheidungen begünstigt. Nach außen wirken Manager mit sehr geringem „need for cognition" oftmals sehr selbstsicher und entscheidungsstark. Es sind die ausgeprägten Macher-Qualitäten, die sie so weit nach oben befördert haben und gleichzeitig eine ihrer größten Schwächen darstellen.

Am anderen Ende des Kontinuums finden sich Personen mit einem sehr hoch ausgeprägten „need for cognition" – im Grunde genommen Grübler, die erst dann ruhig schlafen können, wenn sie alle Zahlen, die man ihnen auf dem Tisch gelegt hat, selbst nachgerechnet haben. Je weiter in der Hierarchie sie aufsteigen, desto schwieriger wird der Managementjob für sie, weil irgendwann die eigene Lebenszeit nicht mehr ausreicht, um alles selbst in der Tiefe so zu durchdringen, dass man selbst Befriedigung dabei erleben könnte. Die Betroffenen stehen sich selbst im Weg und verzögern Entscheidungsprozesse, die eigentlich sehr viel schneller vonstatten gehen müssten. In der Realität dürften Menschen mit einem überschießenden „need for cognition"" allerding in hohen Managementpositionen eher eine Ausnahme darstellen. Ihre Kariere dürfte in aller Regel schon sehr viel früher ins Stocken geraten sein.

Eine weitere Eigenschaft, die in diesem Zusammenhang von Bedeutung ist, wird als *„sensation seeking"* bezeichnet. Menschen mit sehr hohen Werten in diesem Merkmal suchen ständig nach Abwechslung, nach Herausforderungen oder risikoreichen Situationen. Man denke hier im Extrembeispiel etwa an Rennfahrer der Formel 1 oder Extremfreizeitsportler, die immer wieder ihr Leben aufs Spiel setzen. Am anderen Ende des Spektrums befinden sich Personen, die dem Stereotyp eines Buchhalters oder eines Bibliothekars entsprechen. Alles sollte seinen gewohnten Gang gehen und nach fest betonierten Regeln ablaufen. Nur so fühlen sie sich wohl.

In Managementpositionen werden Vertreter des zweiten Extrems wohl nur selten anzutreffen sein. Sie streben derartige Positionen aus eigenem Antrieb nicht an – bestenfalls vielleicht in stark reglementierten Nischen des Öffentlichen Dienstes. Das Problem sind eher die Hasardeure vom anderen Ende des Kontinuums. Ein Stück weit spiegeln sie die Karikatur eines Unternehmertums wider, das vor allem auf Risikobereitschaft basiert. Natürlich gibt es Unternehmer, die gerade aufgrund ihrer Risikobereitschaft besonders erfolgreich wurden. Häufig wird jedoch übersehen, dass neben jedem Unternehmer, der auf diesem Weg erfolgreich wurde, auch mindestens einer steht, der aufgrund derselben Eigenschaft in die Insolvenz gegangen ist. Es kommt halt auf ein ausgewogenes Maß an.

„Sensation seeking" in einem leicht erhöhten Maß erhöht beispielsweise die Bereitschaft, Innovationen anzustoßen, was durchaus sinnvoll ist. Zunehmend höhere Werte bergen hingegen die Gefahr unkalkulierter Risiken. Die Verantwortlichen treffen Entscheidungen nicht, weil sie mit hoher Wahrscheinlichkeit zum Erfolg führen, sondern weil sie zocken wollen und alles auf eine Karte setzen. Studien zeigen, dass ein hohes „sensation seeking" im Berufsleben mit häufigem Stellenwechsel und kontraproduktivem Verhalten gegenüber dem Arbeitgeber sowie geringen Leistungsergebnissen verbunden ist. Im Privatleben steigt die Wahrscheinlichkeit für Drogenmissbrauch und Spielsucht. Studien mit Managern zeigen, dass ein hohes „sensation seeking" nur dann von Vorteil ist, wenn sie mit hohen Werten im „need for cognition" einhergehen. Die Freude an der tiefergehenden intellektuellen Auseinandersetzung lenkt die Risikobereitschaft somit in vernünftige Bahnen. Die Manager suchen zwar neue Wege, das Unternehmen erfolgreich weiterzuentwickeln, wägen dabei Chancen und Risiken aber auch sorgfältig gegeneinander ab. Je weniger sich das Streben nach Erregung und Abwechslung bändigen lässt, desto größer ist die Gefahr. Es bleibt zu befürchten, dass Menschen mit sehr hohen Werten im „sensation seeking" grundsätzlich schneller und weiter aufsteigen, weil sie in unprofessionellen Auswahlverfahren eher dem Stereotyp erfolgreichen Unternehmertums entsprechen.

Besondere Aufmerksamkeit haben in der Öffentlichkeit extrem negative Eigenschaften gefunden, die oft Spitzenmanagern zugeschrieben werden. Die Rede ist von der sog. *dunklen Triade*. Es geht um die Eigenschaften Narzissmus, Machiavellismus und Psychopathie. In diesem Zusammenhang wird auch von „subklinischen Merkmalen" gesprochen. Damit ist gemeint, dass es sich bei einer hohen Ausprägung um Menschen handelt, die sich eigentlich in einer psychotherapeutischen Behandlung befinden sollten. Gerade im Wirtschaftsleben sind die Betroffenen aufgrund ihrer Sozialisation aber immer noch so hinreichend angepasst, dass sie im Berufsalltag irgendwie funktionieren, obwohl sie für ihre Umwelt weitgehend unerträglich sind. Der hohe Status ermöglicht es ihnen, sich in ihrer Position zu halten und Fehler, die eigentlich auf ihr eigenes Konto gehen, anderen in die Schuhe zu schieben. Kämen dieselben Personen aus einem anderen Milieu, wären sie möglicherweise Gewaltverbrecher oder anderweitig kriminell geworden. In der Politik hätten sie das Zeug zum Diktator.

Die erste Eigenschaft, der *Narzissmus,* wird sprachhistorisch zurückgeführt auf eine Figur aus der griechischen Mythologie. Narziss ist der Sohn des Flussgottes Kephisoss. Eines Tages erblickt er sein eigenes Spiegelbild im Fluss, ohne zu erkennen, dass er es selbst ist, den er dort sieht. Er verliebt sich in den unbekannten Fremden, dessen Schönheit ihm überragend erscheint, und kann sich für den Rest seines Lebens nicht mehr davon lösen. Ohne es zu wissen, verliebt er sich in sich selbst so stark, dass er keinen anderen Menschen mehr an sich heran lässt. Heute gilt Narzissmus als Persönlichkeitsstörung. Menschen die hiervon betroffen sind:

- überschätzen ihre eigenen Fähigkeiten maßlos,
- gehen davon aus, dass sie sehr viel wertvoller sind als andere Menschen,
- erleben sich als außergewöhnlich machtvoll, attraktiv und erfolgreich,
- glauben, dass sie aufgrund ihrer Einzigartigkeit von Normalsterblichen nicht richtig verstanden werden können,
- streben aber gleichzeitig nach der Bewunderung anderer Menschen,
- erwarten daher auch, dass andere sie immer bevorzugt behandeln,
- glauben, dass sie aufgrund ihrer hervorgehobenen Stellung andere Personen zu ihren Zwecken ausnutzen dürfen und
- glauben, dass sie die Gefühle und Bedürfnisse anderer Menschen missachten können,
- schauen aber gleichzeitig immer auch neidvoll auf andere, denen es (ungerechtfertigterweise) besser geht als ihnen selbst (schließlich können sie sich kaum vorstellen, dass anderen mehr zustehen könnte).

All dies hat zur Folge, dass sie sich ihren Mitmenschen gegenüber überheblich und abwertend verhalten. Mit einem ausgeprägten Narzissten mag niemand wirklich gern zusammenarbeiten. Im Berufsleben kann man sich seine Vorgesetzten und Kollegen aber leider nicht aussuchen, und so müssen manche Zeitgenossen auch Narzissten ertragen, wenn sie nicht den Arbeitgeber wechseln wollen. Natürlich gibt es auch hier wie bei jeder Eigenschaft graduelle Abstufungen in der Stärke der Persönlichkeitsstörung. Je stärker sich das Selbstbild des Narzissten von der Realität entfernt, desto größer ist die Gefahr, dass er Fehlentscheidungen trifft. Hinzu kommt eine fehlende Bereitschaft, Rat von qualifizierten Experten anzunehmen, insbesondere, wenn sie in der Unternehmenshierarchie weiter unten stehen als sie selbst. Die Mitarbeiter werden autoritär geführt, obwohl die Betroffenen sich selbst als ideale, charismatische Führungskraft erleben. Sie müssen geradezu dankbar sein, dass sie unter einer solchen Lichtgestalt arbeiten dürfen. Unternehmensergebnisse werden entweder verzerrt wahrgenommen oder so gedeutet, dass man selbst keine Verantwortung dafür hat. Läuft wirtschaftlich alles rund, so ist dies im Selbstbild darauf zurückzuführen, dass hier ein genialer Manager am Werk ist. Kommt es zu Fehlinvestitionen oder gerät das Unternehmen in die roten Zahlen, so geschieht dies, obwohl ein genialer Manager sein Finger mit im Spiel hatte. Schließlich kann auch der fähigste Kopf nicht die Fehler von hundert einfältigen Domestiken ausgleichen, zumal wenn die Konjunktur schlecht läuft und die Politik die Weichen falsch gestellt hat. Wer all dies liest, fühlt sich vielleicht ein wenig an Jürgen Schrempp erinnert, der die Fusion mit Chrysler zumindest in der Öffentlichkeit als einen ganz großen Meilenstein der Wirtschaftsgeschichte dargestellt hat. Wie er privat darüber dachte, wissen wir nicht. In Presseinterviews rühmt er sich selbst als jemanden, der immer weiter aufsteigt, obwohl er als Chef der DASA Milliarden in den Sand gesetzt hat. Dies ist durchaus zutreffend. An anderer Stelle posaunt er heraus, dass Daimler ihn mehr brauche als er selbst Daimler. Damit sollte er am Ende nicht Recht behalten. Inwieweit die massive Selbstüberschätzung schon von Beginn der Karriere in ihm angelegt war oder erst das Ergebnis seiner steilen Karriere darstellt, ist ungewiss. Bedenken wir den weiten Weg, den er vom Azubi bis zum Vorstandsvorsitzenden zurückgelegt hat, scheint letzteres durchaus als Teilerklärung dienen zu können. Je weiter er aufsteigt, desto mehr werden Menschen in seiner Umgebung ihn als machtvolle Lichtgestalt erleben und sich nicht trauen, ihm ein kritisches Feedback zu geben. Die eigenen Vorgesetzten lassen ihn von einer zur nächsten Karrierestufe immer mehr Freiheiten und können sein Handeln auch immer schlechter einschätzen bzw. trauen sich nicht mehr einzugreifen. All dies führt dazu, dass Fehler durch Außenstehende nicht korrigiert werden. Umgekehrt laufen besonders leistungsstarke Mitarbeiter Gefahr, selbst nicht den Lorbeer für ihre Leistung zu ernten. Den hat sich schon der große Vorsitzende unter den Nagel gerissen. Motivierend ist dies für Mitarbeiter nicht. Und genau hierdurch entsteht ein indirekter Schaden, der später nicht auf dem Konto des narzisstischen Managers verrechnet wird. Gute Mitarbeiter werden demotiviert und leisten weniger als sie leisten könnten. Im schlimmsten Fall verlassen sie das Unternehmen und heuern bei der Konkurrenz an.

Den Weg zum Narzissten beschreibt Thomas Middelhoff sehr schön in einem Buch, das er nach seinem Gefängnisaufenthalt veröffentlicht hat. Mit zunehmendem Aufstieg wird er sich selbst immer wichtiger und empfindet es eigentlich schon als Zumutung, in einer Linienmaschine fliegen zu müssen. Selbstverständlich erwartet er, als erster an Bord gehen zu dürfen und auch als erster den Flieger wieder verlassen zu können. Bei Einladungen zu gesellschaftlichen Empfängen macht er sein Erscheinen davon abhängig, mit welchen Personen er an einem Tisch sitzen würde. Erscheinen ihm diese zu unwichtig, wird die Teilnahme abgesagt. Gleiches gilt für Festreden, wenn er als Zuhörer nicht in der ersten Reihe sitzen darf. Die Einladung in ein Beratergremium des Bundeskanzlers nimmt er nicht an, weil ihm Deutschland und seine Regierung zu klein und unbedeutend erscheinen, als dass er sich hierfür Zeit nehmen kann. Eine Einladung zu einem Wochenende auf dem privaten Anwesen des früheren amerikanischen Präsidenten Bush Senior nimmt er hingegen an. Das ist seine Kragenweite. Gefördert wird eine solche Entwicklung nicht nur durch die Menschen in seiner Umgebung, die ihn stets seine Bedeutung spüren lassen, sondern auch durch verschiedene Rankings der wichtigsten Persönlichkeiten des Zeitgeschehens und wohlwollende Presseberichte in der deutschen und internationalen Presse. Umso kränkender muss es für ihn gewesen sein, als sich das Blatt wendet und er nun Hohn und Spott in der Presse über sich ergehen lassen muss.

Die Bezeichnung *Machiavellismus* geht zurück auf den Politiker und Philosophen Niccolò Machiavelli. Nach seinem Modell der Staatsführung sollten sich Politiker nicht von Fragen der Moral oder der Ethik leiten lassen. Entscheidend ist allein, ob eine Handlung dem eigenen Vorteil dient. Der Zweck heiligt die Mittel. Im Kontext des Derailments zählen zum Machiavellismus verschiedene Verhaltensweisen:

- Anderen Menschen begegnet man mit einem grundlegenden Misstrauen.
- Daher versucht man, andere möglichst weitgehend zu kontrollieren.
- Mehr noch, andere Menschen werden manipuliert, indem man sie z. B. gezielt mit selektierten oder falschen Informationen versorgt, damit sie sich so verhalten, wie es für den Machiavellisten am vorteilhaftesten ist.
- Vertreter des Machiavellismus streben nach Statuspositionen, die ihnen in besonderer Weise die Möglichkeit bieten, ihre eigenen Interessen zu verwirklichen, ggf. auch gegen die Interessen des Arbeitgebers.
- Sie orientieren sich nicht an weit verbreiteten moralischen Prinzipien, sondern folgen allein dem Prinzip der eigenen Nutzenmaximierung. Richtig ist demnach, was der eigenen Person hilft, ihre Ziele zu erreichen.
- Da sie ihre Meinung schnell auch ändern, wenn ihnen dies opportun erscheint, sind sie für andere Menschen wenig vertrauenswürdig. Man weiß nie so recht, woran man ist, wenn man mit ihnen zusammenarbeiten muss.
- Auch wenn sie emotional kalt agieren, sind sie doch in der Lage, sich angepasst zu verhalten, wenn es darauf ankommt. So schmeicheln sie beispielsweise Vorgesetzten, Geschäftspartnern oder Mitarbeitern, um Einfluss auf deren Verhalten zu nehmen. Eine wirklich positive Beziehung bauen sie

aber nicht auf. Auch hier ist das Ganze nur eine berechnende Strategie, um selbst zum Ziel zu gelangen.
- Insgesamt haben sie eine zynische Weltsicht. Sie gehen davon aus, dass alle Menschen so agieren wie sie. Wenn alle Machiavellisten sind, muss man sich dafür auch nicht schämen.

Der Erfolg von Menschen mit stark ausgeprägtem Machiavellismus hängt entscheidend davon ab, wie lange andere Menschen in ihrer Umgebung mitspielen. Geschäftspartner könnten sich zurückziehen, wenn sie merken, dass man sie nur benutzt hat. Qualifizierte Mitarbeiter suchen das Weite. Vorgesetzte entziehen einem Mitarbeiter das Vertrauen, wenn sie den Eindruck haben, dass sie von ihm manipuliert werden. Damit würde der machiavellistische Manager seine wichtigste Basis für den weiteren Aufstieg auf der Karriereleiter verlieren. Es ist daher notwendig, dass er es nicht übertreibt bzw. langfristige Ziele verfolgt. Geschäftspartner, Vorgesetzte und Kollegen müssen immer auch wieder den Eindruck haben, dass sie selbst von der Geschäftsbeziehung profitieren. Ein wenig anders sieht es aus, wenn wir unterstellte Mitarbeiter betrachten. Hier ist entscheidend, wie abhängig die Mitarbeiter vom Manager sind. Können sie jederzeit das Unternehmen verlassen, sind aber wichtig für seinen eigenen Vorteil, muss er auch ihnen schmeicheln und einen relativen Ausgleich suchen. Sind sie hingegen austauschbare Rädchen im Getriebe oder haben ihren Nutzen verloren, kann man ihnen mit authentischer Kälte und Härte begegnen. Beispiele für machiavellistisches Verhalten finden sich etwa bei Jürgen Schneider, der es hervorragend versteht, bei seinen Banken einen vertrauenerweckenden Eindruck zu vermitteln, obwohl er weiß, dass viele von ihnen früher oder später auf seinen Schulden sitzen bleiben werden. Denn er kann nicht ernsthaft geglaubt haben, dass er sein Spiel über zehn Jahre oder länger weiterspielen kann. Von außen betrachtet werden ähnliche Charakterzüge Ferdinand Piëch oder seinem Ziehsohn Martin Winterkorn zugeschrieben. Ob dies tatsächlich so ist, können nur Menschen beantworten, die lange mit ihnen zusammengearbeitet haben. Donald Trump trägt sicherlich im Kern eine machiavellistische Überzeugung in sich. Ihm mangelt es jedoch an den notwendigen sozialen Kompetenzen, um wirklich „gut" in dieser Rolle zu sein. Spätestens seitdem er sich als Präsident fast täglich vor einer weltweiten Öffentlichkeit zeigt, wie er hakenschlagend mit Lügen, bizarren Behauptungen, ständig wechselnden Beleidigungen oder Respektbekundungen um das blanke Überleben zu kämpfen scheint, dürften reflektierte Geschäftspartner und Politiker ihm nicht wirklich Vertrauen schenken. Die Zusammenarbeit wird reduziert auf ein kurzfristiges Geben und Nehmen, ohne jede Täuschung und Subtilität.

Die dritte Eigenschaft im Bunde der dunklen Triade ist die *Psychopathie*. Auf den ersten Blick scheint die Psychopathie verwandt zu sein mit der „antisozialen Persönlichkeitsstörung". Antisoziale Persönlichkeiten treten oft als Gewalttäter in Erscheinung, die ihre eigenen Emotionen nicht kontrollieren können. Genau in diesem Punkt unterscheidet sich die antisoziale Persönlichkeitsstörung von der Psychopathie. Auch Menschen mit einer hohen Ausprägung der Psychopathie sind überaus unangenehme Zeitgenossen, sie sind allerdings in der Lage, sich so weit im Griff zu haben, dass sie, wenn es notwendig ist, in einer bürgerlichen Welt funktionieren und sich zumindest dem äußeren Schein nach an bestehende Normen und Werte anpassen. Menschen mit ausgeprägten Symptomen der Psychopathie:

- haben Schwierigkeiten, Schuld oder Reue zu erleben. Wenn sie einem engen Geschäftspartner durch ihr Verhalten in den Konkurs treiben, einen Kollegen für das eigene Fortkommen ausbooten, Mitarbeiter aufgrund seiner Managementfehler ihren Arbeitsplatz verlieren oder der eigene Arbeitgeber Milliardenverluste macht, nehmen sie das als ein Faktum kühl zur Kenntnis und können dennoch nachts ruhig schlafen;
- übernehmen keine Verantwortung für negative Konsequenzen des eigenen Verhaltens;
- neigen dazu, andere Menschen systematisch anzulügen, wenn sie sich davon einen Vorteil für die eigene Person versprechen;
- schaden bisweilen auch absichtlich anderen Menschen, beispielsweise um sich für ein subjektiv erlebtes Unrecht zu rächen;
- neigen zu impulsiven Reaktionen und sind leicht auf die Palme zu bringen;
- begegnen anderen Menschen mit Missachtung.

Hier lassen sich Parallelen zu Richard Fuld, dem Vorstandsvorsitzenden von Leyman Brothers, finden. Er gefiel sich in der Rolle, gegenüber den Medien betont aggressiv aufzutreten und sich selbst als einen Gorilla zu generieren, der seinen Feinden geradezu nach dem Leben trachtet. Intern war er ebenso gefürchtet, wie geachtet. Die Achtung rührte wohl vor allem von seinem Reichtum her, den er mit den Jahren angehäuft hatte – mehrere hundert Millionen US-Dollar. Die Furcht basierte auf der Tatsache, dass er Mitarbeiter vor versammelter Mannschaft wüst beschimpfte und sogar bedrohte, wenn sie nicht so parierten, wie er wollte. Im Gegensatz zur antisozialen Persönlichkeitsstörung greifen Psychopathen ihren Widersacher aber nicht körperlich an. Sie begnügen sich mit niederschwelligeren Strafmaßnahmen wie etwa einer Entlassung, dem Übergehen bei Beförderungen oder dem Zufügen eines wirtschaftlichen Schadens. Kaum jemand wagt es daher, Kritik an ihren Entscheidungen zu üben. Sie werden als gefährlich erlebt und sind es auf ihre Weise auch. Das sicherlich markanteste Merkmal ist die fehlende Fähigkeit, selbst Schuld erleben zu können. Mitarbeiter, Kollegen, Geschäftspartner und andere Menschen werden wie Dinge betrachtet, die zu funktionieren haben und wenn sie nicht mehr funktionieren, entledigt man sich ihrer kurzerhand.

Schon bei der Beschreibung der dunklen Triade wird deutlich, dass es Überschneidungen zwischen den Eigenschaften gibt. Alle drei sind untereinander korreliert, was dazu führt, dass sie in verschiedener Mischung bei ein und derselben Person gemeinsam auftreten können. Wer solche Vorgesetzen oder Geschäftspartner hat, sollte am besten das Weite suchen. Besonders stark ist der Zusammenhang zwischen Machiavellismus und Psychopathie.

Darüber hinaus lassen sich substanzielle Zusammenhänge zu den grundlegende Persönlichkeitsmerkmalen der Big 5 empirisch belegen. Alle drei Facetten der dunklen Triade gehen mit einer geringeren sozialen Verträglichkeit einher. Dies gilt insbesondere für die Psychopathie. Zudem zeigen sich Menschen umso weniger gewissenhaft, je höher Machiavellismus und Psychopathie bei ihnen ausgeprägt sind. Narzissten weisen im Gegenzug erhöhte Werte im Bereich der Extraversion auf. Sie suchen die Aufmerksamkeit und die Anerkennung durch andere Menschen. Dies gelingt schwerlich, wenn man immer nur über Aktenbergen brütet.

Doch inwieweit nimmt die dunkle Triade auch Einfluss auf die berufliche Leistung der betroffenen Manager? Könnte es nicht so sein, dass ein gerütteltes Maß an Selbstliebe kombiniert mit der Bereitschaft, harte Entscheidungen zu fällen, und mit einer gewissen Rücksichtslosigkeit im Big Business auch für den Arbeitgeber von Vorteil ist? Bisweilen wird dies untersucht und einzelne Studien scheinen diese Hypothese auch zu bestätigen. Bei genauerer Sicht zeigt sich jedoch ein anderes Bild. Es ist keineswegs so, dass etwa ein mittelstark ausgeprägter Narzissmus vorteilhaft für den Arbeitgeber wäre. Es sind vielmehr leicht erhöhe Werte, bei denen sich geringfügig positive Effekte zeigen. Schon bei mittelstark erhöhten Werten wendet sich das Blatt. Ab jetzt gilt: Je stärker die Merkmale ausgeprägt sind, desto nachteiliger ist es. Negative Effekte sind insbesondere für Narzissmus und Machiavellismus belegt worden: Je intensiver diese Merkmale ausgeprägt sind, desto größer ist die Wahrscheinlichkeit, dass die betroffenen Personen ihrem Arbeitgeber Schaden zufügen, weil sie unbedacht handeln und stärker an ihrem eigenen Nutzen interessiert sind. Im Zweifelsfall kassiert man noch schnell einen Bonus und verlässt das sinkende Schiff frühzeitig oder sichert sich durch die eine oder andere Gefälligkeit einen geschmeidigen Übergang zu Konkurrenz. Auch im politischen Kontext soll dies bisweilen vorkommen.

Zusammenhänge zur Intelligenz der Betroffenen lassen sich nicht belegen. Intelligentere Menschen sind beispielsweise keine größeren Narzissten. Der Narzissmus verleitet die Betroffen allerdings dazu, ihre eigene Intelligenz und Leistungsfähigkeit massiv zu überschätzen. Hier liegt die eigentliche Gefahr. Wir erinnern uns an das waghalsige Unternehmen der Fusion von Daimler und Chrysler. Schrempp hat in wenigen Wochen den gesamten Deal mit einer sehr kleinen Mannschaft eingeschworener Gesellen unter Dach und Fach gebracht. Experten wurden nur hier und dort zurate gezogen, ohne jedoch zu wissen, worum es eigentlich gehen soll. Dass hier eine massive Überschätzung der eigenen Fähigkeiten die Quelle des Übels darstellt, ist wohl keine allzu gewagte These. Niemand kann in solch kurzer Zeit die relevanten Prozesse, die in zwei riesigen Unternehmen ablaufen, und darüber hinaus die mit einer Fusion verbundenen Herausforderungen hinreichend analysieren oder gar noch Lösungen für alle Probleme finden. Hierzu bedarf es vieler Köpfe, die in ihrem jeweiligen Bereich eine tiefergehende Expertise aufweisen als das Top-Management. Und auch dann dauert der Prozess viele Monate. Die hohe Quote gescheiterter Fusionen – es handelt sich um etwa zwei Drittel – kann hier als ein grober Indikator für die Komplexität der Materie gelten.

Auch wenn sich insbesondere der Narzissmus nachteilig für den Arbeitgeber auswirkt, zeigen Studien, dass Narzissten mit größerer Wahrscheinlichkeit in der Hierarchie aufsteigen. Zum einen halten sie sich von vorherein für höhere Aufgaben berufen und streben sie daher auch in stärkerem Maß an. Zum anderen überzeugen sie Vorgesetzte durch ihr selbstsicheres Auftreten und vermitteln somit leichter die Illusion von Leistung und Erfolg. Vorgesetzte erleben narzisstische Mitarbeiter als leistungsstärker und bewerten sie daher positiver, obwohl de facto keine Leistungsgewinne zu belegen sind. In vielen Unternehmen und Auswahlverfahren reicht es, eine Menge Wind zu produzieren, um bei der Gegenseite den Eindruck großer Leistungsstärke zu erzeugen. Hat sich bei den Vorgesetzten erst einmal diese Überzeugung breit gemacht, läuft die Sache von allein weiter. Die Vorgesetzten werden alle Interpretationsspielräume nutzen, um die eigene Überzeugung aufrecht zu erhalten. Fehler werden übersehen oder auf andere Umstände geschoben. Erfolge werden ausschließlich dem Manager zugeschrieben, den man selbst eingestellt hat. Der muss ganz einfach brillant sein, ansonsten hätte man ihn gar nicht erst eingestellt – der perfekte Selbstbetrug. So oder so ähnlich muss es Managern wie Thomas Middelhoff oder Jürgen Schrempp auf ihrem Weg an die Spitze ergangen sein. Anders lässt sich nicht erklären, wie sie sogar trotz offenkundiger Managementfehler, die ihre Arbeitgeber Unsummen kosteten, immer weiter aufsteigen konnten und nicht zur Verantwortung gezogen wurden.

Zum Schluss unserer kurzen Auseinandersetzung mit der dunklen Triade bleibt noch eine spannende Frage zu beantworten. Wie viele Spitzenmanager verfügen denn nun über hohe Ausprägungen in Narzissmus, Machiavellismus und Psychopathie? Der Antwort müssen wir schuldig bleiben, weil es keine entsprechenden Untersuchungen gibt, die hierüber abgesichert Auskunft geben könnten. Im Bereich der Psychopathie wird die Verbreitung in der Gesamtbevölkerung auf 1 % geschätzt. In Gefängnissen liegt die Quote bei etwa 15 %. Menschen mit massiven Persönlichkeitsstörungen dürften auch in Spitzenpositionen der Wirtschaft eher die Ausnahmen sein. Ein Manager muss aber leider nicht bis zum Anschlag verhaltensauffällig sein, um Schaden anrichten zu können. Die Probleme fangen viel früher an.

Auch *soziale Kompetenzen* können Teil des Problems sein. Spontan würden viele Menschen wahrscheinlich glauben, dass soziale Kompetenzen einen Menschen „sozial" machen. Dies wäre allerdings eine allzu einseitige Sicht. Soziale Kompetenzen versetzen einen Menschen in die Lage eigene Interessen in der Interaktion mit anderen erfolgreich zu vertreten. Dies kann zum Nutzen aller Beteiligten sein, mittel- oder langfristig aber auch andere in einen Nachteil setzen. Hierbei helfen zahlreiche Einzelkompetenzen wie z. B.:

- Perspektivenübernahme; die Fähigkeit sich in andere Menschen hineinzuversetzen, zu verstehen, welche Bedürfnisse sie haben und wie sie die Welt sehen.
- Konfliktbereitschaft; Konflikte werden nicht unter den Teppich gekehrt, sondern aktiv angegangen.
- Durchsetzungsfähigkeit; eigene Interessen werden mit Nachdruck verfolgt und ggf. auch gegen Widerstände verteidigt.
- Selbstdarstellung; eigene Meinungen, Gefühle oder Interessen können vor anderen verborgen werden. Man spielt in gewisser Weise eine Rolle.
- Selbstreflexion; das eigene Verhalten wird kritisch reflektiert und hierdurch die Grundlage für eine bessere Zielerreichung gelegt. Habe ich mich in dem Gespräch mit dem Vorgesetzten richtig verhalten? Warum habe ich mein Ziel nicht erreicht? Wie muss ich mein Verhalten verändern, um beim nächsten Mal erfolgreicher zu sein?

- Emotionale Stabilität; ausgeglichen sein, sich nicht von jeder kleinen Kritik oder eigenen Fehlern aus der Bahn werfen lassen.
- Handlungsflexibilität; über mehrere Strategien verfügen können, um erfolgreich ein Ziel zu erreichen. Führt Strategie A nicht zum Ziel, versucht man dies kurzerhand mit Strategie B.
- Internalität; erkennen, dass man selbst Einfluss nehmen kann und selbst aktiv werden muss.

In der Derailment-Forschung werden primär Defizite in den sozialen Kompetenzen für das Scheitern von Managern verantwortlich gemacht. Die Betroffenen sind nicht in der Lage, Hilfe von anderen Menschen anzunehmen. Sie reflektieren ihre eigenen Fehler nicht und können daher auch nicht aus ihnen lernen. Sie lassen selbst banale Konflikte unnötig eskalieren oder treten grundsätzlich aggressiv auf. Sie sind starken Stimmungsschwankungen ausgesetzt und aus diesem Grunde für ihre Umwelt unberechenbar. Es fällt ihnen schwer, sich in ein Team zu integrieren, sodass sie als Einzelkämpfer durchs Berufsleben laufen. In Konflikten verhalten sie sich ungeschickt und zerstören durch überschießend offensives Auftreten die Grundlagen für eine vertrauensvolle Zusammenarbeit in der Zukunft. Manager mit großen Defiziten im Bereich der Perspektivenübernahme verhalten sich ungeschickt, stoßen anderen leicht vor den Kopf und schaffen sich Feinde, obwohl sie eigentlich Unterstützer benötigen würden. Manager mit geringer Internalität warten ab, bis die eigenen Vorgesetzten aktiv werden und verpassen dadurch günstige Gelegenheiten für einen erfolgreichen Geschäftsabschluss oder verhindern notwendige Innovationen.

Neben einer zu geringen Ausprägung sozialer Kompetenzen können auch hoch ausgeprägte soziale Kompetenzen zu einem Problem werden. Wer über hervorragende Fähigkeiten der Selbstdarstellung verfügt, kann sich anpassen, Vorgesetzen nach dem Munde reden, andere Menschen über seine wahren Beweggründe täuschen. Wirtschaftskriminelle wie der Baulöwe Jürgen Schneider oder Bernard Madoff waren hervorragend darin, bei ihren Geschäftspartnern die Illusion eines seriösen Gegenübers zu erzeugen. Eine hohe Fähigkeit zur Perspektivenübernahme ermöglicht es immer, genau die Meinung zu vertreten, die Vorgesetzte gern hören möchten. In allzu vielen Unternehmen dürfte dies der eigenen Karriere überaus dienlich sein. Eine hohe Durchsetzungsfähigkeit sorgt nicht nur dafür, dass gute Überzeugen und Ziele verwirklicht werden können, sondern auch solche, die den Arbeitgeber letztlich schädigen. In vielen Unternehmen läuft die Besetzung der Top-Positionen zudem nicht über eine kritische Überprüfung der tatsächlichen Eignung ab, sondern über Netzwerke, zu denen die erfolgreichen

Kandidaten gehören müssen. Ohne stark ausgeprägte soziale Kompetenzen dürfte es kaum möglich sein, in entsprechende Zirkel vorzustoßen und hier geschickt zu agieren. Sehr hohe soziale Kompetenzen können somit dabei helfen, die eigene Unfähigkeit zu verschleiern, sehr geringe Kompetenzen hingegen führen zu mangelnder Unterstützung durch andere.

Nicht alle der soeben skizzierten Merkmale müssen vorhanden sein, damit es zu massiven Managementfehlern bis hin zum offenkundigen Scheitern von Managern kommt. Auf der anderen Seite wird es Manager geben, die sich trotz ungünstiger Eigenschaften dauerhaft in ihrer Position halten, weil die Fehler von anderen ausgeglichen werden, weil sie zu mächtig sind, um zu stürzen oder weil es ihnen immer wieder gelingt, anderen die Schuld in die Schuhe zu schieben. Schauen wir uns zum Abschluss des Kapitels ein Worst-Case-Szenario an.

Im Worst Case finden sich bis in die Spitzenpositionen eines Unternehmens hinauf Menschen, die hier nicht hingehören. Die Fehlentscheidung ist in diesem Fall nicht die Ausnahme, sondern die Regel. Sie ist letztlich Ausdruck der Fehlbesetzung einer wichtigen Stelle, die sich nicht durch den Besuch eines Wochenendseminars zur Reflexion des eigenen Führungsverhaltens oder ein Coaching in homöopathischer Dosierung korrigieren ließe, sondern letztlich eine Neubesetzung der Stelle erfordert.

Der Alptraum eines unfähigen Managers liegt vor, wenn wir es mit einer Person zu tun haben, die bereits intellektuell mit ihren Aufgaben überfordert ist. Niemand erwartet von einem Spitzenmanager, dass er über eine gleichwertige oder gar höhere Expertise in allen spezifischen Geschäftsfeldern verfügt als die Mitarbeiter, die ihm zuarbeiten. Jeder darf jedoch zu Recht erwarten, dass die Betroffenen sich soweit in die Materie hineindenken können, dass sie die Argumentation und Vorschläge ihrer Mitarbeiter verstehen und zu einer rational abgewogenen Entscheidung integrieren können. Intellektuell überforderte Manager sind nicht in der Lage sich das notwendige Fachwissen anzueignen, nicht weil ihnen hierfür die Zeit fehlt, sondern weil sie die Komplexität der Materie überfordert, selbst wenn Zeit kaum eine Rolle spielen würde. Sie sind nicht in der Lage, komplexe Entscheidungen in verschiedenen Szenarien hinreichend zu durchdenken. Sie verstehen nicht, unter welchen Rahmenbedingungen bestimmte Entscheidungen zu präferieren wären bzw. welche Risiken in Abhängigkeit von verschiedenen Zukunftsszenarien zu berücksichtigen sind. In Gesprächen mit Geschäftspartnern oder Kunden erkennen sie nicht oder viel zu spät die Schwächen in der Argumentation des Gegenübers und können daher nicht gut parieren. Ist das Kind in den Brunnen gefallen, sind sie mit der Fehleranalyse überfordert und können daher nicht die richtigen Schlussfolgerungen aus Fehlern ziehen, was wiederum zur Folge hat, dass dieselben Fehler immer wieder auftreten. Sie lernen daher nicht und werden mit zunehmender Erfahrung auch nicht besser.

Von außen betrachtet könnte man nun denken, dass die berufliche Arbeit für die Betroffenen ein Graus sein muss. Jeden Tag können sie ihre eigene Unzulänglichkeit spüren und müssen viel Aufwand betreiben, um das eigene Unvermögen zumindest halbwegs vor ihrer Umgebung zu verbergen. Eigentlich müssten sie sich schämen, ihr Monatssalär zu kassieren und anderen Anweisungen zu erteilen. All dies ist jedoch nur von Menschen zu erwarten, die eine halbwegs realistische Sicht auf die eigene Person haben. Im Worst-Case-Szenario ist dies natürlich nicht der Fall. Wir haben es vielmehr mit einem Narzissten zu tun, der es immer wieder schafft, sich selbst einzureden, dass die anderen in seiner Umgebung, der Markt, die Politik oder der liebe Gott die Verantwortung für Fehlentscheidungen trägt. Mehr noch, er sieht sich selbst als Lösung aller Probleme. Hätte man ihm nur freie Hand gelassen, würde man ihm doch nur mehr Macht geben, dann würde sich schon alles zum Guten wenden. Der Narzisst kann nicht erkennen, wann es sinnvoller wäre, auf andere zu hören oder ihnen eine Entscheidung zu überlassen. Denn dies würde voraussetzen, dass er zumindest partiell die Überlegenheit eines anderen Menschen erkennen und akzeptieren müsste. Er kommt nicht einmal auf die Idee, dass derartige Situationen eintreten könnten. Schließlich ist er nicht umsonst Manager geworden. Aufgrund unprofessioneller Auswahlverfahren verdankt er seinen individuellen Aufstieg nicht zuletzt einem überzogenen selbstsicheren Auftreten, das auf einem absurd positiv verzerrten Selbstbild fußt.

„Need für cognition" wird man bei ihm vergeblich suchen. Wer sich selbst für überragend hält, muss seinem Selbstbild zufolge nicht lange nachdenken oder gar grübeln. Er erkennt aufgrund seiner vermeintlich herausragenden Fähigkeiten, seiner Erfahrung und Intuition, welcher Weg der richtige ist. Analyse, Reflexion, Kalkulation, all dies sind Aufgaben für untergeordnete Adepten, für Buchhalter oder kleine Sachbearbeiter, die es nie so weit bringen werden wie der große Meister. Je weiter er aufsteigt, desto mehr entspricht Oberflächlichkeit auch dem Rollenklischee. Schließlich erwartet die Welt, dass man jeden Tag Dutzende von Entscheidungen trifft. Wer hier jedes Mal in die Tiefe der Materie einsteigen wollte, hätte es niemals so weit gebracht. So begünstigen die Selektionsprozesse beim Aufstieg auf der Karriereleiter Personen, die aus eigenem Antrieb heraus nicht gerade die dicksten Bretter bohren wollen.

Wenn bei dieser Gemengelage ungünstiger Eigenschaften jetzt auch noch ein hohes „sensation seeking" hinzukommt, wird es allmählich gefährlich.

Im Worst-Case-Szenario ist der Manager bereit, völlig unkalkulierbare Risiken einzugehen. Dies entspricht nicht nur seinem Bild von Unternehmertum – Wer nichts wagt, der nichts gewinnt! –, sondern ist auch Folge einer intellektuellen Überforderung. Subjektiv werden manche der Entscheidungen vielleicht gar nicht als sonderlich risikoreich erlebt, weil man den Casus viel zu wenig durchdrungen hat, um Risiken als solche wahrnehmen zu können. In anderen Fällen läuft der Manager sehenden Auges auf den Abgrund zu, weil er die Herausforderung und den Nervenkitzel sucht. In einem anderen Leben wäre er vielleicht Trapezkünstler geworden. Leider lässt sich damit aber nicht so viel Geld verdienen.

All dies gefährdet die Arbeitsplätze der Mitarbeiter, sollte Firmeneigener nachts nicht ruhig schlafen lassen und hat auch volkswirtschaftlich negative Konsequenzen, wenn es massenhaft auftritt. Richtig unangenehm wird es für das unmittelbare Umfeld, wenn unsere Manager zu allem Überfluss auch noch machiavellistische Züge in sich tragen. In diesem Fall geht es nur noch um sein eigenes Fortkommen. Für das Unternehmen fällt nur insofern ein Nutzen ab, als dass ihm der Erfolg des Unternehmens dabei hilft, seine eigenen Ziele zu erreichen. Es gilt das Prinzip: „Eine Hand wäscht die andere". Steht das Unternehmen ihm jedoch bei der Verwirklichung der eigenen Ziele im Weg, so wendet sich das Blatt. Im schlimmsten Fall bereichert sich der Manager auf Kosten seines Arbeitgebers, veruntreut Gelder oder wechselt mit wichtigen Insiderinformationen zur Konkurrenz – im günstigsten Fall mit einer ordentlichen Abfindung. Was für den Umgang mit dem eigenen Arbeitgeber im Allgemeinen gilt, spiegelt sich im Umgang mit Menschen aus dem direkten Arbeitsfeld wider. Letztlich geht es dem machiavellistischen Manager darum, andere für seine Zwecke zu instrumentalisieren, sie auszunutzen und dann fallenzulassen, wenn man sie nicht mehr benötigt. Der Arbeitgeber, Kollegen, Geschäftspartner und natürlich auch die eigenen Mitarbeiter sind eine Art Beute, die es nach allen Regeln der Kunst auszuweiden gilt, bevor der Geier weiterfliegt und sich den nächsten Kadaver sucht. Allzu dumm darf man sich bei der Verwirklichung dieser Strategie allerdings nicht anstellen. Die Opfer sollen sich ja möglichst lange in Sicherheit wähnen. Ausgeprägte soziale Kompetenzen sind wichtige Voraussetzungen dafür, dass man nicht frühzeitig mit Fackeln aus dem Unternehmen getrieben wird.

Beim Erfolg der Machiavellisten hilft zudem ein gewisses Maß an Psychopathie. Wer keine Schuld erleben kann, hat auch kein Problem damit, andere auszunutzen und vermeintliche Beziehungen nur zu heucheln. In seiner Wahrnehmung funktionieren möglicherweise alle Erfolgsmenschen nach genau diesem Muster. Wer im Haifischbecken überleben will, muss selbst der gefährlichste Raubfisch sein.

4

Wie führen schlechte Manager?

Manager sind immer auch Führungskräfte, die mehr oder weniger viele Menschen direkt und indirekt führen müssen. In der direkten Führung werden es selten mehr als 10 oder 20 Personen sein, denen der Manager unmittelbar überstellt ist, Arbeitsanweisungen gibt, die Erreichung von Arbeitszielen nachhält oder eine Leistungsbeurteilung vornimmt. Die indirekte Führung bezieht sich auf deutlich mehr Menschen, nämlich alle Mitglieder des Unternehmens, die von den Anweisungen des Managers betroffen sind, also auch jene, die vielleicht zwei oder drei Ebenen weiter unten in der Hierarchie stehen und die betreffende Person selten bis nie zu Gesicht bekommen. In großen Konzernen können dies mehrere 100.000 Menschen sein.

Über das Führungsverhalten kann die positive Wirkung des Managers im günstigsten Fall deutlich verstärkt werden, indem er Einfluss auf die Leistung seiner Mitarbeiter nimmt. Dazu muss die Führungskraft in vielfältiger Weise aktiv werden:

- In der Besetzung der Stellen muss sie sich von der realen Eignung der Kandidaten und nicht von ihrem Bauchgefühl, Sympathie oder der Zugehörigkeit zu Netzwerken leiten lassen.
- Neben der Eignung der Mitarbeiter für ihre Arbeitsaufgaben ist es wichtig, auch Kenntnis von ihren Interessen und Arbeitsmotiven zu haben. Ziel muss es sein, Menschen Arbeitsaufgaben zu geben, die sie bewältigen können und auch bewältigen wollen.

- Belohnungssystem müsse so gestaltet werden, dass individuelle Leistung honoriert wird und nicht etwa Wohlgefallen.
- Ein solches Belohnungssystem kann nur dann seine volle Wirkung entfalten, wenn es von den Mitarbeitern verstanden wird und transparent ist. Mitarbeiter müssen das System als gerecht erleben können.
- Dort, wo Weiterbildungsbedarf besteht, setzt sich die Führungskraft für die Weiterbildung der Mitarbeiter ein.
- Darüber hinaus schafft sie gemeinsam mit der Personalabteilung Karrierepfade, die mittel- und langfristige Perspektiven aufzeigen.
- Die Führungskraft muss qualifizierten Mitarbeitern Entscheidungsfreiheiten einräumen, insbesondere, wenn die Betroffenen in ihrem Arbeitsbereich mehr Kenntnisse und Fertigkeiten besitzen als die Führungskraft selbst. Letzteres dürfte vor allem in großen High-Tech-Unternehmen Relevanz besitzen, in denen die Führungskraft ausgewiesene Spezialisten führt.
- Sie sollte Mitarbeiter an wichtigen Entscheidungen partizipieren lassen, und zwar zum einen, weil sie dadurch von der Expertise der Menschen profitiert und zum anderen, weil dies viele Mitarbeiter als motivierend erleben.
- Entscheidungen müssen nicht nur nach untern kommuniziert, sondern auch erläutert werden. Dies gilt insbesondere für Entscheidungen, die den Mitarbeitern unangenehm oder unverständlich sein werden.
- In der Forschung hat sich die Zielsetzungsmethode als effektives Führungsinstrument erwiesen. Demnach ist es wichtig, präzise und anspruchsvolle Ziele mit den Mitarbeitern zu vereinbaren und die Einhaltung der Ziele zu kontrollieren.
- Dabei kommt dem Feedback eine wichtige Rolle zu. Das Feedback muss konkret sein und konstruktive Hilfestellung zur Verbesserung liefern.
- Feedback sollte jedoch keine Einbahnstraße sein. So wie die Führungskraft von ihren Mitarbeitern erwarten kann, dass sie konstruktives Feedback annehmen und in Verhalten umsetzen, können Mitarbeiter denselben Anspruch an ihre Führungskräfte stellen. Gute Führungskräfte lernen aus dem Feedback ihrer Mitarbeiter und holen dies aktiv ein, wenn es nicht an sie herangetragen wird.
- Dort, wo es inhaltlich sinnvoll ist, sollten Führungskräfte versuchen, auch ideell auf ihre Mitarbeiter einzuwirken und ihnen das Gefühl geben, dass man gemeinsam an einer großen und wichtigen Aufgabe arbeitet und diese Aufgabe nur dann zufriedenstellen bewältigen kann, wenn alle sich daran beteiligen.

- Führungskräfte sollten zudem in der Belegschaft für ein Klima des gegenseitigen Respekts und der Unterstützung eintreten. Dabei können sie selbst als Vorbild dienen.
- In den meisten Unternehmen ist es darüber hinaus wichtig, Innovationen anzuregen. Auch dies geht z. T. von den Mitarbeitern aus, sofern die Führungsebene innovativen Vorschlägen mit Offenheit und guten innovativen Ideen mit Unterstützung begegnet.

Wir sehen, die Möglichkeiten, über Führung Einfluss auf die Geschicke eines Unternehmens zu nehmen, sind sehr vielfältig. Die meisten Menschen würden nun wahrscheinlich glauben, dass gute Führung insbesondere eine Frage der Persönlichkeit sei. Manche Menschen können einfach gut führen und andere nicht. Im Extrem würden manche Zeitgenossen gar glauben, Führung sei eine Frage der Gene. Manche Menschen wären demnach zur Führungskraft geboren und andere neben nicht. In der Forschung wird diese Sichtweise, die den Führungserfolg auf die Persönlichkeit der Führungskraft verengt, unter dem Begriff der „Great Man Theory" erforscht. Metaanalysen, die sich mit der Frage beschäftigen, wie einflussreich grundlegende Persönlichkeitsmerkmale von Führungskräften sind, zeigen zwar einen signifikanten Einfluss, die Zusammenhänge sind insgesamt betrachtet aber gering. So beträgt der durchschnittliche Zusammenhang zwischen Persönlichkeitsmerkmalen der Führungskraft und der Leistung der unmittelbar geführten Arbeitsgruppe gerade einmal 14 %. Geht es um die Arbeitszufriedenheit der unterstellten Mitarbeiter, sinkt der Wert auf bedeutungslose 0,2 % ab. Selbst bezogen auf die Zufriedenheit der Mitarbeiter mit ihrer Führungskraft liegt der Einfluss der Führungspersönlichkeit bei gerade einmal 0,6 %.

Bedeutet dies aber, dass wir den Einfluss der Führungskraft maßlos überschätzen? Nicht unbedingt. Schauen wir genauer hin, so offenbart sich in solchen Studien ein wichtiger Befund. Einflussreicher als grundlegende Persönlichkeitsmerkmale ist das konkrete Führungsverhalten der Führungskräfte. Das konkrete Verhalten nimmt zu durchschnittlich 20 % Einfluss auf die Leistung der Arbeitsgruppe, zu 51 % Einfluss auf die Mitarbeiterzufriedenheit und zu 70 % auf die Zufriedenheit der Mitarbeiter mit ihrer Führungskraft. Führungsverhalten und Persönlichkeit sind mithin keineswegs identisch. Eine Person, die eher verschlossen ist, kann ein Stück weit lernen, auf Mitarbeiter zuzugehen und sie nach ihrer Meinung und Verbesserungsvorschlägen zu fragen. Menschen, die von sich aus eher zögerlich Entscheidungen treffen, können lernen, ihren Mitarbeitern zu vertrauen und wichtige Entscheidungen vorbereiten zu lassen. Größer ist der Effekt, wenn Persönlichkeitsmerkmale von vornherein zu dem Führungsverhalten passen, dass letztlich den größten Erfolg verspricht. Die Kombination aus Persönlichkeitsmerkmalen und Führungsverhalten erreicht einen Effekt von 31 % bezogen auf die Leistung der Arbeitsgruppe. Bei der Arbeitszufriedenheit der Mitarbeiter sind es schon 56 % und die Zufriedenheit der Mitarbeiter mit ihrer Führungskraft lässt sich sogar zu 92 % über die Kombination von Persönlichkeitsmerkmalen und konkretem Führungsverhalten erklären. Auch an dieser Stelle wird manch einer vielleicht überrascht sein. Die Führungskraft nimmt nur zu 31 % Einfluss auf die Leistung ihrer Mitarbeiter? Ist das nicht sehr wenig? Im Grunde genommen ist es ein sehr hoher Wert, wenn wir die übrigen Einflussvariablen in den Blick nehmen, die auf die Leistung der Mitarbeiter Einfluss nehmen: ihre Intelligenz, intrinsische Leistungsmotivation, Fachkompetenz, fachliche Fertigkeiten, Unterstützung durch Kollegen, Qualität der Arbeitsmaterialien, Zeitdruck und vieles mehr. Die Führungskraft ist nur ein Baustein im Gesamtgefüge. Wenn sie es richtig anstellt, legt sie ein stabiles Fundament, auf dem eine stolze Kathedrale erreichtet werden kann. Wenn sie es falsch angeht, vermögen auch die besten Architekten kein Haus zu errichten, das einem mittleren Sturm standzuhalten vermag.

Vor dem Hintergrund entsprechender Forschungsergebnisse ist es nur folgerichtig, wenn sich die Forschung seit Jahrzehnten vornehmlich mit der Untersuchung spezifischer Führungsstile beschäftigt und dabei der Frage nachgeht, welche Stile sinnvoll zu unterscheiden sind und welche Wirkung sie entfalten. Der Begriff des Führungsstils bezieht sich dabei auf die Stabilität des Führungsverhaltens. Er trägt der Tatsache Rechnung, dass Führungskräfte in der Regel nicht nach dem Zufallsprinzip ihr Führungsverhalten täglich wechseln, sondern dass sich in ihrem Verhalten ggf. auch über Jahre hinweg ein roter Faden finden lässt.

In der Forschung werden mehr als ein Dutzend Führungsstile untersucht, die jedoch in stark unterschiedlichem Umfang Aufmerksamkeit erfahren haben. Die am besten untersuchten Führungsstile sind die aufgabenorientierte Führung, die mitarbeiterorientierte Führung, die transaktionale Führung sowie die transformationale Führung. Sie beschreiben allesamt ein Führungsverhalten, das durchweg positive Wirkungen entfaltet. Schauen wir uns im Folgenden einmal diese vier Varianten näher an.

Die *aufgabenorientierte Führung* beschreibt einen nüchternen Führungsstil, der für die Mitarbeiter eine hohe Berechenbarkeit der Führungskraft mit sich bringt. Die Führungskraft setzt klare Leistungsziele und achtet darauf, dass diese Ziele auch erreicht werden. Die Zielerreichung kann dabei mit Belohnung wie etwa Lob, Bonuszahlungen oder erhöhten Karrierechancen einhergehen. Durch ein betont rationales Vorgehen stellt die Führungskraft sicher, dass alle Mitarbeiter gleich behandelt werden und man am Ende des Tages die Organisationsziele erreicht. Die Mitarbeiter können sich auf das Wort ihrer Führungskraft verlassen und leben in einem fairen System, in dem sich Leistung lohnt. Gleichzeitig gilt allen die Leistung als primäres Arbeitsziel.

Die *mitarbeiterorientierte Führung* ist vor allem durch eine positive Beziehung zwischen Führungskraft und Mitarbeitern geprägt. Bei der Vergabe von Arbeitsaufgaben achtet die Führungskraft darauf, dass nicht nur die fachliche Eignung, sondern auch die Interessen der Mitarbeiter Berücksichtigung finden. Dabei wird ein möglichst hohes Maß an Autonomie realisiert. Die Mitarbeiter sollen in ihrem überschaubaren Arbeitsfeld eigenverantwortlich Entscheidungen treffen, ohne bei jeder Kleinigkeit die Führungskraft um Rat oder Zustimmung bitten zu müssen. Wichtige, übergeordnete Entscheidungen der Führungskraft werden den Mitarbeitern nicht nur mitgeteilt, sondern ggf. auch erläutert. Zudem hört die Führungskraft ihre Mitarbeiter an, um von deren Know-how zu profitieren und um möglichst einvernehmliche Entscheidungen herbeiführen zu können. Aus Sicht der Führungskraft sind die Mitarbeiter keine austauschbaren Rädchen in einem effizienten Getriebe, sondern Individuen mit eigenen Bedürfnissen, Werten und Gefühlen. Bei der Arbeit geht es daher nicht nur um die Leistung, sondern auch um zwischenmenschlichen Austausch. Man weiß beispielsweise um private Hintergründe und tauscht sich am Arbeitsplatz auch über Privates aus. Nun ließe sich denken, dass die mitarbeiterorientierte Führung im Widerspruch zur aufgabenorientierten Führung stünde. Dies ist nicht der Fall. Die Forschung zeigt, dass es sich hierbei keineswegs um die Endpole eines Kontinuums, sondern vielmehr um zwei voneinander weitgehend unabhängige Führungsstile handelt. Dies wiederum stimmt hoffnungsfroh im Hinblick auf die Vereinigung beider Vorgehensweisen. Das Ideal wäre eine Führungskraft, die beides kann. Auf der einen Seite agiert sie fair und berechenbar und fordert von ihren Mitarbeitern Leistung ein, um insgesamt sehr gute Arbeitsergebnisse zu erzielen. Auf der anderen Seite baut sie positive zwischenmenschliche Beziehungen auf, nimmt Mitarbeiter ernst und versucht ihnen bei der Ausgestaltung der Arbeit weitgehend entgegenzukommen. Je nach Situation überwiegt vielleicht einmal die Aufgabenorientierung und ein anderes Mal die Mitarbeiterorientierung. Wenn alles gelingt, sollten sich die Mitarbeiter dabei wohlfühlen und gleichzeitig gute Arbeitsergebnisse erzielen.

Die *transaktionale Führung* ist verwandt mit der aufgabenorientierten Führung. Auch hier ist das Verhalten der Führungskraft sehr rational geprägt. Zwischen Führungskraft und Mitarbeitern besteht eine Austauschbeziehung, das bedeutet, jeder bringt sich mit seinen Fähigkeiten und seiner Persönlichkeit ein und profitiert von der Zusammenarbeit. Die Mitarbeiter befriedigen gewissermaßen das Bedürfnis ihrer Führungskraft nach positiven Arbeitsergebnissen und die Führungskraft befriedigt dafür die Bedürfnisse nach materiellem Wohlstand, Anerkennung oder Karriere. Vergleichbar zur aufgabenorientierten Führung werden klare Leistungsziele vereinbart und deren Erreichen belohnt. Hinzu kommt noch, dass die Führungskraft versucht, sich fast überflüssig zu machen. Durch geschickte Zuweisung von Arbeitsaufgaben und Weiterqualifizierung wird möglichst jeder Mitarbeiter in die Lage versetzt, seine Aufgaben weitestgehend eigenständig auf einem hohen Niveau zu erfüllen. Die Führungskraft mischt sich nur in Ausnahmefällen noch ein.

Der anspruchsvollste Führungsstil ist ohne Zweifel die *transformationale Führung*. Hier geht es nicht nur darum, Arbeitsziele zu erreichen und für ein vertrauensvolles Klima zu sorgen, sondern die Mitarbeiter auch in ihren Werten und Emotionen zu beeinflussen. Die Führungskraft soll über konkrete Ziele hinaus langfristige Visionen vermitteln. Bei der einen Firma geht es dabei vielleicht um die Marktführerschaft, bei einer anderen um die Entwicklung innovativer Produkte, die man sich zum gegenwärtigen Zeitpunkt kaum vorstellen kann. Die Mitarbeiter sollen Stolz empfinden können, an einer großartigen Aufgabe mitzuarbeiten. Die Visionen wirken allerdings nur dann motivierend, wenn die Führungskraft selbst Zuversicht ausstrahlt. Weil das Erreichen von Visionen meist auch mit einer hohen Offenheit für Veränderungen einhergeht, würde eine transformational agierende Führungskraft Mitarbeiter auch stets dazu anregen, liberal zu denken, nach Veränderungspotenzialen zu suchen, eigene Verbesserungsvorschläge einzubringen und Innovationen mit Interesse und Neugier zu begegnen. In der direkten Interaktion versteht sich die Führungskraft als eine Art Mentor ihrer Mitarbeiter. Sie nimmt sich Zeit für Gespräche, begegnet Mitarbeitern mit Wertschätzung und fördert ihre individuelle Weiterentwicklung. Teile der transaktionalen Führung sind mithin durchaus sehr anspruchsvoll und dürften sich sicherlich nicht an jedem Arbeitsplatz oder in jedem Unternehmen realisieren lassen. So dürfte es schwerlich möglich sein, den Mitarbeitern in einem Unternehmen, das seit 100 Jahren Streichhölzer herstellt oder Tierkadaver zu Seife verarbeitet, eine Vision von einer großartigen Zukunft zu vermitteln. Wer hier Begeisterung vorspielt, dürfte auf die Belegschaft eher wie ein Motivationsguru wirken, der zu viel Kokain geschnupft hat.

Studien zur Wirksamkeit zeigen für alle vier Führungsstile positive Ergebnisse. Auch hier wachsen die Bäume aber nicht in den Himmel. So wird die Gruppenleistung der Mitarbeiter zwischen 3 und 9 % beeinflusst. Hier spielt wieder eine Rolle, dass die Leistung der Mitarbeiter von sehr vielen Faktoren abhängt – u. a. von ihren eigenen Fähigkeiten und Fertigkeiten. Deutlich stärker sind die Effekte, wenn nicht die Leistung, sondern die Zufriedenheit als Kriterium herangezogen wird. Hier liegen die Werte zwischen 5 und 41 %. Über den Umweg der höheren Arbeitszufriedenheit mag so mancher Prozentpunkt zusätzlicher Leistung mittelfristig hinzukommen. In der Regel ist es so, dass sich Arbeitszufriedenheit positiv auf die Arbeitsleistung auswirkt. Zudem zeigen Studien zum Kündigungsverhalten, dass hier vor allem zwischenmenschliche Faktoren eine Rolle spielen. Viele Menschen kündigen nicht, weil es bei einem anderen Arbeitgeber ein paar Euro mehr Gehalt gibt, sondern weil sie sich zwischenmenschlich an ihrem Arbeitsplatz unwohl fühlen. Auch hier ist mit einer Wirkung des Führungsstils zu rechnen.

Soweit das positive Führungsverhalten. Nun stellt sich die Frage, wie das Führungsverhalten schlechter Manager aussieht. Die Bandbreite dessen, was schief laufen kann, ist erwartungsgemäß sehr groß.

Da ist zunächst die allereinfachste Variante: Manager, die durch ihr Führungsverhalten keine positive Wirkung bei ihren Mitarbeitern entfalten, haben Schwierigkeiten, die skizzierten Führungsstile umzusetzen. Konkret bedeute dies, dass sie

- mit ihren Mitarbeitern keine Ziele vereinbaren,
- Ziele entweder zu anspruchslos sind oder den Mitarbeitern so überzogen erscheinen, dass sie eher demotivierend wirken,
- die Zielerreichung nicht kontrolliert wird,
- das Erreichen der Ziele keine positiven Konsequenzen für die betroffenen Mitarbeiter hat,
- die Mitarbeiter positive Konsequenzen nicht vorhersehen können, sie also den Eindruck haben, dass Belohnung nach Gutsherrenart und nicht bezogen auf ihre reale Leistung vergeben werden,
- Mitarbeiter keinerlei Entscheidungsspielräume haben,
- die Führungskraft weitreichende Anordnungen trifft, ohne sie zu erläutern,
- Mitarbeiter nicht gefragt werden, obwohl sie einen wertvollen Beitrag zu wichtigen Entscheidungen leisten könnten,
- die Führungskraft keine positiven zwischenmenschlichen Beziehungen zu ihren Mitarbeitern aufbauen kann,

- sie Mitarbeiter als völlig austauschbar wahrnimmt und sich nicht für den Einzelnen interessiert,
- die Führungskraft selbst einen unmotivierten Eindruck vermittelt,
- sie nicht versucht, ihre Mitarbeiter auf eine gemeinsame Sache einzuschwören,
- Mitarbeiter keinerlei Wertschätzung erfahren,
- innovative Vorschläge der Mitarbeiter nicht gewünscht sind und keinerlei Konsequenzen nach sich ziehen,
- die Führungskraft sich keine Zeit für Gespräche nimmt und
- sich nicht um die Weiterentwicklung der Mitarbeiter kümmert.

Allzu viele Menschen, die im Berufsleben stehen, dürften bei dem einen oder anderen Punkt dieser Auflistung ihre eigenen Vorgesetzten wiedererkennen. Nun führt ein Ausbleiben des Optimalen natürlich noch nicht geradewegs ins Verderben. Je stärker eine Führungskraft jedoch die genannten Punkt dauerhaft auf sich vereint, desto weniger ist sie in der Lage, die Potenziale guter Führung zu nutzen und desto größer ist die Wahrscheinlichkeit, dass sie unter dem Strich keine positive Wirkung entfaltet.

Ganz anders sieht es bei Führungskräften aus, deren Führungsstil nicht nur keine positive Wirkung entfaltet sondern den Mitarbeitern sowie dem Arbeitgeber direkten Schaden zufügt. In dem Fall sinken die Effektstärken der Führung nicht nur auf null, sondern reichen sogar in den negativen Bereich. Dies kann entweder dadurch geschehen, dass an sich positive Führungstechniken zu falschen oder negativen Zwecken eingesetzt werden oder aber grundlegend dysfunktionale Führungsstile zum Einsatz kommen. Wenden wir uns zunächst dem ersten Fall zu.

Positive Führungsstile können negative Konsequenzen nach sich ziehen, wenn ihr Ziel in die falsche Richtung weist. Hier verhält es sich wie mit einem Kartoffelschälmesser, das entweder seiner Bestimmung gemäß eingesetzt wird oder als Tatwaffe in einem Meuchelmord herhalten muss. Ein und dasselbe Instrument kann völlig unterschiedliche Wirkungen entfalten. Ein gutes Beispiel hierfür liefert die Zielsetzungsmethode. Richtig eingesetzt ist sie das vielleicht nützlichste Instrument zur Motivierung und Leistungssteigerungen von Mitarbeitern. Werden jedoch die falschen Ziele verfolgt, führt dies ggf. kurzfristig dazu, dass der Umsatz steigt, langfristig ist aber im Extremfall das ganze Unternehmen dem Untergang geweiht. Man denke in diesem Zusammenhang etwa an den Konkurs von Lehman Brothers. Viele Mitarbeiter konnten ihre jährlichen Leistungsboni in absurde Höhen treiben, indem sie die Maschinerie ungedeckter Baukredite heiß laufen ließen. Am Ende brach alles in sich zusammen, weil die

Kreditnehmer ihren Zahlungsverpflichtungen nicht mehr nachkommen konnten und sich auch immer weniger uninformierte oder naive Abnehmer für entsprechende Schuldverschreibungen finden ließen. Die Mitarbeiter von Lehman Brothers haben sich oberflächlich betrachtet völlig korrekt verhalten, indem sie die Zielvorgaben der Unternehmensspitze erfüllten. Das Problem waren die Ziele selbst. Hinzu kam, dass diejenigen Mitarbeiter, die reflektiert genug waren, das drohenden Unheil zu sehen, entweder gewohnt waren, nicht offen die Entscheidung der Führung infrage zu stellen oder ihre zaghaften Einwände ohne Konsequenzen blieben. Ganz ähnlich scheint es sich beim Dieselskandal verhalten zu haben. Die Entwickler im Motorenbau bei Volkswagen sahen sich mit Zielen konfrontiert, die der Quadratur des Kreises gleichkamen. Sie sollten immer leistungsstärkere Motoren bauen, die Kosten senken und gleichzeitig den immer strenger werdenden Abgasvorschriften Folge leisten. Offenkundig sahen sie sich nicht in der Lage, der Konzernleitung offen die Unvereinbarkeit dieser Ziele vor Augen zu führen oder aber die Spitzenmanager haben rationale Argumente nicht gelten lassen. Was war die Konsequenz? Die Ingenieure haben letztlich so lange getrickst, bis sie dem Schein nach alle Ziele erreicht hatten. In der Konsequenz verursachten sie den größten Wirtschaftsskandal der deutschen Nachkriegsgeschichte, der weit über die Grenzen des Landes hinaus dem Image des „Made in Germany" geschadet haben dürfte.

Ganz ähnlich verhält es sich bei der transformationalen Führung. Im Kern handelt es sich um ein vorteilhaftes Vorgehen, dessen positive Wirkung auf Arbeitszufriedenheit und Leistung empirisch gut belegt ist. Das emotionale Einschwören der Mitarbeiter auf eine vermeintlich grandiose Aufgabe, die Veränderung der Mitarbeiter in ihren Einstellungen und Werten, all dies kann aber auch schädliche Konsequenzen nach sich ziehen und dazu führen, dass die Mitarbeiter die Scheuklappen anlegen, die Ziele nicht mehr hinterfragen und ihre Leitfigur idealisieren. Inwieweit sie damit in erster Linie den Interessen der charismatischen Führungskraft folgen und die Interessen von Kunden, Mitarbeitern und Gesellschaft auf der Strecke bleiben, wird nicht mehr hinterfragt. Man versammelt sich hinter einer Person, der man mehr oder weniger blind folgt. Die Geschichte ist randvoll mit Beispielen, die uns zeigen, dass ein solcher Führungsstil sehr oft ins Verderben führt.

Neben der falschen Instrumentalisierung an sich guter Führungstechniken geht Missmanagement auf das Konto dysfunktionaler Führungsstile. Hiermit sind Führungsstile gemeint, die prinzipiell in die Irre führen.

Hierzu zählt zunächst eine Führungsform, die auf den ersten Blick ganz harmlos daherkommt, weil die Führungskraft im Grunde genommen überhaupt nicht führt. Der Führungsstil des *Laissez-Faire* besteht darin, dass die Führungskraft für ihre Mitarbeiter nicht wahrnehmbar ist. Sie lässt die Dinge einfach laufen und kümmert sich weder um die Zielerreichung noch um Unsicherheiten und Konflikte in der Belegschaft. Wichtige Entscheidungen werden entweder nicht getroffen oder komplett nach unten delegiert, ohne darauf zu achten, ob hier das notwendige Know-how vorhanden ist. Warum die Führungskraft sich so verhält – weil sie mit ihren Aufgaben überfordert ist und dies überraschenderweise selbst erkannt hat, weil sie allzu ängstlich ist oder unter einer Depression leidet –, ist dabei erst einmal zweitrangig. Im Ergebnis verheißt eine solcher Führungsstil wenig Gutes. Sind die Mitarbeiter zu Beginn vielleicht noch ganz froh, dass der neue Chef ihnen nicht immer in die Arbeit reinredet, weicht das Gefühl der Freiheit doch schon bald der Erkenntnis, dass man sich in einem zunehmenden Chaos bewegt. Konflikte, die früher oder später zwischen den Mitarbeitern auftreten, werden nicht moderiert oder zu einem konstruktiven Abschluss gebracht. Mobbing kann sich ungehindert ausbreiten. Mitarbeiter werden allein gelassen oder müssen gegenüber Kunden und Geschäftspartner ihren Kopf für Fehler hinhalten, die sie selbst nicht zu verantworten haben. Mehrere Studien belegen negative Effekte des Laissez-Faire. Dies gilt insbesondere für die Arbeitszufriedenheit der Mitarbeiter. Hinzu kommt eine mangelnde Verbundenheit der Beschäftigten mit ihrem Arbeitgeber. Offenbar wissen Mitarbeiter es im Allgemeinen zu schätzen, wenn Strukturen existieren, sie Unterstützung bei Führungskräften finden können und Führungskräfte auch Verantwortung übernehmen. Früher oder später sind die Betroffenen nicht mehr bereit, sich zu engagieren und die Arbeit des Managers mit zu erledigen. Die gut qualifizierten und leistungsorientierten Mitarbeiter verlassen dann das Unternehmen. Übrig bleiben diejenigen, die sich einen Wechsel nicht leisten können, die Leistungsschwachen und diejenigen, die sich ihre Führungskraft zum Vorbild nehmen und fortan auch einfach nur in den Tag hineinleben. Spätestens jetzt ist auch mit wirtschaftlichen Konsequenzen zu rechnen. Im Grunde genommen beginnen die ökonomischen Probleme jedoch schon sehr viel früher, wenn Mitarbeiter wichtige Entscheidungen fällen müssen, deren Tragweite sie nicht überschauen können oder aufgrund fehlender Koordination Projekte nicht termingerecht bzw. nur fehlerhaft zu Ende gebracht werden.

Im anderen Extrem haben wir es mit *destruktiver Führung* zu tun. Hier legt sich die Führungskraft nicht in die Hängematte, sondern versucht ganz im Gegenteil den Mitarbeitern durch eigene Aktivität das Leben schwer zu machen. Destruktive Führungskräfte verbreiten ein Klima der Angst. Einerseits erwarten sie, dass man ihnen die Wünsche von den Lippen abliest, andererseits ändern sie ihre Meinung so häufig, dass niemand so recht weiß, in welche Richtung heute zu laufen ist. Die Mitarbeiter können es ihrer Führungskraft fast nie recht manchen. Ein solcher Führungsstil kann zu einem Zustand führen, der in der Psychologie als erlernte Hilflosigkeit bezeichnet wird. Menschen, die den Eindruck haben, dass sie keinen Einfluss auf ihre Umgebung nehmen können, also z. B. nicht beeinflussen können, ob sie gelobt oder gemaßregelt werden, sollten in einen Zustand der erlernten Hilflosigkeit geraten, der nach einiger Zeit Inaktivität oder gar depressive Verstimmungen auslöst. Die Betroffenen lassen es dann einfach lethargisch über sich ergehen. Wünschenswert ist dies weder für den Arbeitnehmer, noch für den Arbeitgeber. Für Fehlleistungen werden Mitarbeiter vor den Kollegen gemaßregelt, ganz so wie man in früheren Zeiten bei der großen Atlantiküberquerung hin und wieder mal einen Seemann die neunschwänzige Katze spüren ließ, auch um damit die ganze Mannschaft zu disziplinieren. Die Reaktionen der Führungskraft sind emotional und abwertend. Mitarbeiter werden als faule und inkompetente Tagediebe angesehen, denen man ständig auf die Finger schauen muss, damit sie keinen Schaden anrichten. Die Arbeitsziele sind entweder schwammig oder völlig überzogen und nicht erreichbar. Die Aufgabe der Mitarbeiter besteht darin, der Führungskraft zu folgen, ohne aufzumucken. Selbstverständlich muss man auch jederzeit zu Verfügung stehen, um die Wünsche der Führungskraft zu erfüllen. Über Regeln kann sich die Führungskraft jederzeit hinwegsetzen. Sie selbst darf unpünktlich zu Teambesprechungen erscheinen, fährt aber aus der Haut, wenn ein anderer es wagt, zu spät zu kommen. Jeder muss die Führungskraft artig grüßen, die ihrerseits das Recht hat, jeglichen Gruß zu ignorieren. Ebenso selbstverständlich lässt man Mitarbeiter bei einem Gesprächstermin lange warten, und zwar ohne sich später zu erklären oder gar zu entschuldigen. Wer eine plastische Vorstellung von destruktiver Führung gewinnen will, dem sei der Spielfilm „Der Teufel trägt Prada" ans Herz gelegt. Darin spielt Meryl Streep die Chefredakteurin einer Modezeitschrift, deren Rolle sich ohne weiteres als Handbuch der destruktiven Führung verskripten ließe. Angesichts der skizzierten Merkmale verwundert es kaum, dass die Forschung durchweg negative Effekte der destruktiven Führung belegen kann. Menschen, die destruktiver Führung ausgesetzt sind, weisen eine geringere Arbeitszufriedenheit auf, erleben ihre Arbeitswelt als ungerecht, haben eine negative Einstellung zur Arbeit und fühlen sich weniger verbunden mit ihrem Arbeitgeber. All dies bildet die Grundlage für eine geringere Arbeitsleistung bei einer gleichzeitig hohen Bereitschaft, den Arbeitgeber bei der ersten sich bietenden Gelegenheit zu verlassen. Zudem lässt sich zeigen, dass destruktive Führung mit einem Anstieg kontraproduktiven Verhaltens einhergeht. Die Betroffenen überziehen beispielsweise die Pausenzeiten, kommen morgens später oder gehen abends früher, wenn die Führungskraft es nicht merkt, und begehen vielleicht sogar den einen oder anderen Mitarbeiterdiebstahl. Überdies erleben die Mitarbeiter verstärkt negative Gefühle und negativen Stress, was langfristig die Entwicklung gesundheitlicher Probleme begünstigt. So zeigt sich denn auch ein positiver Zusammenhang zwischen destruktiver Führung und der Wahrscheinlichkeit, an Burnout zu erkranken. Ein zunehmender Widerstand gegen die Führungskraft begünstigt darüber hinaus destruktives Verhalten aufseiten der Mitarbeiter. Wer weiß, vielleicht muss die verhasste Führungskraft ja schon bald ihren Hut nehmen, wenn man als Mitarbeiter nur eifrig genug dafür sorgt, dass die Abteilung gegenüber der Geschäftsführung schlecht dasteht. Was liegt also näher, als den wichtigsten Kunden zu vergraulen, die Führungskraft mit falschen Informationen für das Meeting mit der Geschäftsführung zu versorgen oder Gerüchte in Umlauf zu bringen? So oder so begünstigt destruktive Führung letztlich auch das Scheitern von Managern. Das wahre Ausmaß der Gefahr, die mit destruktiver Führung einhergeht, wird besonders deutlich, wenn wir uns vor Augen führen, dass die sinnvolle Alternative zur destruktiven Führung keineswegs die Abwesenheit von Führung, sondern vielmehr die verschiedenen Spielarten konstruktiver Führung (s. o.) ist. Während die eine Orientierung durchweg Schäden produziert, lassen sich bei der alternativen Orientierung durchweg positive Effekte belegen.

Manch einem Leser drängt sich spätestens an dieser Stelle die Frage auf, ob Frauen nicht ganz anders führen als Männer und ob sie nicht insbesondere zur konstruktiveren Formen der Führung neigen. Leider gibt es keine spezifischen Erkenntnisse zur destruktiven Führung von Frauen und Männer. Die Führungsforschung spricht jedoch insgesamt eher dafür, dass auch in diesem Extrembereich keine bedeutsamen Unterschiede zu erwarten sind. Unter dem Strich zeigt die Führungsforschung keine Unterschiede zwischen den Geschlechtern. Sofern einzelne Studien Unterschiede finden, sind diese entweder sehr gering oder werden durch die nächste Studie wieder infrage gestellt. Dies widerspricht zwar lieb gewonnenen Stereotypen, ist aus Sicht der Psychologie aber auch kaum anders zu erwarten, und zwar aus folgenden Gründen:

1. Sofern wir in Rechnung stellen, dass Persönlichkeitsmerkmale und vor allem soziale Kompetenzen ein wenig Einfluss auf das Führungsverhalten eines Menschen nehmen, ist zu bedenken, dass bereits auf dieser Ebene die Unterschiede viel geringer ausfallen, als die meisten Zeitgenossen glauben. Zwar zeigen sich Männer tatsächlich im Mittelwert durchsetzungsfähiger

und Frauen fällt es leichter, sich in die Perspektive anderer Menschen hineinzuversetzen, die Unterschiede sind absolut gesehen, aber gering. Hinzu kommt, dass um den Mittelwert der jeweiligen Geschlechtsgruppe herum eine große Streuung der individuellen Werte existiert. Insgesamt betrachtet sind sich die beiden Gruppen sehr viel ähnlicher, als dass sie sich unterscheiden. Selbst wenn man also nach dem Zufallsprinzip Männer und Frauen aus der Gesamtpopulation auswählen und in Führungspositionen bringen würde, wäre kaum damit zu rechnen, dass sie sich fundamental in ihrem Führungsverhalten unterscheiden.
2. Nun wählt man allerdings Führungskräfte nicht nach dem Zufallsprinzip aus der Gesamtbevölkerung aus, sondern greift auf Menschen mit einer passenden Grundausbildung zurück. In den Spitzenpositionen der Wirtschaft sind dies meist Personen, die BWL, Jura oder Ingenieurswissenschaften studiert haben. Wir haben es also mit selektierten Teilpopulationen zu tun, die nach der Grundausbildung immer weiter selektiert werden. Nicht alle Menschen, die beispielsweise BWL studieren, entscheiden sich später für eine Führungskarriere. Nicht alle von ihnen können in sehr hohe oder höchste Managementpositionen vordringen, weil es zum einen nicht für jeden einen entsprechenden Arbeitsplatz gibt und zum anderen nicht alle die Personalauswahlverfahren erfolgreich durchlaufen. Die Prozesse der Selbst- und Fremdselektion sorgen wahrscheinlich dafür, dass die geringfügigen Persönlichkeitsunterschiede, die zwischen Frauen und Männern in der Gesamtpopulation existieren, in der Gruppe der Führungskräfte von Hierarchieebene zu Hierarchieebene zunehmend geringer ausfallen. Eine weibliches Vorstandsmitglied eines DAX-Unternehmens ist den Männern in grundlegenden sozialen Kompetenzen und Persönlichkeitsmerkmalen daher noch ähnlicher als es Frauen den Männern ohnehin schon sind.
3. Neben Selektionsprozessen spielen Sozialisationsprozesse eine wichtige Rolle. In eine Spitzenposition des Managements kommt man üblicherweise nicht als 25-jähriger Mensch. Im Regelfall vergehen Jahrzehnte, in denen die Betreffenden die Karriereleiter aufwärtssteigen. In dieser Zeit lernen sie, wie in einer Branche oder einem bestimmten Unternehmen Führung läuft. Sie orientieren sich an ihren eigenen Vorgesetzten oder den Menschen, die besonders schnell Karriere machen. Dies kann im Positiven wie im Negativen das eigene Führungsverhalten prägen, je nachdem, welche Führungskulturen erlebt oder durchlitten wurden. Dies gilt gleichermaßen für Frauen und Männer. Auch dieser Prozess der Sozialisation dürfte zu einer Reduzierung der ohnehin schon geringen Unterschiede zwischen den Geschlechtern beitragen.

Schlechtes Führungsverhalten ist eine wichtige Ursache für schlechtes Management und bisweilen sicherlich auch für das Scheitern von so manchem Manager. Dabei ist die Führung keineswegs die alleinige und sicherlich auch nicht die bedeutsamste Variable in dem gesamten Spiel. Sie ist aber so wichtig, dass sie nicht ignoriert werden sollte.

Schlechte Führung basiert zu einem sehr geringen Anteil auf einer ungünstigen Ausprägung grundlegender Persönlichkeitsmerkmale. Vieles sprich dafür, dass hier sehr viel spezifischere Eigenschaften der betroffenen Manager verantwortlich sind. Allen voran mag man hier an negative Eigenschaften denken, wie sie u. a. in der dunklen Triade beschrieben werden. Menschen, die einen überschießenden Narzissmus aufweisen, die glauben, dass ihre eigenen Ziele jede beliebige Maßnahme rechtfertigen und die kaum in der Lage sind, Schuld zu empfinden, sollten für einen destruktiven Führungsstil geradezu prädestiniert sein. Aber auch jenseits extremer Eigenschaften dürften viele ungeschickte oder schlechte Führungskräfte spezifische Probleme in ihrer Persönlichkeitsstruktur aufweisen. Wer sich selbst und sein Verhalten nicht halbwegs objektiv reflektieren will oder es vielleicht auch gar nicht kann, hat große Probleme damit, aus eigenen Fehlern zu lernen. Er erkennt nicht einmal seine eigenen Fehler. Andere erkennen vielleicht eigene Fehler, sind aber nicht bereit, daran zu arbeiten, weil sie der Meinung sind, dass Führungskräfte ihre Schwächen einfach ausleben dürfen. Je höher die hierarchische Position ausfällt, desto größer ist wohl die Gefahr. Wieder andere erkennen Fehler und sind prinzipiell auch bereit, sich zu verbessern, können dies aber nicht realisieren, weil sie bereits an den Grenzen ihrer Potenzialentfaltung angekommen sind. So wie nicht jeder von uns ein exzellenter Marathonläufer werden kann, so lässt sich auch nicht jeder Mensch zu einer hervorragenden Führungskraft weiterbilden.

Die viel wichtigeren Ursachen liegen aber jenseits der Persönlichkeit, in der Arbeitsumgebung. Wer in eine Führungskultur hineinsozialisiert wird, in der Selbstgefälligkeit, Selbstüberschätzung und Lernresistenz zum vornehmsten Recht einer erfolgreichen Führungskraft gehören, der läuft Gefahr, zumindest teilweise etwas von diesen schlechten Vorbildern für sein eigenes Führungsverhalten zu übernehmen. Wenn diese „Vorbilder" schnell aufsteigen, prestigeträchtige Positionen besetzen, viel Geld verdienen und im schlimmsten Fall vielleicht sogar über die Grenzen des Unternehmens hinaus als Inbegriff erfolgreichen Managertums gepriesen werden, ist die Versuchung, ihnen nachzueifern, mehr als verständlich. Die Forschung zum Modelllernen zeigt, dass Menschen bereits durch das Beobachten eines Modellverhaltens lernen können. Diese Beobachtung kann durch den direkten Kontakt zu entsprechenden Personen – etwa der eigenen Führungskraft –, aber auch auf die Ferne vermittelt über Medien erfolgen. Man denke hier z. B. auch an die Darstellung erfolgreicher Manager in Romanen, Spielfilmen oder Zeitschriften. Nicht selten wird hier ein Stereotyp vermittelt, das erfolgreiche Manager als Patriarchen zeigt, die ihre Mannschaft mit strenger Hand führen. Das so gelernte Verhalten wird später mit umso größerer Wahrscheinlichkeit von Nachwuchsmanagern imitiert, je positiver die Verstärkung des Verhaltens ausfällt. Dabei lassen sich drei Formen der Verstärkung unterscheiden:

- *Verstärkung des Modells.* Das Modell selbst ist erfolgreich mit der Art und Weise, wie es auftritt und suggeriert damit, dass die nachfolgende Generation es ihm gleichtun muss, wenn sie selbst eines Tages erfolgreich sein will. Gerade für junge, karrieremotivierte Menschen dürfte kaum etwas verführerischer sein als ein Modell, das erfolgreich ist im Sinne von Aufstieg, Macht, Geld und Prestige.
- *Verstärkung durch andere.* Wer nun anfängt, den alten Silberrücken nachzueifern, der wird hierfür von oben positive Rückmeldungen erhalten. Führungskräfte sehen es gern, wenn ihre Mitarbeiter sie als Vorbild sehen. Menschen, die ihnen ähneln, erleben sie als positiver im Vergleich zu Menschen, die ein ihnen eher fremdes Verhalten zeigen (Ähnlichkeits-Attraktivitäts-Effekt). Dies wiederum erhöht die Wahrscheinlichkeit, dass Mitarbeiter und Führungskräfte, die das Verhalten von Vorgesetzten imitieren, in der Leistungsbeurteilung besser abschneiden, höhere Bonuszahlungen erhalten und letztlich auch schneller aufsteigen.
- *Selbstverstärkung.* Zu guter Letzt kann die Führungskraft, die einen schlechten Führungsstil imitiert, sich auch selbst auf die Schulter klopfen, wenn sie alles vermeintlich richtig umgesetzt hat. Dass sie keine positiven Rückmeldungen von den eigenen Mitarbeitern erhält, stört dabei wenig, ja, vielleicht sieht sie hierin sogar ein Indiz erfolgreicher Führung. Wer seinen Mitarbeitern gefällt, scheint sie nicht hinreichend zu fordern, so ist mancher geneigt zu glauben.

Schlechte Führungskulturen neigen somit dazu, sich selbst zu reproduzieren. Sie stellen schlechte Vorbilder zur Verfügung und sorgen durch Fehler in der Leistungsbeurteilung und Stellenbesetzung nach dem Prinzip „Schmidt sucht Schmidtchen" dafür, dass der Status quo aufrechterhalten wird oder sich doch zumindest nur ganz langsam etwas zum Besseren wendet.

5

Warum treffen Manager Fehlentscheidungen?

Selbst wenn Manager über eine hinreichende Intelligenz verfügen und vor der Stellenbesetzung professionell auf ihre Eignung hin untersucht worden sind, kommt es häufig zu Fehlentscheidungen, weil die Betroffenen in ihrem Entscheidungsverhalten nicht viel anders funktionieren, als die meisten Menschen auf der Straße. Denk- und Entscheidungsfehler gehören zum Alltag vieler Menschen. Der Unterschied zwischen Managementfehlern und Entscheidungsfehlern, die einem Pförtner oder einer Bedienung in der Kantine unterlaufen, besteht allerdings darin, dass die Folgen der Fehlentscheidungen von Pförtnern und Kantinenangestellten in aller Regel weitaus weniger weitreichend sind, als die Folgen der Fehlentscheidungen von Managern. Je höherwertiger die Managementfunktion ist, desto eher dürfen wir eigentlich erwarten, dass die Verantwortlichen eben nicht wie jedermann im Alltag Entscheidungen fällen, sondern ihr Entscheidungsverhalten kritisch reflektieren und bewusst steuern. Dabei gilt es, zahlreiche Denk- und Entscheidungsfehler in den Blick zu nehmen.

Der erste und vielleicht banalste Fehler besteht in einer *unvollständigen Analyse des Problemraums*. Der Problemraum beschreibt die Komplexität eines Problems, das zu lösen ist. Je mehr Faktoren wir in den Blick nehmen müssen, um ein Problem gut zu lösen, desto größer ist der Problemraum und desto schwieriger ist die Aufgabe, vor der wir stehen. Geht es beispielsweise darum, sich beim Kauf neuer Schuhe zwischen zwei Alternativen zu entscheiden, so ist die Aufgabe vergleichsweise einfach. Die Schuhe unterscheiden sich vielleicht im Hinblick auf vier Merkmale: Preis, Ästhetik, Langlebigkeit und Pflegebedarf. Die beiden Alternativen unterscheiden sich in jedem Merkmal dahingehend, ob es gering oder hoch ausgeprägt ist. Wenn wir zu einer vollständig rationalen Entscheidung gelangen wollen, müssen wir beide Produkte entlang dieser Merkmale einstufen und zudem auch noch eine Gewichtung der Merkmale vornehmen. Vielleicht hat für uns die Ästhetik der Schuhe die höchste Präferenz, gefolgt von Pflegebedarf, Preis und Langlebigkeit. In diesem einfachen Fall ließe sich im Grunde ausrechnen, welche Entscheidung die rationalste wäre, wobei auch eine völlig irrationale Entscheidung wahrscheinlich keinen großen Schaden anrichten würde. Geht es nicht mehr um den Kauf von Schuhen, sondern um die Anschaffung eines neuen Autos, die Zusammenstellung eines Wertpapierdepots oder den Bau eines Hauses, ändert sich dies sehr schnell. Fehlentscheidungen können hier ohne Weiteres zu einem finanziellen Desaster führen. Aber nicht nur die Folgen von Fehlentscheidungen sind hier größer, auch der Problemraum ist deutlich umfassender geworden. Beim Bau eines Hauses gibt es viele Dutzend Merkmale, wobei jedes für sich nicht nur zwei Stufen (gering oder hoch), sondern vielleicht fünf oder mehr Stufen aufweist.

Versetzen wir uns in die Lage eines Managers, der über Millionenkredite, eine neue Produktionslinie oder eine Fusion entscheiden muss, so bekommen wir eine ungefähre Ahnung von der Größe des Problemraums, den es zu analysieren gilt. Soll der Leiter einer mittelgroßen Filiale dem berühmten Baulöwen Jürgen Schneider einen Kredit über 100 Mio. DM geben und damit seinen Umsatz in diesem Jahr verdoppeln, obwohl nicht alle Daten vorliegen, oder nimmt er lieber in Kauf, dass der Auftrag an die Konkurrenz geht? Sollte man die längst ausgestorbene Luxusmarke Maybach wiederbeleben und aus dem Stand heraus in einen Wettbewerb mit jahrzehntelang etablierten Platzhirschen wie Rolls Royce und Bentley eintreten? Zahlt sich eine Fusion des Premiumherstellers Daimler-Benz mit dem Massenhersteller Chrysler dauerhaft für beide Seiten aus oder reitet man sich damit ohne Not ins Verderben?

In diesen drei realen Beispielen ist die Antwort im Nachhinein eindeutig. Die Fehlentscheider werden für sich möglicherweise in Anspruch nehmen, dass man später immer schlauer ist und dass sie als Entscheidungsträger auch ein Risiko eingehen müssen. Beides ist sicherlich richtig. Ebenso gewiss ist jedoch die Erkenntnis, dass in Anbetracht des Risikos eine umfassendere Analyse des Problemraums sinnvoll gewesen wäre, zumal niemand erwartet, dass diese Entscheidungen von einer einzelnen Person durchdacht werden. Für ein Unternehmen wie Daimler-Benz wäre es ein Leichtes gewesen, ein paar Dutzend ausgewiesene Experten auf die Sache anzusetzen und dennoch in einer angemessenen Zeit, zu einer ausgewogeneren Entscheidung zu gelangen.

Typische Ursachen für eine unvollständige Analyse des Problemraums sind u. a. die folgenden:

- Manche Lösungsalternativen werden von vornherein bewusst ausgeschlossen, weil sie wichtigen Leuten nicht genehm sind. Wahrscheinlich hätten sich Ratgeber nicht einmal getraut, Jürgen Schrempp offensiv von einer Fusion mit Chrysler abzuraten, weil der große Vorsitzende schon längst entschieden hatte, dass seine Vision umgesetzt werden muss. Es geht nicht mehr um das Ob, sondern nur noch um das Wie. Damit ist die möglicherweise beste Alternative von vornherein aus dem Spiel und es geht lediglich um Schadensbegrenzung.
- Es sind zwar noch mehrere Alternativentscheidungen im Spiel, es ist jedoch klar, welche Alternative die Spitzenentscheider präferieren. Daher werden für die bevorzugte Alternative vor allem bestätigende Argumente gesucht, während man für eine weniger erwünschte Alternative insbesondere Kontraargumente zutage fördert.
- Lässt es sich nicht mehr vor dem Chef oder dem eigenen Verstand leugnen, dass die präferierte Entscheidung schlecht ist, werden kurzerhand die Gewichtungen verändert. Wenn nun mit einem Mal das wirtschaftliche Risiko geringer gewichtet wird als der kurzfristige Imagegewinn, ist alles wieder im Lot, ganz frei nach dem Motto „Was nicht passt, wird passend gemacht!". Vielleicht lässt sich so erklären, warum die Verantwortlichen beim Flughafenbau in Berlin sich letztlich für einen Standort entschieden haben, der nach der Meinung der Expertenkommission die schlechteste der verbliebenen drei Alternativen war.
- Die Komplexität der Materie ist so groß, dass ein einzelner Mensch damit überfordert ist. Aus Gründen der Geheimhaltung, wegen der Statusposition der Entscheidungsträger oder aufgrund ihrer eigenen Selbstüberschätzung wird die Analyse dennoch einer einzelnen Person überlassen, die dann fast nur noch nach dem Zufallsprinzip zu einer richtigen Entscheidung gelangen kann.
- Ein intellektuell hinreichend befähigter Menschen würde die Komplexität des Problemraums durchaus bewältigen können, die Entscheidungsträger gehören aber leider nicht zu diesem Personenkreis.
- Die Entscheidungsträger erkennen nicht einmal die Größe des Problemraums und handeln vor dem Hintergrund ihrer eigenen Fehleinschätzung durchaus rational, obwohl sie objektiv betrachtet nur an der Oberfläche des Problems kratzen.

- Die Analyse hat schnell eine Entscheidung erbracht, die dem Entscheidungsträger plausibel und gut erscheint („Wir geben Jürgen Schneider jetzt schnell den Kredit ohne tiefergehende Prüfung, schließlich hat er die letzten beiden Kredite auch zurückgezahlt"). Daraufhin wird die Suche nach alternativen Lösungen abgebrochen. Leider ist die erste Lösungsoption nicht immer auch die Beste.
- Die Entscheidungsträger setzen sich selbst oder ihre Mitarbeiter unter einen hohen Zeitdruck, sodass eine vollständige Analyse des Problemraums fast unmöglich wird. Auch hier kann die Fusion von Daimler-Benz und Chrysler wieder einmal als unrühmliches Beispiel herangezogen werden. In anderen Fällen setzt ein wichtiger Kunde die Entscheidungsträger unter Zeitdruck und diese lassen sich dummerweise darauf ein – eine beliebte Masche von Jürgen Schneider. Die Kredite müssen schnell vergeben werden, ansonsten zieht er zur nächsten Bank.

Ein verwandter Denk- und Entscheidungsfehler besteht darin, dass *exponentielle Entwicklungen als lineare Entwicklungen fehlinterpretiert* werden. Was ist damit gemeint? Stellen wir uns ein Blatt Papier vor, dass 0,1 mm dick ist. Wenn wir das Blatt einmal falten, beträgt die Dicke 0,2 mm. Falten wir es erneut, so sind wir bei 0,4 mm angelangt. Wir müssen es insgesamt acht Mal falten, um bei einer Stärke von mehr als einem Zentimeter zu landen. Wie oft müssen wir aber das Blatt falten, damit es so hoch wie ein Kirchturm wird? Die meisten Menschen gehen von mehreren Tausend Faltungen aus. De facto sind es gerade einmal 20. Nach 20 Faltungen ist eine erstaunliche Höhe von mehr als 100 m erreicht (vgl. Tab. 5.1). Dies ist ein klassisches Beispiel für eine exponentielle Entwicklung, deren Verlauf völlig unterschätzt wird. Natürlich könnte man es einfach mit dem Taschenrechner ausrechnen und käme dann zu einem richtigen Ergebnis. Beschränkt man sich jedoch darauf, die ersten Schritte zu berechnen und schätzt dann das Ergebnis oder folgt von vornherein seinem Bauchgefühl, so liegt der Schätzwert weit unter der Realität. Ganz ähnlich verhält es sich, wenn Menschen schätzen sollen, wie viele Zinserträge sie ihrem Bankhaus bescheren, wenn ihr Baukredit über 20 oder 30 Jahre läuft. Der reale Wert liegt weit über den Schätzungen. Das Denken in Exponentialfunktionen fällt den meisten Menschen schwer. Berücksichtigen wir, dass es sich bei unserem ersten Beispiel um eine sehr einfache exponentielle Funktion handelt. Von Schritt zu Schritt verdoppelt sich der Wert. In der Realität kann die Funktion jedoch sehr viel komplizierter ausfallen. Der Wert könnte sich bis zu einer bestimmten Höhe verdoppeln und danach quadrieren oder in einer anderen Form weiter verlaufen. Um wie vieles

Tab. 5.1 Wie oft muss man ein Blatt Papier falten, bis eine kirchturmhohe Blattstärke erreicht ist?

Menge der Faltungen	Höhe (mm)
0	0,1
1	0,2
2	0,4
3	0,8
4	1,6
5	3,2
6	6,4
7	12,8
8	25,6
9	51,2
10	102,4
11	204,8
12	409,6
13	819,2
14	1.638,4
15	3.276,8
16	6.553,6
17	13.107,2
18	26.214,4
19	52.428,8
20	104.857,6

größer ist dann die Herausforderung, für einen Menschen, der gewohnt ist, Entscheidungen aus dem Bauch heraus zu fällen?

Werden Entwicklungsverläufe unterschätzt, weil die Entwicklung nicht linear verläuft, so sind Fehlentscheidungen geradezu vorprogrammiert. Hierzu kommt, das Problem der Vernetzung. Bei komplexen Projekten zieht ein Fehler in einem Bereich ein Problem in benachbarten Bereichen nach sich, die ihrerseits dann wiederum eigene Folgeprobleme produzieren. Im Extremfall tritt eine Fehlentscheidung eine ganze Lawine von Folgeproblemen los. Hätte man sich beispielsweise beim Flughafenbau in Berlin von vornherein für den Standort entschieden, den die Experten vorgeschlagen haben, wären viele Folgeprobleme ausgeblieben oder zumindest doch schwächer ausgefallen: Weil an dem von Experten präferierten Standort Sperrenberg, die Bebauung weniger dicht ist, hätte es weniger Rechtsstreitigkeiten mit Anwohnern gegeben, wären geringere Kosten für Lärmschutzmaßnahmen angefallen, hätte man auch nachts durchgängig fliegen können und damit eine größere Kapazität erhalten, hätte man langfristig mehr Platz für eine Expansion des Flughafens u. v. m. Weil im Flughafengebäude die Stromleitungen direkt neben den Telefonleitungen verlegt wurden, kommt es aufgrund elektromagnetischer Felder zu Störungen in den Telefonleitungen. Daraufhin müssen die Telefonleitungen bzw. die Elektroleitungen zusätzlich isoliert werden, was wiederum dazu führt, dass die Deckenverkleidungen zum Teil entfernt werden müssen, was nicht nur zusätzliche Kosten verursacht, sondern auch einen weiteren Beitrag zur Verschiebung der Flughafeneröffnung leistet.

Die Prognose komplexer Entwicklungen ist ein schwieriges Geschäft. Schon bei einfachen nicht linearen Entwicklungen treffen die meisten Menschen Fehlentscheidungen, wenn sie mit dem gewohnten Alltagsdenken an die Sache herangehen. Wichtige Entscheidungsträger treffen Fehlentscheidungen, weil sie genau dies tun. Sie unterschätzen die Komplexität und/oder überschätzen gleichzeitig ihre eigenen Fähigkeiten, mit dieser Komplexität umzugehen. Beides würde schon für sich allein genommen zu Fehlentscheidungen führen. In der Kombination ist es eine sichere Wette auf den Niedergang.

Eng verbunden mit diesem Problem sind *Schwierigkeiten bei der Einschätzung von Wahrscheinlichkeiten.* Würden wir bei der Ziehung der Lottozahlen beobachten, dass vier Wochen hintereinander die Nummer 10 gezogen wird, so würden die meisten von uns aus dem Bauch heraus davon ausgehen, dass dieselbe Zahl in der fünften oder sechsten Woche mit geringerer Wahrscheinlichkeit auftritt. Dies ist natürlich ein Trugschluss, denn bei jeder erneuten Ziehung ist die Auftrittswahrscheinlichkeit für jede einzelne Zahl völlig identisch. Oder denken wir an einen Menschen, der in einem kleinen Autounfall verwickelt wurde und nun in den folgenden Wochen vorsichtiger fährt, weil er durch das besondere Erlebnis die Wahrscheinlichkeit für einen solchen Unfall überschätzt. Nach vielleicht zwei Monaten ändert sich sein Erleben und er verhält sich wieder wie vor dem Unfall. An der realen Unfallwahrscheinlichkeit hat sich über die gesamten Wochen hinweg kaum etwas geändert. Wahrscheinlich ist sie in den ersten Wochen nach dem Unfall aufgrund des betont defensiven Fahrverhaltens sogar noch geringfügig gesunken und steigt nachher wieder leicht an. Erlebt wird das genaue Gegenteil.

Möglicherweise ist diese Fehleinschätzung mit ein Grund dafür, warum auch einige Jahre nach dem großen Dieselskandal immer wieder Autohersteller auffallen, die in neue Motoren Abschaltvorrichtungen einbauen, um die Abgaswerte beim Verbrauchstest zu verfälschen. Die Entscheidungsträger unterschätzen die Wahrscheinlichkeit, dass sie nach dem großen Skandal besonders kritisch überprüft werden, ganz so als würde man glauben, dass sich nach einem heftigen Unwetter die Wetterlage in den nächsten Tagen deutlich beruhigen muss – irrational, aber menschlich.

Nicht wenige Menschen haben zudem *Schwierigkeiten, Prozentwerte richtig zu interpretieren*. Die Fehler bei der Interpretation von Prozentwerten offenbaren sich beispielsweise in dem folgenden Experiment. Man bittet Menschen zunächst, ihre Meinung zu einem als gerecht erlebten Steuersystem zu äußern. Dabei zeigt sich, dass die meisten Menschen als gerecht empfinden, wenn einkommensstärkere Bürger mehr Steuern zahlen, als einkommensschwächere. Im Grunde soll derjenige, der z. B. doppelt so viel verdient auch doppelt so viel in die Steuerkasse einzahlen. In Prozent ausgedrückt entspricht dies einem einheitlichen Steuersatz über verschiedene Einkommensgruppen hinweg. Beträgt das Jahreseinkommen von Person A beispielsweise 40.000 € und von Person B 80.000 €, so würde bei einem einheitlichen Steuersatz von 25 % Person A 10.000 und Person B 20.000 € Steuern zahlen. B zahlt also doppelt so viel, weil er doppelt so viel verdient. Fragt man nun aber die Menschen in der Studie nicht nach der absoluten Höhe der zu zahlenden Steuern, sondern nach einem als fair erlebten Steuersatz in Prozent, so ergibt sich ein völlig anderes Bild. Nun präferieren sie einen progressiven Steuersatz, demzufolge Menschen mit einem höheren Einkommen prozentual mehr zahlen sollten, als Menschen mit einem geringeren Einkommen. Bleiben wir bei unserem fiktiven Beispiel, so würde dies bedeuten, dass Person A 20 % und Person B 40 % Steuern zahlen müsste. In absoluten Zahlen wären dies 8000 € bei Person A und 32.000 € bei Person B. B würde mithin viermal so viel Geld an den Staat abführen als A, obwohl B nur doppelt so viel verdient (vgl. Abb. 5.1). Obwohl die Befragten dies nicht als fair erleben würden, präferieren sie dennoch einen progressiven Steuersatz, weil sie nicht verstehen, was dies konkret bedeutet. Es fällt ihnen weitaus schwerer, mit Prozentwerten als mit absoluten Zahlen zu hantieren und dies führt zu falschen Schlussfolgerungen.

Hoffen wir einmal, dass auf der Ebene des höheren Managements derartige Denkfehler selten anzutreffen sind, da ihr höheres Bildungsniveau die Betroffenen vor entsprechenden Fehlinterpretationen ein Stück weit schützt. Allerdings geht ein höheres Bildungsniveau nicht zwangsläufig mit guten mathematischen Kenntnissen einher. Hinzu kommt, dass die Betroffenen ggf. unter Zeitdruck sehr komplexe Probleme bearbeiten müssen, in denen an mehreren Stellen Prozentwerte eine versteckte Rolle spielen, z. B. wenn es um progressiv steigende Prozentwerte für Vertragsstrafen geht.

Fehlentscheidungen werden bisweilen durch die *Bezugssysteme* der Entscheidungsträger begünstigt. Verdeutlichen wir uns das Prinzip der Bezugssysteme an einem einfachen Beispiel. Wäre Jürgen Schneider als unbekannte

	40.000 Euro Jahresgehalt	80.000 Euro Jahresgehalt

Ziel Nr. 1
Wer doppelt so viel verdient soll doppelt so viel an den Staat zahlen

↑ 10.000 Euro (= Steuersatz 25 %) — 20.000 Euro (= Steuersatz 25 %)

Ziel Nr. 2
Wer doppelt so viel verdient soll einen doppelt so hohen Steuersatz haben

↑ 8.000 Euro (= Steuersatz 20 %) — 32.000 Euro (= Steuersatz 40 %)

Abb. 5.1 Widersprüche in der Einschätzung fair erlebter Steuern

Privatperson auf seine Bank zugegangen und hätte seinen Kredit zum Bau eines Reihenhauses von 250.000 € auf 350.000 € erhöhen wollen, so würde der zuständige Banker den Sachverhalt zu Recht sehr kritisch prüfen. Die Bank würde ein zusätzliches Risiko von 100.000 € tragen müssen, was einer Steigerung des Kreditrahmens um 40 % entspricht. Würde Jürgen Schneider hingegen als Großinvestor einen Kredit von 20 Mio. € auf 20,1 Mio. € aufstocken wollen, dürfte dem Banker eine positive Entscheidung sehr viel leichter fallen, schließlich wird der Kreditrahmen um lediglich 0,5 % erhöht. Genau genommen bleibt die Kreditsumme in beiden Fällen jedoch dieselbe. Es sind jeweils 100.000 €, die dem Kreditnehmer zusätzlich zur Verfügung gestellt werden. In beiden Fällen wird dieselbe Summe an Geld jedoch sehr unterschiedlich erlebt, weil sie in jeweils unterschiedliche Bezugssysteme eingeordnet wird. Im ersten Fall erscheint die Summe sehr groß, wenn man sie mit dem ursprünglichen Kreditrahmen von 250.000 € vergleicht. Im zweiten Falle wirkt sie hingegen eher gering, denn jetzt liegt der Bezugsrahmen zur Bewertung der Summe im zweistelligen Millionenbereich. Bezieht sich das Bezugssystem auf einen einzelnen Vergleich, so wird auch von einem Ankereffekt oder einer Ankerheuristik gesprochen (s. unten). Bezugssysteme können aber weit über einen Einzelvergleich hinaus reichen. So würde z. B. ein Banker, der ständig mit Krediten im Millionenbereich zu tun hat, Summen von mehreren zehntausend Euro als so geringfügig erleben, dass er hierbei grundsätzlich vermutlich weniger Sorgfalt an den Tag legt.

Bezugssysteme können in erheblichem Maße leichtfertige Entscheidungen und damit auch Fehlentscheidungen begünstigen. Manager in hohen Positionen sind es gewohnt, mit großen Summen zu hantieren und verlieren nach und nach ein realistisches Gefühl für die Größe der Summen, die sie investieren. Ihr Bezugssystem liegt im mehrstelligen Millionenbereich oder gar im Bereich von Milliarden. In einem solchen Bezugssystem ist ein Risiko von wenigen Millionen kaum der Rede wert und daher wird die Entscheidung in einem solchen Rahmen auch weniger fundiert abgesichert. Fast jedes Kind, dass sich von seinem Ersparten ein Skateboard o. Ä. kauft, sichert sich besser ab als offenbar so manche Manager, die millionenschwere Entscheidungen fällen, weil ein oder zwei Millionen ihnen als Peanuts erscheinen. Ein trauriges Beispiel liefert auch hier der Flughafenbau in Berlin. Die Entscheidung für den Bauplatz Schönefeld-Süd hat zur Folge, dass die Flugzeuge auf zwei parallel laufenden Bahnen starten und nach dem Abheben aus Sicherheitsgründen links bzw. rechts abbiegen müssen. Dies wiederum bedeutet, dass wesentlich mehr Haushalte vom Fluglärm betroffen sind und zusätzliche Kosten für die Lärmdämmung der Häuser im mehrstelligen Millionenbereich anfallen. Auf diese Probleme hatte seinerzeit auch die Deutsche Flugsicherung hingewiesen. Offenbar wurde der Hinweis von den Entscheidungsträgern aber nicht als allzu wichtig erachtet. Wenn man gerade in Begriff ist, mehrere hundert Millionen zu investieren, kommt es halt auf ein paar Millionen mehr oder weniger auch nicht mehr an.

Nicht immer lässt sich trotz großer Motivation die Komplexität eines Problems bis in die Tiefe durchdringen, ehe eine Entscheidung gefällt werden kann. Dies liegt zum einen in der Komplexität selbst, die bisweilen die Analysemöglichkeiten eines Menschen oder einer Arbeitsgruppe übersteigt. Zum anderen steht oftmals nicht genügend Zeit zur Verfügung, denn manchmal ist eine späte Entscheidung eine falsche Entscheidung, weil sich gerade eine sehr günstige Gelegenheit bietet oder die Konkurrenz schnell agiert. In solchen Fällen kommen *Entscheidungsheuristiken* zum Einsatz. Heuristiken sind „Faustformeln", die aus der praktischen Erfahrung erwachsen sind. Sie führen in der Regel zu guten Entscheidungen, aber eben nur in der Regel und nicht immer. Je folgenschwerer eine Entscheidung ist, desto wichtiger wäre es, dass sie immer oder zumindest nahezu immer zum gewünschten Ergebnis führt. Die Qualität der Heuristiken ist somit entscheidend. Die Forschung deckt einige grundlegende Schwächen gängiger Heuristiken auf.

Da ist zunächst die *Verfügbarkeitsheuristik* zu nennen. Die Verfügbarkeitsheuristik basiert auf der Tatsache, dass wir manche Informationen aus unserem Gedächtnis leichter abrufen können als andere. Dies gilt beispielsweise für Informationen, die wir häufiger nutzen, mit denen wir uns intensiver auseinandergesetzt haben oder die für uns eine größere emotionale Bedeutung besitzen. Informationen, die sich leichter aus dem Gedächtnis abrufen lassen – die also für uns leichter verfügbar sind – prägen in stärkerem Maße unser Entscheidungsverhalten als solche, die wir seltener nutzen. Hierdurch wiederum verstärkt sich der Prozess. Wenn man Menschen z. B. danach fragt, wie groß die Wahrscheinlichkeit ist, an Krebs oder einem Herzinfarkt zu sterben, überschätzen sie das Risiko, während sie bei unbekannteren Krankheiten wie etwa einer Blutvergiftung oder einer Krankenhausinfektion das Risiko unterschätzen. Dies hat primär damit zu tun, dass sie viel häufiger von Todesfällen aufgrund einer Krebserkrankung oder eines Herzinfarkts gehört haben und sie diese Information dementsprechend auch leicht aus ihrem Gedächtnis abrufen können. Bei der Schätzung reflektieren sie nicht, dass über solche Todesursachen viel häufiger gesprochen wird, als über andere tödliche Krankheiten. Bei Entscheidungen von Managern sichern sich die Betroffenen bevorzugt gegen solche Risiken ab, mit denen sie schon häufiger persönlich oder vom Hörensagen konfrontiert wurden. Hier besteht eine besondere Sensibilität. Bestimmte Entscheidungsprozesse halten sie jedoch von vornherein für unbedenklich, weil sie bislang gut funktioniert haben. Solche Prozesse werden dann auch nicht mehr hinterfragt. Hieraus erwachsen bestimmte Risiken. Wer beispielsweise als einflussreicher Manager die subjektive Erfahrung gemacht hat, dass er sich auf die Informationen seiner Mitarbeiter verlassen kann, wird dies mit höherer Wahrscheinlichkeit auch bei folgenschweren Entscheidungen machen, selbst wenn es im konkreten Fall sinnvoll gewesen wäre, die Zahlen selbst sorgfältig zu kontrollieren. De facto sind die Zahlen vielleicht schon häufiger manipuliert worden, ohne dass ihm der Betrug selbst aufgefallen wäre. Umgekehrt mag eine schlechte Erfahrung zu übertriebener Vorsicht führen. Das eindrucksvolle Erlebnis, von den eigenen Mitarbeitern mit falschen Zahlen versorgt worden zu sein, führt dazu, dass man in diesem Punkt besonders vorsichtig wird, alles selbst nachprüfen will und genau dadurch kurzfristig notwendige Entscheidungen unnötig verzögert. Wahrscheinlich hat sich kein Mitglied des Aufsichtsrats oder der Geschäftsführung der Flughafengesellschaft zu Beginn des Vorhabens vorstellen können, dass ein Flughafenbau derart scheitern kann wie in Berlin. Noch nie zuvor hat man von einem solchen Fiasko gehört und war daher guter Dinge, dass die Sache irgendwie – wenn auch wie üblich mit leichten Verzögerungen oder erhöhten Kosten – zu einem glücklichen Ende kommen würde. Bei zukünftigen Bauprojekten ähnlicher Größenordnung werden die Verantwortlichen ganz andere Informationen aus ihrem Gedächtnis abrufen können und vielleicht gerade deshalb Bauvorhaben unnötig verzögern, weil sie übervorsichtig geworden sind. Die Verfügbarkeitsheuristik begünstigt zudem ein weiteres Problem. Bestimmte Missstände erscheinen selbstverständlich und werden deshalb gar nicht mehr als schwerwiegendes Problem erkannt. So kommt es beispielsweise nicht gerade selten bei großen öffentlichen Bauvorhaben zu Verzögerungen und einem Anstieg der ursprünglich kalkulierten Kosten. Diese Information lässt sich sicherlich besonders leicht auch aus dem Gedächtnis der zentralen Entscheidungsträger abrufen. Aufgrund dieser Selbstverständlichkeit rechnet man erst gar nicht mehr mit einen planungskonformen Bauverlauf und setzt sich auch nicht für ein solchermaßen utopisch erscheinendes Ziel ein.

Die *Repräsentativitätsheuristik* bezieht sich auf Verallgemeinerungen. Verallgemeinerungen haben den Vorteil, dass sie die Welt subjektiv durchschaubarer machen. Wenn ein Manager beispielsweise eine bestimmte Entscheidungssituation verallgemeinert, kann er auf vorgefertigte Entscheidungsroutinen zurückgreifen und kommt dadurch zu einer schnelleren Reaktion. Er könnte z. B. glauben, dass eine bestimmte Marktsituation die Ausgabe neuer Aktienpakete begünstigt (Entscheidungsstrategie für Situation A) oder eine andere Marktsituation sinnvollerweise eine Kürzung der Dividende zur Folge haben sollte (Entscheidungsstrategie für Situation B). Immer wenn nun eine Situation auftritt, die passend zur Situation A oder aber passend zur Situation B erscheint, wird nun bevorzugt die entsprechende Entscheidungsstrategie oder Handlungsalternative zum Einsatz gebracht. Solange die Zuordnung richtig ist und die gewählte Alternative in der fraglichen Situation auch zum Ziel führt, ist alles in Ordnung. Die Probleme beginnen, wenn Situationen verkannt werden und daraufhin automatisch die falschen Alternativen gewählt werden, ohne dass der Entscheidungsträger dies merkt. So könnte ein Geschäftsführer z. B. zu der Überzeugung gelangt sein, dass Herr Meyer ein hervorragender Bereichsleiter sei. Herr Meyer ist für ihn gewissermaßen repräsentativ für die Gruppe erfolgreicher Manager. In der Folge wird er bei zukünftigen Personalauswahlentscheidungen nach Menschen suchen, die so sind wie Herr Meyer. Dabei übersieht er, dass Herr Meyer keineswegs repräsentativ sein muss. Die Stichprobe, mit der unser Manager agiert, ist viel zu klein, um eine Vorstellung davon gewinnen zu können, welcher Mensch ein repräsentativer Vertreter der Gruppe erfolgreicher Manager sein könnte. Er kennt vielleicht nur drei Top-Leute aus dem eigenen Unternehmen. Völlig andere Personen könnten ebenso geeignet oder sogar noch besser geeignet sein. Der Einsatz einer solchen Heuristik führt zwar zu schnellen Entscheidungen, begünstigt aber auch in systematischer Weise bestimmte Fehlentscheidungen. Sinnvoll wäre es, bei sehr wichtigen Entscheidungen jeden Einzelfall zu prüfen und nicht auf Heuristiken zurückzugreifen.

Eine *Ankerheuristik* entsteht auf der Grundlage eines direkten Vergleichs zwischen zwei oder mehr Alternativen. Dies machen sich Unternehmen gern im Marketing zunutze. Wenn wir beispielsweise im Schlussverkauf einen Pullover sehen, der von 100 € auf 60 € heruntergesetzt wurde, erscheint er uns deutlich günstiger im Vergleich zu einer Situation, in der der ursprüngliche Preis nicht angegeben wird. In beiden Fällen müssten wir 60 € für das Produkt zahlen. Durch den Vergleich mit dem Ursprungspreis erleben wir diesen Betrag im ersten Fall aber als günstiger. Hierzu benötigen wir kein komplexes Bezugssystem (s. oben), dass uns eine Vorstellung davon vermittelt, wie teuer derselbe Pullover in verschiedenen Geschäften zu unterschiedlichen Jahreszeiten wäre. Es genügt eine einzige Vergleichszahl. Wer sichergehen will, dass es sich tatsächlich um ein günstiges Angebot handelt, der müsste weitere Angebote einholen. Möglicherweise erfährt er dabei, dass derselbe Pullover in einem anderen Geschäft zum regulären Preis von 50 € verkauft wird. Durch den neuen Bezugsanker erscheint das Angebot im ersten Geschäft mit einem Mal nicht mehr als Schnäppchen, sondern als überteuert. Manager, die sich der Ankerheuristik bedienen und nur zwei Alternativen miteinander vergleichen, kommen zu schnelleren Entscheidungen und können sich dabei auch für das günstigere der beiden Angebote entscheiden. Würden sie mehr Zeit investieren, könnten sie jedoch eine insgesamt bessere Entscheidung fällen.

Der *Mere-Exposure-Effekt* besagt, dass wir Dinge, die uns vertraut sind, in der Regel positiver bewerten als Unbekanntes. Hieraus entsteht eine gewisse Trägheit nach dem Prinzip: „Haben wir immer so gemacht, machen wir auch weiterhin so". Ungewohnte Alternativen bleiben selbst dann unberücksichtigt, wenn sie objektiv zu besseren Ergebnissen führen, nur weil sie ungewohnt sind. Ein gutes Beispiel hierfür liefert die Personalauswahl. Seit Jahrzehnten lernen Psychologiestudenten, das hoch strukturierte Einstellungsinterviews und Intelligenztests um ein Vielfaches besser in der Lage sind, die berufliche Leistung eines Bewerbers zu prognostizieren, als ein herkömmliches Vorstellungsgespräch, so wie es jeden Wochentag tausendfach durchgeführt wird. Dennoch werden Intelligenztests in Deutschland bei der Besetzung von Spitzenpositionen so gut wie nie eingesetzt und die meisten Einstellungsinterviews verdienen nicht einmal die Bezeichnung Interview. Subjektiv sind offenbar die meisten Entscheidungsträger mit ihren Verfahren weitgehend zufrieden. Von den sehr viel besseren Alternativen haben sie wenig bis gar nichts gehört und betrachten sie mit großer Skepsis, eben weil sie zu wenig darüber wissen. Wer weiß, wie geschmeidig der Flughafenbau zu Berlin abgelaufen wäre, wenn man bei der Besetzung der Spitzenpositionen in Vorstand und Aufsichtsrat die tatsächliche Eignung der Manager mit effektiven Diagnosemethoden überprüft hätte.

Das Einzige, was hier wohl hilft ist die beständige Berieselung mit Informationen über bessere Auswahlmethoden. Irgendwann einmal haben diese Informationen bei einzelnen Entscheidungsträgern eine kritische Masse erreicht und erzeugen ebenfalls einen gewissen Vertrautheitseffekt. Ist dieses Stadium erst mal erreicht, ist der Schritt dazu, es selbst einmal praktisch auszuprobieren auch nicht mehr so groß. Hier liegt die Hoffnung für gut qualifizierte Mitarbeiter in der Beeinflussung ihrer weniger kompetenten Führungskräfte – steter Tropfen höhlt den Stein. Dies ist überaus mühsam, aber immer noch besser, als jahrelang auf die Ablösung des Vorgesetzten zu warten.

Selbst wenn die Entscheidungsträger einmal etwas Neues ausprobieren, steht ihnen der *Confirmation Bias* im Weg. Wenn sich bei Entscheidungsträgern erst einmal die Überzeugung breitgemacht hat, dass eine bestimmte Alternative die Richtige sei, ist es sehr schwer, sie davon abzubringen.

In ihrer Wahrnehmung und Urteilsbildung nutzen sie alle Interpretationsspielräume, um ihre bestehenden Überzeugungen aufrecht erhalten zu können und gleichzeitig abweichende Überzeugungen abzuwehren. Man möchte schlichtweg nicht eines Besseren belehrt werden. So könnte ein Personalchef, der mit Forschungsergebnissen zur Prognosegüte von Personalauswahlmethoden konfrontiert wird, diese ganz leicht herunterspielen, indem er sich selbst einredet, Forschung hätte grundsätzlich nichts mit der Praxis zu tun. Trifft er eine Fehlentscheidung – beispielsweise, weil er Thomas Middelhoff oder Jürgen Schrempp zu seinem Nachfolger aufbaut –, liegt die Fehlentscheidung in seinen Augen nicht an den grundsätzlich untauglichen Auswahlmethoden, sondern daran, dass die Umstände ungünstig waren. Soweit irgend möglich wird die Leistung des Protegés bei jeder weiteren Karrierestufe systematisch überschätzt, weil sich am Ende etwas nicht als falsch erweisen darf, an das man seit vielen Jahren fest glaubt. Kritik von außen wird als üble Nachrede diskreditiert. Die eine oder andere Million, die durch den Zögling in den Sand gesetzt wurde, wird als Ausnahme von der Regel klein geredet. Das kann schließlich jedem mal passieren. Der Confirmation Bias wirkt wie ein Panzer, den rationale Argumente und Fakten nur sehr schwer durchdringen können. Je höher die Machtposition des Managers ist, desto leichter ist es für ihn, falsche Überzeugungen zu einer dauerhaften Grundlage seiner Entscheidungen zu machen.

Als besonders übel erweist sich ein Entscheidungsfehler, der unmittelbar im wirtschaftlichen Kontext gefunden wurde, der *Sunk-Cost-Effekt*. Hierbei geht es um Folgeentscheidungen, die getroffen werden, nachdem sich eine Entscheidung als falsch oder zumindest doch ungünstig erwiesen hat. Statt nun einfach das Steuer herumzureißen und überschaubare Verluste in Kauf zu nehmen, setzten die Verantwortlichen nun erst recht alles auf eine Karte. Wenn in ein Projekt bereits 1 Mio. € investiert wurde und man das Geld zu verlieren droht, investiert man noch mal eine Million oder gleich zwei und erhöht damit die Wahrscheinlichkeit noch größerer Verluste. Die Entscheidungsträger wissen nicht, wann es an der Zeit ist, die Reißleine zu ziehen, fast schon vergleichbar zu einem spielsüchtigen Roulettespieler, der am Ende noch einen Kredit aufnimmt, um in einem letzten grandiosen Spiel alle Verluste mit einem Schlag in einen prächtigen Gewinn zu verwandeln. Ein gutes Beispiel für diesen Entscheidungsfehler liefert der Untergang der Praktiker-Baumärkte. Die Baumarktkette ist den meisten Menschen wahrscheinlich von ihren besonderen Rabattaktionen im Gedächtnis. In mehr oder minder regelmäßigen Abständen haben sie ihren Kunden für einige Aktionstage große Preisnachlässe auf das gesamte

Sortiment gewährt. Die Aktionstage waren keineswegs selten, sie fanden mehrfach pro Jahr statt. In der Konsequenz haben die Kunden größere Anschaffungen, wie etwa einen Rasenmäher oder eine Bohrmaschine, einfach einige Woche hinausgezögert oder aber vorgezogen, sodass sie möglichst immer in Zeiten der Rabattaktion zuschlagen konnten. In der Zwischenzeit sank der Umsatz weit unter das Maß, das notwendig gewesen wäre, um die verlorenen Gelder der Rabattaktionen wieder einspielen zu können. Nach einigen Jahren stand das Unternehmen vor dem Konkurs und verschwand vom Markt. Eigentlich hätte man schon nach wenigen Monaten merken müssen, dass die Rechnung nicht aufgeht. Offenbar sind die verantwortlichen Manager dennoch beharrlich auf den Abgrund zugefahren und haben vielleicht sogar das Tempo noch erhöht.

Ein und dieselbe Information wird bisweilen sehr unterschiedlich bewertet, je nachdem, in welchem Rahmen sie eingebettet wird. Dieser Effekt wird als *Framing* bezeichnet. Er führt dazu, dass in Abhängigkeit vom gewählten Rahmen eine bestimmte Entscheidung eher gewählt oder nicht gewählt wird. Durch die Wahl eines bestimmten Rahmens können beispielsweise Geschäftspartner einen Manager dazu bewegen, bestimmte Entscheidungen, die ihnen genehm sind, eher zu treffen. Dabei wird keineswegs zwangsläufig gelogen, die Argumente und Zahlen werden vielmehr so gewählt, dass sie bestimmte Entscheidungen nahelegen. So könnte beispielsweise eine Beratungsfirma, die einem Personalchef eine wirkungslose Personalentwicklungsmethode aufschwatzen möchte, darauf verweisen, dass nichts zu tun einen Rückschritt bedeutet. Man könnte weiterhin betonen, dass andere Kunden besonders gern die Methode X einsetzen und ein kostenloses Ausprobieren der Methode keinen Schaden anrichten kann. Alle Argumente sind richtig. Keines von ihnen spricht bei kritischer Betrachtung jedoch explizit für den Einsatz der Methoden. Es geht ja nicht darum, Methoden einzukaufen, die keinen Schaden anrichten, sondern Methoden zu finden, die nachhaltigen Nutzen entfalten. Im Experiment untersucht man den Framing-Effekt beispielsweise, indem man Probanden bittet, zwischen zwei Alternativen eine Entscheidung zu treffen, und zwar diejenige, die ihnen ethisch vertretbarer erscheint. Zur Auswahl stehen die beiden folgenden Szenarien. In Fall 1 entscheidet sich ein Unternehmen dazu, die Löhne der Mitarbeiter um 7 % zu senken. Die Inflationsrate beträgt zurzeit 0 %. In Fall 2 werden die Löhne um 5 % angehoben. Die Inflationsrate beträgt diesmal 12 %. Die meisten Probanden erleben die zweite Entscheidung als ethisch höherwertiger, obwohl die Konsequenzen in beiden Fällen für die Mitarbeiter identisch sind, denn in beiden Fällen sinkt die Kaufkraft der Mitarbeiter um 7 % (vgl. Abb. 5.2). Den Mitarbeitern

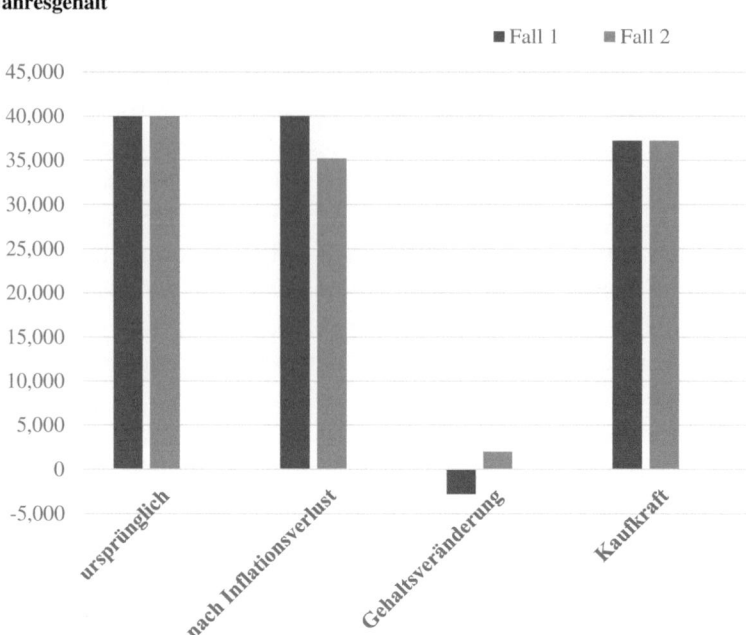

Abb. 5.2 Beispiel für einen Framing-Effekt

etwas zu geben wirkt nun einmal menschfreundlicher, als ihnen etwas zu nehmen. Im Grunde könnte man die Sache noch weiter auf die Spitze treiben und in einem dritten Fall die Löhne um 7 % anheben, bei einer Inflationsrate von 15 %. Wahrscheinlich wäre diese Alternative für die meisten Entscheidungsträger besonders attraktiv, obwohl sie für die Mitarbeiter unter dem Strich die schlechteste Alternative wäre.

Rational agierende Manager müssten den Framing-Effekt als solchen erkennen und sich aktiv dagegen zur Wehr setzen, indem sie die jeweiligen Entscheidungsoptionen auf ihre wahren Effekte herunterbrechen. So könnten sie verhindern, dass der Argumentationsrahmen ihnen eine Entscheidung nahelegt, die tatsächlich nicht die beste der Alternativen darstellt.

Das Phänomen der *Entscheidungsasymmetrie* bezieht sich auf die Wahrnehmung von Gewinnen und Verlusten sowie die damit einhergehenden Entscheidungen. Man könnte denken, dass Entscheidungsträger linear sich entwickelnde Verluste und Gewinne auch linear erleben. Ein Gewinn von 500.000 € würde demnach als doppelt so attraktiv erlebt wie ein Gewinn von 250.000 €. Analog sollte auch ein Verlust von 500.000 € doppelt so schmerzlich sein wie ein Verlust von 250.000 €. Beides ist nachweislich nicht der Fall. Vielmehr werden Verluste und Gewinne in mehrfacher Weise verzerrt erlebt (vgl. Abb. 5.3):

- Veränderungen im Bereich der kleinen Gewinne werden positiver erlebt als gleichgroße Veränderungen im Bereich der großen Gewinnsummen. Wird der Gewinn von 100.000 € auf 150.000 € gesteigert, so erleben die meisten Menschen dies als bedeutsamer als eine gleichgroße Gewinnsteigerung im Bereich zwischen 450.000 und 500.000 €. Der Betrachter hat sich gewissermaßen an bestimmte Gewinngrößen gewöhnt und erlebt zusätzliche 50.000 € als ein weniger erstrebenswertes Ziel.
- Veränderungen im Bereich der Verluste werden ebenfalls verzerrt erlebt. Geringfügige Verluste im unteren Bereich der Verlustzone erleben wir als bedeutsamer, als gleichgroße Verluste in einer höheren Verlustzone. Um 50.000 € in die Verlustzone zu fallen, wird als sehr schlimm erlebt. Beträgt der Verlust hingegen bereits 300.000 €, so schmerzen zusätzlichen 50.000 € Verlust weitaus weniger. Auch hier hat man sich gewissermaßen schon ein wenig daran gewöhnt.
- Der direkte Vergleich zwischen dem Erleben von Gewinnen und Verlusten zeigt zudem eine weitere Verzerrung der Wahrnehmung: Die Gewöhnung an Gewinne geht schneller vonstatten als die Gewöhnung an Verluste. Dies hat zur Folge, dass ein Verlust von vielleicht 50.000 € noch

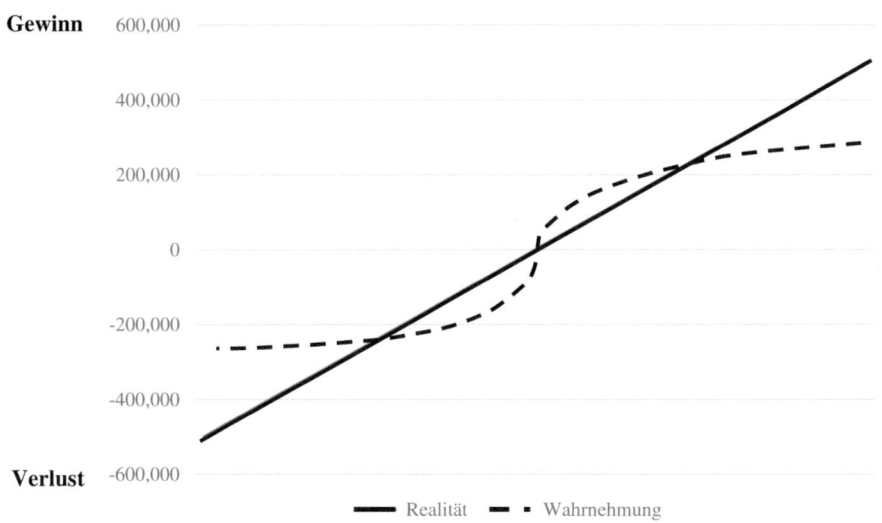

Abb. 5.3 Realität und subjektives Erleben von Gewinnen und Verlusten (schematische Darstellung)

in etwa gleich negativ erlebt wird, wie ein Gewinn von 50.000 € positive Reaktionen hervorruft. Bei einem Verlust von 300.000 € ist der Schmerz aber weitaus größer als die Freude bei einem Gewinn von 300.000 €.

All dies hat weitreichende Konsequenzen für das Entscheidungsverhalten der Entscheidungsträger:

- Die Betroffenen neigen dazu, sich bereits mit vergleichsweise kleinen Gewinnen zufriedenzugeben und sich weniger anzustrengen, um mehr zu erreichen. Ein in Aussicht stehender, zusätzlicher Gewinn von 100.000 € ist subjektiv kaum noch der Mühe wert, wenn man schon eine Million Gewinn verzeichnen kann, obwohl der absolute Wert von 100.000 € in beiden Fällen derselbe bleibt. Auf diesem Niveau des Gewinns müsste der in Aussicht stehende Gewinn vielleicht schon 250.000 € oder mehr betragen, um entsprechende Aktivitäten hervorzulocken. Es gilt nicht mehr das Prinzip „Kleinvieh macht auch Mist".
- Schon kleine Verluste werden als besonders schlimm erlebt und so gemieden, wie der Teufel das Weihwasser meidet. In der Folge ist man weniger risikofreudig bzw. lässt lieber eine Chance verstreichen, als einmal daneben zu greifen. So würde man beispielsweise zu früh aus einem Investment aussteigen, wenn sich kurzfristig überschaubare Verluste ergeben.
- Ist das Kind jedoch bereits in den Brunnen gefallen und mussten große Verluste hingenommen werden, verändert sich das Risikoverhalten. Jetzt regiert nicht mehr die übertriebene Vorsicht. Ganz im Gegenteil, jetzt werden die Entscheidungsträger unvorsichtiger und gehen größere Risiken ein, die sie ggf. nicht mehr gut kalkulieren können. Dieses Verhalten ist in hohem Maße problematisch. Während ein gut laufendes Unternehmen kleinere Verluste ohne Weiteres wegstecken kann, kann betont risikofreudiges Verhalten einem Unternehmen, das bereits tief in den roten Zahlen steckt, endgültig den Garaus machen.

Nicht selten lassen Gewinne, vor allem größere Gewinne, auf sich warten. Die Verantwortlichen müssen einen langen Atem beweisen und können die Ernte ihrer Mühen erst viele Jahre später einfahren. Dies fällt vielen Menschen durchaus schwer. In ihrer Wahrnehmung sind kurzfristige Gewinne mehr wert als langfristige. Dies gilt selbst dann, wenn die kurzfristigen Gewinne geringer ausfallen als die langfristigen. Es ist gewissermaßen der sprichwörtliche Spatz in der Hand, den man dem Vorzug vor der Taube auf dem Dach gibt. Viele Menschen haben ein Problem mit dem *Belohnungsaufschub*. Dies zeigt sich schon im Kindesalter. Vor die Wahl gestellt, jetzt eine Tafel Schokolade zu bekommen oder in vielleicht drei Tagen zwei Tafeln, entscheiden sich die meisten für die erste Option.

Im Wirtschaftsleben ist die Fixierung auf kurzfristige Gewinne noch ein sehr viel größeres Problem. Sie steht dem Ziel, ein Unternehmen langfristig gesund aufzustellen, im Weg. Langfristige Investitionen werden zugunsten kurzfristiger Lösungen beiseite geschoben. Das Problem wird noch verstärkt, wenn die Verantwortlichen durch hohe Bonuszahlungen insbesondere von kurzfristigen Gewinnen erheblich profitieren. Ein schönes Beispiel hierfür liefert der Fall des Vorstandsvorsitzenden von Chrysler, der sich für sein frühzeitiges Ausscheiden aus der Konzernleitung von DaimlerChrysler eine beachtliche Abfindung von 22 Mio. € sicherte. Schon vor der Fusion war abgesprochen worden, dass er nach zwei Jahren ausscheiden wird und Jürgen Schrempp dann freie Bahn bekommt. Für ihn bestand der kurzfristige Gewinn also allein darin, dass die Fusion zustande kam. Ob sie auch dauerhaft für Mitarbeiter und Aktionäre Erfolg versprechen würde, war dabei völlig nebensächlich.

Im Grunde genommen agiert ein Manager mit Defiziten im Bereich des Belohnungsaufschubs wie ein Feuerwehrchef, der im Sommer von einem Waldbrand zum nächsten rennt und versucht, sein Bestes zu geben. Kurzfristig ist er mit dieser Strategie erfolgreich. Insgesamt betrachtet bindet er aber in großem Maße personelle und finanzielle Ressourcen, die sich anderweitig effizienter nutzen ließen. Sicherlich wäre es sehr viel sinnvoller gewesen, in der Vergangenheit präventive Maßnahmen zu ergreifen, damit in den nachfolgenden Jahren die Waldbrandgefahr generell reduziert wird.

Manch einer fühlt sich hier vielleicht an die gegenwärtige Entwicklung der Automobilwirtschaft erinnert. Bisweilen besteht der Eindruck, als würden sich die meisten Automobilfirmen erst seit sehr kurzer Zeit mit der Entwicklung alternativer Antriebe beschäftigen. In den vergangenen zehn Jahren ließ sich halt an anderer Stelle kurzfristig sehr viel mehr Geld verdienen – und sei es durch illegale Manipulationen bei der Abgasmessung. Die Zukunft wird zeigen, wie riskant die Orientierung am schnellen Geld letztlich gewesen ist. Es steht zu befürchten, dass nicht alle Unternehmen – und schon gar nicht ihre Zulieferfirmen – die jetzt notwendigen großen Investitionen leisten und die technologischen Herausforderungen erfolgreich bewältigen können.

Nun könnte man denken, dass die Entscheidungsträger früher oder später die eigenen Fehlentscheidungen als solche erkennen und dann aus ihren eigenen Fehlern lernen müssten. Prinzipiell ist dies auch sehr gut möglich. Allerdings existieren leider mehrere psychologische Phänomene, die dem entgegenstehen.

Eines dieser Phänomene ist der *Rückschaufehler*. Es besagt, dass wir im Nachhinein unsere eigenen Entscheidungen verzerrt erinnern, und zwar so, dass wir glauben, weitgehend richtig entschieden zu haben. Im klassischen Experiment bittet man z. B. mehrere Wochen vor einer Bundestagswahl eine große Gruppe von Menschen, die Ergebnisse verschiedener Parteien zu prognostizieren. Nach der Bundestagswahl sollen sie sich daran und an ihre damaligen Schätzungen wieder erinnern. Dabei zeigt sich, dass die Probanden ihre Prognosen an die tatsächlichen Wahlergebnisse angleichen. In ihrer Erinnerung sind ihre Prognosen besser, als sie de facto waren. In einem anderen Experiment wird den Probanden über einen unbekannten Krieg aus dem 18. Jahrhundert berichtet. Je nachdem, in welche von vier Untersuchungsgruppen ein Proband per Zufall hineingelost wurde, erhält er unterschiedliche Informationen darüber, wie der Krieg ausgegangen sei. Drei dieser vier Geschichten sind komplett erfunden. Das wissen die Untersuchungsteilnehmer natürlich nicht. Zum Schluss sollen sie angeben, inwieweit sie schon vor der Teilnahme an dem Experiment vom Ausgang des Krieges wussten. Die meisten geben an, schon vorher entsprechend informiert gewesen zu sein, und zwar auch dann, wenn sie komplett falsche Informationen bekommen haben. Was bedeutet dies? Der Rückschaufehler verdeutlicht, dass wir einen Teil unserer Fehler als solche gar nicht wahrnehmen, und glauben, gar keine Fehler begangen zu haben, oder wir spielen die Fehler so weit wie möglich herunter. In der Folge besteht dann auch kaum eine Notwendigkeit, sich zu verändern. Wo es keine Fehler gibt, kann man aus ihnen auch nichts lernen. Sofern man überhaupt nach Ursachen für offenkundige Fehler sucht, werden diese von den Entscheidungsträgern nicht in der eigentlichen Entscheidung gesehen, sondern z. B. in dem, was sich nachher ereignete. Wahrscheinlich werden diejenigen, die sich für den Flughafenstandort Schönefeld-Süd entschieden haben, auch heute noch glauben, dass ihre Entscheidung damals richtig war. Warum? Ganz einfach, weil damals vieles nicht vorhersehbar war, was sich in den folgenden Jahren als Probleme aufhäufte. Beim nächsten Mal würde man also wieder genauso vorgehen. Lässt sich der eigene Fehler nicht vollkommen leugnen, bleibt immer noch die Chance das Ausmaß des Fehlers herunterzuspielen: Sicherlich hat man nicht alles damals bedacht und das ist auch traurig, aber zu 90 % lag man schon richtig. Das Leben ist halt nicht komplett vorhersehbar. Dass sie in Wirklichkeit vielleicht nur zu 30 % richtig lagen, wird nicht gesehen. Würde die betreffende Person erkennen, dass sie zu 70 % daneben lag, wäre sie bei ähnlichen Entscheidungen in der Zukunft vielleicht vorsichtiger. Bei einer Fehlerquote von lediglich 10 % ist der subjektive Druck, etwas zu lernen, fast schon nicht mehr spürbar.

Im Worst-Case-Szenario haben wir es mit einem Manager zu tun, der ständig klassischen Denk- und Entscheidungsfehlern unterliegt. Er durchforstet den Problemraum seiner Entscheidungsaufgabe oberflächlich, ist sich nicht einmal der Größe des Problemraums bewusst. Er kann exponentielle Entwicklungsverläufe als solche nicht erkennen oder halbwegs zutreffend vorhersehen. Stattdessen geht er, ohne viel nachzudenken, immer von linearen Entwicklungen aus. Auch die Einschätzung von Wahrscheinlichkeiten bereitet ihm Probleme. Er schätzt Wahrscheinlichkeiten aus dem Bauch heraus und liegt dabei viel zu oft neben der Wirklichkeit. Seine Bezugssysteme verleiten ihn dazu, die Tragweite seiner Entscheidungen regelmäßig zu unterschätzen. Daher geht er unnötige Risiken ein, die schwer zu kalkulieren sind, und erhöht dadurch die Wahrscheinlichkeit eines Scheiterns. Unter dem Strich fühlt er sich aber recht wohl dabei, weil er von alledem so gut wie gar nichts mitbekommt – so schön kann das Leben sein.

6

Wie täuschen Manager sich und andere?

Manager, die offensichtlich Fehler begehen, werden früher oder später infrage gestellt, von eigenen Mitarbeitern, Kollegen, Vorgesetzten und bisweilen auch von der eigenen Person. Sollte man einen unfähigen Vorgesetzten decken und ihm vielleicht damit sogar die Möglichkeit eröffnen, noch weiter aufzusteigen? Kann man einem Kollegen vertrauen, der immer wieder Fehlentscheidungen trifft? War es richtig, die betreffende Person in eine so einflussreiche Position zu hieven? Wäre man selbst nicht viel glücklicher geworden, wenn man nicht so weit aufgestiegen wäre? All dies ist Sand im Getriebe einer erfolgreichen Karriere. Wer ihn beseitigen will, muss gleichermaßen Selbstzweifel und die Zweifel der anderen an der eigenen Person bekämpfen. Wie gut, dass einem jeden von uns zahlreichen Strategien zur Verfügung stehen, um sich selbst und andere erfolgreich zu täuschen.

Man muss kein Narzisst sein, um ein positiv verzerrtes Selbstbild zu besitzen. Die Forschung zeigt vielmehr, dass die meisten Menschen sich durch die rosarote Brille betrachten. Menschen überschätzen beispielsweise in systematischer Weise ihre eigene Leistung ("better than average effect"). Bitten wir beispielsweise im Rahmen einer Mitarbeiterbefragung die Teilnehmer darum, ihre eigene berufliche Leistung auf einer Skala von −3 (= deutlich schlechter als die Kollegen) über 0 (= durchschnittlich) bis + 3 (= deutlich besser als die Kollegen) einschätzen, so ergibt sich regelmäßig das folgende Ergebnis: Niemand erlebt sich selbst als unterdurchschnittlich. Fast niemand gibt an, durchschnittliche Leistung zu erbringen. Nahezu alle nehmen ihre eigene Leistung als mehr oder minder überdurchschnittlich wahr. Bei einer völlig objektiven Einschätzung der eigenen Leistung müsste natürlich ein ganz anderes Ergebnis herauskommen. In großen Mitarbeitergruppen wäre zu erwarten, dass sich die reale Leistung in etwa nach der Gauß'schen Glockenkurve verteilt. Demnach würden die meisten Menschen eine durchschnittliche Leistung erbringen. Zu etwa gleichen Anteilen würde es Mitarbeiter geben, die unterdurchschnittliche bzw. überdurchschnittliche Leistung zeigen. Dies ist wenig schmeichelhaft für viele Beschäftigte, liegt aber in der Natur der Sache, weil sich der Durchschnitt nun einmal am mittleren Leistungsniveau der Gruppe orientiert. Würden sich alle in gleichem Maße mehr anstrengen, so würde die Häufigkeitsverteilung insgesamt weiter nach oben rücken. Die unterdurchschnittlichen Leistungsträger würden nun zwar absolut betrachtet mehr Leistung zeigen, aber nach wie vor, als unterdurchschnittlich bezeichnet werden, da ja alle anderen auch besser geworden sind.

Ein positiv verzerrtes Selbstbild fällt nicht einfach vom Himmel. Wir tun aktiv etwas dafür, ein besonders positives Bild von der eigenen Person aufbauen und aufrechterhalten zu können. Dieser Prozess wird auch als *Selbstwertmanagement* bezeichnet.

Eine der zahlreichen Strategien des Selbstwertmanagements kennen die meisten Menschen aus ihrem eigenen Leben. Es geht um die Frage, wie wir selbst uns eigene Erfolge und Misserfolge erklären. Der sog. "self serving bias" besagt, dass wir generell dazu neigen, die Verantwortung für ein bestimmtes Ereignis immer so wahrzunehmen, dass wir selbst am Ende in einem guten Licht dastehen. Das Phänomen kennen viele bereits aus ihrer Schulzeit oder dem Studium. Wenn wir in einer Klausur gut abgeschnitten haben, war dies subjektiv betrachtet meist eine gute und anspruchsvolle Klausur, in der unser wahres Können professionell erfasst wurde. Fiel das eigene Ergebnis der Klausur hingegen eher schlecht aus, so haben wir die Ursachen hierfür beispielsweise in dem überzogenen Schwierigkeitsgrad der Klausurfragen oder einem unfairen Korrekturverhalten des Dozenten gesehen. Bei komplexen Entscheidungen, die Manager zu treffen haben, ist eine solchermaßen selbstwertdienlich verzerrte Wahrnehmung der Realität besonders leicht, da es viele Unbekannte in der Gleichung gibt, auf die sich die Schuld abwälzen lassen. Die Sanierung von Karstadt in der Ära Middelhoff ist demnach nicht etwa an den Fehlentscheidungen der Vorstandsvorsitzenden gescheitert, sondern an vielen anderen Gründen, die er selbst nicht zu verantworten hat: Geschäftspartner haben sich nicht an Zusagen gehalten, die Verkäuferinnen arbeiten nicht professionell genug, das mittlere Management unterminiert die Entscheidungen der Unternehmensspitze, man ist unprofessionell beraten worden, die gesetzlichen Vorschriften verhindern eine harte Sanierung des Unternehmen, die Konjunktur hat nicht mitgezogen u. v. m. – ändern muss sich in der Wahrnehmung des Managers nicht etwa das eigene Entscheidungsverhalten, sondern die Welt um ihn herum.

Das gleiche Phänomen lässt sich auf die Arbeit in Gruppen übertragen ("group serving bias"). Fällt die Leistung eines Teams positiv aus, so sieht sich fast jedes Mitglied als Quelle dieser Leistung. Die Gruppe war so gut, weil ich dabei gewesen bin oder vielleicht sogar die Gruppe geleitet habe. Ohne mich hätte man das gesetzte Ziel niemals erreicht. Ist das Ergebnis der Teamarbeit hingegen ein Desaster, so glauben wir, noch Schlimmeres verhindert zu haben. Die Gruppe erbringt eine geringe Leistung, obwohl wir sie unterstützt haben. Auch der potenteste Leistungsträger kann nun einmal nicht die Inkompetenzen von fünf Flachpfeifen kompensieren. Hätten wir die Möglichkeit, die Vorstandsmitglieder der Flughafengesellschaft oder der DaimlerChrysler AG einzeln zu befragen, würden wir wahrscheinlich ganz ähnliche Interpretationen hören. Wahrscheinlich könnten die Befragten sogar einzelne Kollegen benennen, die eine gravierende Fehlentscheidung forciert haben. Man selbst hat sich dann irgendwann der Mehrheit unterworfen, um die gemeinsame Arbeitsgrundlage nicht zu zerstören. Die Protagonisten der Fehlentscheidung würden hingegen für sich in Anspruch nehmen, dass sie durch ihr außergewöhnliches Engagement eine noch viel schlechtere Entscheidung verhindern konnten. So trägt am Ende niemand mehr eine Verantwortung und kann reinen Gewissens weiterhin Schaden anrichten.

Es fällt schwer, sich die eigenen Unzulänglichkeiten halbwegs objektiv einzugestehen. Sollten die eigenen Defizite jedoch so offen auftreten, dass sie nicht mehr geleugnet werden können, so muss man sich einer anderen Strategie bedienen. In diesem Fall überschätzen wir das Auftreten der Fehler in der Gruppe vergleichbarer Entscheidungsträger ("false consensus effect"). Man überschätzt also die Menge der Menschen, die ein unerwünschtes Verhalten zeigen, sofern man selbst auch zu diesem Verhalten neigt. Wer z. B. regelmäßig im Straßenverkehr die erlaubte Geschwindigkeit überschreitet, glaubt, dass sich fast alle Verkehrsteilnehmer so verhalten. Das eigene Fehlverhalten wird dadurch relativiert und somit vielleicht sogar zu einem legitimen Vorgehen uminterpretiert. Das Problem liegt dann z. B. in den Gesetzen, die das natürliche Handeln des Menschen kriminalisieren und nicht bei denjenigen, die sie übertreten. Ein schönes Beispiel hierfür liefert ein Bankmanager, der in einem Medieninterview einräumt, dass etwa 50 % seiner Entscheidungen, als Vorstandsmitglied im Nachhinein betrachtet Fehlentscheidungen waren. Noch im selben Satz relativiert er die kritische

Selbsteinschätzung: Dies sei für seine Position ein durchaus guter Wert. Wer so denkt, muss nicht an sich arbeiten.

Spiegelbildlich lässt sich der eigene Selbstwert hervorragend stärken, indem wir das Auftreten besonders guter Leistungen als geradezu einzigartig wahrnehmen ("false uniqueness effect"). So unterschätzen beispielsweise Menschen, die selbst Blutspender sind, die Anzahl derjenigen, die ebenfalls Blut spenden. Hierdurch hebt man sich noch positiver aus der Masse hervor und kann besonders stolz auf das eigene Verhalten sein. Sicherlich findet auch jeder gescheiterte Manager in seiner Berufsbiografie Beispiele für gute Entscheidungen. Durch eine geschickte Anwendung der Selbsttäuschung lässt sich daraus für das eigene Selbstwertgefühl Kapital schlagen.

Die Bewertung der eigenen Leistung hat auch sehr oft etwas mit sozialen Vergleichen zu tun. Um zu verstehen, wie gut unsere Leistung in der Schule oder im beruflichen Kontext ist, ziehen wir die Leistung von Mitschülern, Kollegen oder anderen Menschen als Vergleichsmaßstab heran. Wer sich selbst das Leben schwer machen will, sollte dabei ganz weit nach oben greifen. Es gibt immer Menschen, die in einem bestimmten Leistungsbereich so viel besser sind als man selbst, dass der soziale Vergleich uns frustriert zurücklassen würde. Wer kann schon so fließend rational schlussfolgernd denken, wie ein hochbegabter Kommilitone? Wer hat so kreative Ideen wie die Entwickler bei Apple in den 1990er- und 2000er-Jahren? Aus Sicht des Selbstwertmanagements kommt es darauf an, diejenigen, mit denen wir uns vergleichen, geschickt auszuwählen. Hier bietet sich der Vergleich mit Menschen an, die weniger befähigt oder erfolgreich sind als wir selbst ("downward comparison"). In einem großen Unternehmen wird sich bestimmt für jeden Manager auch noch ein Vergleichsmanager finden lassen, der unfähiger ist als man selbst – das beruhigt. Der Kollege muss nicht mal wirklich unfähiger sein. Es genügt, wenn wir die Illusion aufrechterhalten können, dass es im eigenen Unternehmen Menschen gibt, die noch größere Fehler zu verantworten haben. Notfalls zieht man als Vergleich gescheiterte Persönlichkeiten aus anderen Branchen heran. Wer kann schon von sich sagen, dass er so viel Geld vernichtet und so viele Menschen ins Unglück gestürzt hat wie Richard Fuld? Im Vergleich zu ihn schneidet so ziemlich jeder irgendwie positiv ab.

Kann man die Vergleichsperson nicht frei wählen, weil sich bestimmte Vergleichspersonen geradezu aufdrängen – z. B. Kollegen, mit denen wir im Wettbewerb um die nächsthöhere Position stehen – so muss man an der *Vergleichsdimension* schrauben. Fällt der Umsatz der Kollegen höher aus, so spielen wir die Bedeutung des Umsatzes herunter und reden uns ein, dass es sehr viel wichtiger sei, eine gute Beziehung zu den eigenen Mitarbeitern aufzubauen. Diese Vergleichsdimension wird selbstverständlich nur dann gewählt, wenn man sich sehr überzeugend einreden kann, dass die Kollegen ein viel schlechteres Verhältnis zu ihren Mitarbeitern hätten.

In diesem konkreten Fall könnte man nun leicht einwenden, der Umsatz sei doch für jedes Unternehmen objektiv wichtig. Dies ist richtig, also bedarf es noch eines weiteren Kniffs. Statt nur die Vergleichsdimension zu wechseln, ändert man kurzerhand auch gleich noch den *zeitlichen Fokus* und schaut dabei weit in die Zukunft. Sicherlich erwirtschaftet der Kollege heute einen höheren Umsatz und hat damit die Nase vorn. Bei einer ganzheitlichen Betrachtungsweise wird sich dieser Eindruck aber schnell ändern. Weil ich mehr Zeit und Mühe in die Entwicklung der Beziehung zu den Mitarbeitern investiere, werden diese mittelfristig mehr Leistung zeigen und dann ziehe ich locker an dem Kollegen vorbei. Wer die Welt so interpretiert, hat zumindest ein oder zwei Jahre Ruhe, bis er zu einer neuen Strategie des Selbstbetrugs greifen muss.

Wer ganz bescheiden ist, bleibt bei der eigenen Person und vermeidet Vergleiche mit anderen, die selbstwertbedrohlich sein könnten. Er nimmt stattdessen einen *ipsativen Vergleich* vor, betrachtet sich selbst also über die Zeit hinweg. Natürlich ist das Ganze nur dann selbstwertdienlich, wenn man positive Entwicklungen verzeichnen kann, bzw. sich einredet. Vor fünf Jahren betrug das Defizit der eigenen Abteilung noch 300.000 EUR, heute sind es nur noch 200.000 EUR. Man wähnt sich also auf der Erfolgsspur. Das soll einem erst mal jemand nachmachen.

Zu den wahrscheinlich wirksamsten Strategien des Selbstwertmanagements gehören die, bei denen man sich selbst vor *negativen Erfahrungen* schützt. Wer noch eine halbwegs realistische Selbsteinschätzung besitzt, meidet daher Leistungssituationen, in denen er scheitern wird. Dies lässt sich im Wirtschaftsleben oft aber nur indirekt realisieren. Wenn möglich schickt man z. B. die eigenen Mitarbeiter an die Front und hält sich selbst im Hintergrund. Haben die Mitarbeiter bei der Präsentation vor der Geschäftsführung versagt, fällt das zwar immer noch ein wenig auf die Führungskraft zurück, es wäre aber sehr viel schlimmer gewesen, wenn man selbst eine schlechte Figur abgegeben hätte.

Noch weitreichender ist die Strategie der *Mobilität*. Hierbei kommt es darauf an, frühzeitig einen Arbeitsbereich zu verlassen, und zwar bevor die eigene Unzulänglichkeit allzu offensichtlich wird. Wenn alles gut geht, wird man im eigenen Unternehmen schnell wegbefördert. Notfalls muss man selbst das Weite suchen und den Arbeitgeber wechseln. Vielleicht wechselt man auch gleich noch die Branche. Wer in der Politik zu scheitern droht, wechselt auf einen Aufsichtsratsposten in der Wirtschaft oder notfalls in die

Leitung einer gemeinnützigen Stiftung. Wer als Abteilungsleiter in einem Großkonzern nicht so recht erfolgreich sein will, kann es immer noch in der Geschäftsführung eines mittelständischen Unternehmens versuchen. Wichtig ist, dass das Ganze nicht wie ein Bruch in der Biografie aussieht, sondern als Aufstieg verkauft werden kann.

Ist eine Flucht nicht möglich, bleibt immer noch der Selbst-Betrug des "self-handicapping". Beim "self-handicapping" bringt sich die betroffene Person absichtlich in die Situation des Scheiterns, hat vorher aber dafür gesorgt, dass sie die Verantwortung für das Scheitern anderen in die Schuhe schieben kann. Denken wir zurück an das Studium. Stellen wir uns vor, wir stehen vor einer wichtigen Klausur, bei der wir mit hoher Wahrscheinlichkeit keine gute Leistung abliefern werden. Im Zuge des "self-handicapping" würden wir nun alles daransetzen, möglichst wenig Zeit in die Vorbereitung zu investieren. Wir besuchen die Oma, im Altenheim, die schon seit drei Monaten auf einen Besuch wartet, Putzen endlich mal wieder die WG-Fenster und verabreden uns mit Freunden, die wir schon lange nicht mehr gesehen haben. All diese Tätigkeiten hätten wir natürlich noch zwei Wochen nach hinten schieben können. Vor der Klausur sind sie für das Selbstwertmanagement jedoch weitaus nützlicher, denn wenn wir jetzt schlecht in der Klausur abschneiden, sagt das Ergebnis wenig über unsere Leistungsfähigkeit aus. Schließlich hatten wir ja gar nicht genügend Zeit, um unsere wahren Kompetenzen zur Entfaltung zu bringen. Das tatsächlich (geringe) Leistungsniveau bleibt im Verborgenen und genau dort soll es auch bleiben.

Im Experiment mit Schülern bittet man beispielsweise Schüler mit unterschiedlichem Leistungsniveau, sich den Schwierigkeitsgrad einer Klausur selbst auszusuchen. Die Schüler mit dem geringsten Leistungsniveau entscheiden sich nicht etwa für die besonders einfachen Klausurfragen, sondern für die besonders schweren. Warum wohl? Sie wissen im Vorhinein, dass sie an den schweren Fragen scheitern werden und sie wissen ebenso, dass ihnen daraus niemand einen Strick drehen wird. Die Aufgaben sind ja viel zu schwer. Wer hieran scheitert, muss sich nicht schämen. Niemand würde eine solch hohe Leistung von ihnen erwarten. Ihre Bearbeitung der Aufgaben verrät nichts über das wahre Leistungsniveau. Besonders leichte Aufgaben wären hingehen ungleich gefährlicher. Wer hieran scheitert, hat sich selbst entlarvt. Im beruflichen Kontext würde der Manager immer die größten Herausforderungen suchen. Wer daran teilweise scheitert, wirkt nach außen immer noch mutig und voller Tatendrang. Viel schlimmer wäre es, an Aufgaben eines alltäglichen Leistungsniveaus zu scheitern. Fast ist man versucht, Managern, die an der Geschäftsführung eines gut laufenden Betriebs scheitern, zu empfehlen, es einmal als Sanierer zu versuchen. Die Gefahren für den eigenen Selbstwert wären weitaus geringer.

Wer als Manager so oder so ähnlich agiert, ist bezogen auf sein Selbstbild immer fein raus. Er muss sich nicht verändern, sondern kann mit stolz geschwellter Brust den nächsten Heldentaten entgegensehen. Weil er an sich glaubt, tritt er mutig auf und muss jetzt nur noch einige Strategien einsetzen mit denen er auch seine Umwelt – insbesondere die Vorgesetzten – von seiner eigentlich nicht vorhandenen Fähigkeit überzeugt. Auch hierzu bieten sich ihm viele Optionen.

Seit Jahrzehnten beschäftigt sich die Sozialpsychologie mit dem sog. *Impression Management*. Dabei geht es um die Frage, mit welchen Strategien Menschen bei anderen einen bestimmten Eindruck erzeugen, der sie in einem positiv verzerrten Licht dastehen lässt. Manager, die ihre eigenen Vorgesetzten, aber auch Kunden oder Kollegen über ihre eigenen Unzulänglichkeiten hinwegtäuschen wollen, können sich demzufolge aus einem reichhaltigen Repertoire diverser Strategien und Taktiken bedienen.

Wer das Glück hatte, im Laufe seiner bisherigen Biografie mit einer Koryphäe zusammengearbeitet zu haben, wer auf ein prestigeträchtiges Internat zur Schule gegangen ist oder einige Semester an einer Eliteuniversität studiert hat, kann immer wieder auf die Nähe zu besonders begabten oder einflussreichen Personen hinweisen. Vielleicht kennt man aber persönlich einen Schulfreund des Vorstandsvorsitzenden, ist um sieben Ecken mit einem bekannten Politiker verwandt oder hat in der dritten Reihe beim Weltwirtschaftsforum in Davos gesessen. Es geht immer darum, *sich im Glanze eines anderen zu sonnen* und darauf zu hoffen, dass ein wenig von diesem Glanz auf die eigene Person übergeht. Kann jemand, der die Mächtigen kennt oder ein wichtiger Berater in politischen Gremien war, als Manager vollkommen falsch liegen? Sollten einige Semester in Stanford nicht automatisch darauf hindeuten, dass es sich um einen besonders befähigten Manager handelt? Nein – all das stimmt natürlich nicht, aber viele von uns sind geneigt, es zu glauben.

Aus der Forschung ist seit Jahren bekannt, dass attraktive Menschen in systematischer Weise von ihrer Umwelt positiv verzerrt wahrgenommen werden. Wir erleben Menschen, die gut aussehen als intelligenter, fachlich und sozial kompetenter im Vergleich zu Menschen, die weniger attraktiv oder gar unattraktiv sind. Attraktivität ist dabei keineswegs ausschließlich eine Frage der Gene. Hier kann durchaus nachgeholfen werden. Wer dies erkennt, kann versuchen, *sich anderen gegenüber als attraktiv darzustellen*. Schlanke Menschen werden beispielsweise als leistungsfähiger erlebt, als übergewichtige. Warum also nicht einmal im Urlaub das überschüssige

Fett absaugen? Bei weiblichen Gesichtern spielen die Wangenknochen eine wichtige Rolle. Mit ein wenig Schminke lässt sich diese Partie gekonnt akzentuieren. Attraktivitätsattribute sind zu einem Großteil solche, die auch auf Jugendlichkeit und Gesundheit hindeuten. Ein Bleichen der Zähne mag hier also ebenso angesagt sein wie der gelegentliche Gang zum Botox-Dealer, und wenn man nicht gerade aussieht wie Cary Grant, sollte man den grauen Haaren auch schnell den Garaus machen. Es versteht sich von allein, dass Kleidung von exquisiten Schneidern aus London zu stammen scheint, die goldene Uhr am Handgelenk in einer feinen Schweizer Manufaktur das Licht der Welt erblickt hat und die Schuhe in Mailand gefertigt wurden. Wer all dies beherzigt und nicht allzu tölpelhaft schwatzt, erzeugt zumindest schon mal die Erwartung, auch ein befähigter Manager zu sein. Diese Erwartung macht man sich nun indirekt zunutze. Menschen neigen dazu, einmal gefasste Erwartungen aufrechterhalten zu können. Wir wollen, dass ein Manager, der aussieht wie ein erfolgreicher Manager, sich auch als solcher erweist und daher nutzen wir alle Interpretationsspielräume, um uns dieses Trugbild zu bewahren. Mehr noch, einflussreiche Manager können mit derselben Motivation vermeintlichen Nachwuchstalenten den Steigbügel halten und schon bald erfüllt sich die eigene Prophezeiung. Ganz so wie Mark Wössner, dem Vorstandsvorsitzenden von Bertelsmann, der in dem jungen und smart auftretenden Thomas Middelhoff sogleich den Nachwuchs für Spitzenämter gesehen haben mag und diese Vision in den folgenden Jahren tatkräftig Wirklichkeit werden ließ.

Wer schon einige Stufen auf der Karriereleiter erklommen hat, der sollte nach außen signalisieren, dass er zu Recht soweit nach oben gekommen ist. Es geht von nun an darum, stereotype Erwartungen anderer Menschen zu erfüllen. Wie tritt ein erfolgreicher Manager der entsprechenden Ebene in der Branche auf? Klassischerweise geht es darum, *den eigenen Status zu betonen.* Lassen sie unwichtige Leute warten? Gehen sie nicht selbst ans Telefon? Ein entsprechender Dienstwagen und eine edle Büroausstattung verstehen sich von allein. Vielleicht ist es von Vorteil, sich mit Kunst zu umgeben? Keine Sorge – hierfür gibt es Berater, die weiterhelfen. Vielleicht arbeitet unser Blender aber auch in einem Unternehmen, das sich den Anschein von Modernität geben will. Jetzt besteht das Stereotyp des wirklich erfolgreichen Managers darin, dass er sich volksnah gibt. Nur die kleinen verbissenen Manager der mittleren Ebene haben dies noch nicht verstanden und stecken gerade deshalb in der Sackgasse. Der moderne Spitzenmanager schenkt auch den einfachen Arbeitern ein Lächeln. Er betont, wie wichtig jeder Einzelne am Band ist und dass man selbst als Student schon mal am Band gearbeitet hat und daher weiß, was die Jungs jeden Tag aufs Neue leisten. Wenn die Marketingleute dazu raten, lässt man einfach auch mal die Krawatte weg, das wirkt so herrlich bodenständig, insbesondere wenn der Anzug 5000 € gekostet hat. Im Kern der Strategie geht es also immer darum, Klischees zu erfüllen. Wer solche Rollenbilder erfüllt und ggf. auch die sich wandelnden Rollenbilder bedient, der fällt nicht auf und wird als Person nicht so leicht hinterfragt. Er sieht nicht nur aus wie ein erfolgreicher Manager, er tritt auch so auf, folgerichtig muss er ein erfolgreicher Manager sein – so der Trugschluss der Gegenseite. Von Jürgen Schneider lernen, heißt siegen lernen.

Auf Präsentationen vor der Geschäftsführung hat sich der Blender perfekt vorbereitet, denn hier geht es darum, *als Experte aufzutreten*, und zwar nicht als Experte für Selbstdarstellung, sondern als Experte für die Dinge, für die er eigentlich bezahlt wird. Hierzu muss er sich von seinen Mitarbeitern entsprechend präparieren lassen. Dabei erweist es sich als vorteilhaft, wenn man es sich nicht mit allen Mitarbeitern verdorben hat bzw. manche selbst noch etwas werden wollen und daher auf die Fürsprache ihres Vorgesetzten angewiesen sind. So wird die Präsentation nicht nur zu einer Prüfung für den Chef, sondern auch gleich noch für seinen Adepten. Das motiviert den eigentlichen Experten, seiner Führungskraft besonders tatkräftig unter die Arme zu greifen. Vielleicht nimmt man den Mitarbeiter auch gleich noch mit zu dem Meeting, damit er bei Nachfragen die lästigen Details erläutert, mit denen sich der Visionär natürlich nicht so auskennen kann. Wichtig ist nur, dass die Geschäftsführung versteht, wer die Abteilung leitet und von wem die Initiative für erfolgreichen Entwicklungen ausgeht. Bei dieser Strategie erweist es sich als vorteilhaft, dass zwei Ebenen über unserem Blender die Fachexpertise auch nicht unbedingt stärker ausgeprägt ist. Wenn er Glück hat, haben die Leute, die dort sitzen und über seine weitere Karriere entscheiden, auf demselben Weg Karriere gemacht. Unausgegorene Konzepte oder falsche Informationen werden sie oft selbst nicht als solche erkennen können. In diesem Fall geht es um die Performance und weniger um die Inhalte. Das sollte zu schaffen sein.

Ist dennoch mal etwas schiefgelaufen, distanziert sich der Manager natürlich sogleich von der Quelle des Übels. Dies gilt nicht nur für die eigenen Mitarbeiter, sondern auch für Kollegen oder Vorgesetzte. Es geht darum, *sich von negativ bewerteten Personen deutlich abzugrenzen.* Negativ bewertete Personen sind solche, die allzu viele offensichtliche Fehler begangen haben, denen die Fehler anderer erfolgreich untergeschoben wurden, die bei den wichtigen Leuten nicht beliebt sind oder das Unternehmen bereits verlassen haben. Auf die Karriere von Managern, die noch etwas werden wollen oder sich doch zumindest noch einige Jahre bis zur großen Abfindung in ihrer derzeitigen Position halten möchten, wirken sie wie die Pest im Mittelalter – am besten macht man einen weiten Bogen um die Sache. Man kennt die Gescheiterten nicht, fand sie immer schon verdächtig oder hat angeblich schon immer vor ihnen gewarnt. Zu dumm, dass wieder niemand hören wollte. Finden die Einschläge in unmittelbarer Umgebung statt, sodass sich eine Teilverantwortung schlecht leugnen lässt, wurde man böse getäuscht. Jetzt gibt man die Parole aus, die Sache „schonungslos aufzuklären" und „mit eisernem Besen auszukehren". Da muss dann vielleicht noch der eine oder andere Bauer geopfert werden, damit der König überlebt. Am Ende wird man selbst gestärkt aus dieser misslichen Lage hervorgehen, auf dass der eigenen weiteren Karriere nichts mehr im Weg stehen möge.

Wer dauerhaft von den Mächtigen gefördert werden möchte, der muss *sich als vertrauenswürdig erweisen.* Vielleicht gibt man dem eigenen Vorgesetzten mal einen Tipp, damit er nicht in das nächste Fettnäpfchen tritt. Dies funktioniert natürlich nur dann, wenn man selbst ein entsprechendes Sensorium für Fettnäpfchen entwickelt hat. In jedem Falle – und dies ist viel einfacher als alles andere – muss man sich gegenüber dem eigenen Chef stets loyal erweisen, zumindest immer dann, wenn er es mitbekommt. So wird der Chef zum Mentor, denn jeder braucht Mitarbeiter, auf die er sich verlassen kann. Erst wenn der Stern des eigenen Mentors im Begriff ist zu sinken, kann man sich allmählich distanzieren, um bei der passenden Gelegenheit die Front zu wechseln. Nachdem Jürgen Schrempp zum Vorstandsvorsitzenden von Daimler-Benz aufgestiegen ist, hat er zum einen eine große Gesamtrechnung aufgestellt, aus der hervorging, um wie viele Millionen sein Vorgänger – und Ziehvater – Edzard Reuter das Unternehmen geschädigt habe. Zum anderen hat er das Ruder vollkommen herumgerissen und die gesamte Unternehmensentwicklung, die sein Vorgänger initiiert hatte. Noch stärker kann man sich kaum von seinem Mentor abgrenzen, nachdem man dessen Position im Unternehmen übernommen hat. Für Schrempp war es wahrscheinlich ein Befreiungsschlag, mit dem er als neues Alphamännchen seinen Herrschaftsanspruch für alle sichtbar dokumentieren konnte. Frei nach dem Prinzip, der König ist tot, es lebe der König. Nur er weiß, wie sehr er in den Jahren zuvor darunter gelitten hat, immer den Oberen nach dem Mund reden zu müssen. Für ihn selbst hat sich das Durchhalten am Ende gelohnt – fast nur für ihn.

Eng verknüpft mit der gespielten Vertrauenswürdigkeit ist die Strategie, *sich als glaubwürdig darzustellen.* Wer nicht als glaubwürdig erscheint, kann auch kein Vertrauen erwecken. Wer glaubwürdig sein will, der muss gegenüber den Vorgesetzten auch mal Fehler eingestehen. Diese werden bei wenig geeigneten (Nachwuchs-)Managern zwangsläufig immer wieder auftreten.

Solange die Konsequenzen der eigenen Fehlentscheidungen überschaubar sind, spricht nichts dagegen, sich zur eigenen Verantwortung zu bekennen. Diese menschliche Größe werden die meisten Vorgesetzten sicherlich zu schätzen wissen, zumal wenn der Verursacher reumütig Besserung gelobt. Er wird glaubwürdiger, weil jeder Mensch bekanntlich auch mal Fehler begeht. Da war man halt in die vielen anderen innovativen Projekte, die man selbst angestoßen hat, kurzfristig zu sehr eingebunden, um sich um das Alltagsgeschäft zu kümmern oder der unermüdliche Arbeitseinsatz zum Wohle des Unternehmens hat seinen Tribut gefordert. In Zukunft wird sich das Projektmanagement aber nachhaltig verbessern – Ehrenwort. Während der betroffene Manager bei kleinen Fehlern die Verantwortung übernimmt, schiebt er bei folgenschweren Fehlentscheidungen natürlich anderen die Schuld in die Schuhe und übernimmt bestenfalls die „politische Verantwortung" für die vermeintlichen Fehler der Mitarbeiter. Glaubwürdigkeit signalisiert aber auch jemand, der nicht allzu offensichtlich sein Fähnchen in den Wind hält und immer wieder seine Meinung äußert. Zwar ist es im Sinne erfolgreicher Selbstdarstellung durchaus richtig, wichtigen Leuten nach dem Munde zu reden und die eigene Meinung an die Meinungen der Vorgesetzten anzupassen. Dies gilt jedoch vor allem für die wichtigen Themen. Bei weniger wichtigen Themen kann es der eigenen Glaubwürdigkeit durchaus helfen, wenn man bei seiner Position bleibt und dann besser zum Schluss den eigenen Fehler eingesteht. Es ist ja nichts Schlimmes passiert. Der Manager hat Haltung bewahrt und knickt nicht gleich bei jedem Gegenargument ein. Qualifiziert ihn nicht gerade dieser Persönlichkeitszug für die nächsthöhere Führungsebene?

Wer sich für nichts zu schade ist, der bedient sich der *Strategie des Schmeichelns*. Hier wandelt der Protagonist freilich auf einem schmalen Grat. Die eigenen Vorgesetzten in eine positive Stimmung zu versetzen, ist meist von Vorteil, zumal wenn die Stimmungen mit einer bestimmten Person assoziiert sind. Der Akteur darf nur nicht allzu offensichtlich als Schleimer in Erscheinung treten. Statt dem Chef zu seinem neuen Anzug zu gratulieren oder ihm immer wieder explizit zu versichern, wie dankbar man sei, unter ihm dienen zu dürfen, bietet sich ein eher subtileres Vorgehen an, sofern der eigene Vorgesetzte kein naiver Narzisst ist. Wer subtiler schmeicheln möchte, hängt z. B. immer an den Lippen des eigenen Chefs, wenn dieser in Besprechungen referiert, er nickt zustimmend, lächelt bestätigend und lacht an den richtigen Stellen. Bei kritischen Fragen der Kollegen zieht er sogleich die Stirn in Falten und mag nicht so recht glauben, dass die reine Lehre des Meisters überhaupt anzweifelbar wäre. Zu Erfolgen gratuliert er bescheiden und redet auch gegenüber Kollegen,

Mitarbeitern und Kunden nur positiv über den Meister, denn wer weiß, was alles unbemerkt nach oben durchdringt.

Selbstverständlich ist es auch wichtig, *die eigenen Leistungen herauszustellen*. Als „eigene" Leistungen gelten natürlich auch die Leistungen der eigenen Mitarbeiter. Schließlich hat man sie für die entsprechenden Aufgaben freigestellt und nach besten Kräften unterstützt, auch wenn diese Unterstützung nicht allzu groß ausfallen konnte. In Unternehmen mit modernem Führungsdesign betont der Manager natürlich die Bedeutung seines Teams und bedankt sich ausdrücklich für die gute Leistung. Damit hat er den Führungsgrundsätzen Genüge getan und kann die Lorbeeren ernten. Der Verweis auf das Team hat zudem den Vorteil, dass man sich immer auch wieder ein Stück weit hinter das Team zurückziehen kann, falls der eingeschlagene Weg sich im Nachhinein als Irrtum erweisen sollte.

Sollte es soweit kommen, ist eine *Entschuldigung* oft sinnvoll. Welche Größe steckt hinter einer solchen Geste, zumal, wenn man selbst natürlich bestenfalls in einem übergeordneten Sinne ein klein wenig Verantwortung für das Missgeschick trägt. Im Kern geht es allerdings vor allem darum, sich möglich schnell und weit von dem Ort der Katastrophe zu entfernen, sich aus der Sache *herauszuwinden* und die eigene *Verantwortung kleinzureden*. Ein wunderbares Beispiel liefert mal wieder der Flughafenbau zu Berlin. Als an die Öffentlichkeit gerät, dass die Flughafengesellschaft mehr als 10 Jahre lang Hinweise der Deutschen Flugsicherung ignoriert hat, die dann zu sehr kostspieligen Veränderungen der Planung führten, entschuldigte sich der regierende Bürgermeister in seiner Funktion als Aufsichtsratsvorsitzender für das kleine Missgeschick mit den Worten, er habe das „nicht auf dem Schirm" gehabt. Zu Recht kann er jederzeit vor sich und anderen darauf verweisen, dass er nicht allein war. Sicherlich mehr als ein Dutzend Menschen hätten frühzeitig einschreiten können, haben es aber nicht getan. Hier greift das psychologische Konzept der *Verantwortungsdiffusion*: Je mehr Menschen ein hilfreiches Verhalten zeigen könnten, desto stärker verteilt sich die subjektiv erlebte Verantwortung und desto geringer sieht sich der Einzelne in der Verantwortung, etwas zu unternehmen, denn schließlich könnten die anderen ja auch aktiv werden. Dies ist ein Grund dafür, warum einem Unfallopfer mit größerer Wahrscheinlichkeit geholfen wird, wenn nur eine Person von dem Unfall Kenntnis hat, im Vergleich zu einer Situation, bei der mehrere Personen den Unfall mitbekommen. Bei zwei Passanten trägt jeder subjektiv 50 % der Verantwortung für ein hilfreiches Verhalten. Bei zehn Personen sind es nur noch 10 %.

Erfolgreiches Impression Management sorgt dafür, dass wichtige Leute eine positive Grundeinstellung gegenüber einer bestimmten Person entwickeln. Sie halten den Betroffenen für fähig, verlässlich, glaubwürdig, etc. All dieses trägt dazu bei, dass man seine Fehler leichter verzeiht und bereit ist, die Umstände oder andere Menschen für ihre Fehler verantwortlich zu machen. Hierdurch erhöht sich die Wahrscheinlichkeit, dass Manager sich erfolgreich in Positionen halten, für die sie eigentlich nicht geeignet sind.

Die vielleicht grundlegendste Strategie, andere Menschen über die eigenen Schwächen zu täuschen besteht darin, sich die richtige *soziale Identität* zuzulegen. Als soziale Identität bezeichnet man in der Sozialpsychologie die (subjektive) Zugehörigkeit zu einer Gruppe. Die Forschung zeigt, dass wir sehr leicht dazu neigen, Menschen in Gruppen einzuteilen und dabei auch nicht halt vor der eigenen Person machen. Die Aufteilung von Menschen in Gruppen – Manager, Führungskräfte, Produktionsmitarbeiter, Personalabteilung, Gewerkschaft, Presse etc. – sorgt dafür, dass wir Ordnung in eine komplexe Welt bringen. Die Welt erscheint uns damit erklärlicher und es wird dadurch auch leichter, zwischen einem richtigen und einem falschen Verhalten zu unterscheiden. Gruppen, zu denen die eigene Person gehört, werden in der Psychologie als Ingroup bezeichnet. Gruppen die ausschließlich aus anderen Menschen bestehen, bilden in Abgrenzung hierzu, jeweils eine andere Outgroup. In unserer Wahrnehmung akzentuieren wir innerhalb der Gruppen die Gemeinsamkeiten der Menschen, zwischen den Gruppen jedoch die Unterschiede. Hierdurch erscheinen die Menschen, die sich innerhalb einer Gruppe befinden, einander ähnlicher, als sie de facto sind. Gleichzeitig überschätzen wir die Unterschiede zwischen den Gruppen. Mitglieder der eigenen Gruppe werden in systematischer Weise positiver wahrgenommen als Mitglieder der Outgroup. Zudem zeigen wir ein Verhalten, dass Mitglieder der Ingroup in einen Vorteil setzt und Mitglieder der Outgroup eher diskriminiert. Wer es also schafft, Mitglied einer einflussreichen Ingroup zu werden, zieht hieraus Vorteile, nicht nur für das eigene Selbstkonzept, sondern auch in der Realität. Für Manager mit stark beschränkten Fähigkeiten dürften die Vorteile noch größer sein als für ihre begabteren Kollegen, denn sie können nicht mit herausragenden Arbeitsergebnissen punkten. Sie müssen vielmehr versuchen, trotz ihrer Fehler in einflussreichen Positionen zu überleben und vielleicht noch weiter aufzusteigen. Dieses Ziel vor Augen müssen sie versuchen, von den Mitgliedern einflussreicher Managerzirkel im Unternehmen als einer der ihren wahrgenommen zu werden. Sie müssen sich ihnen, als besonders ähnlich darstellen. Das mag die Kleidung, das Auftreten, der Führungsstil, vor allem aber auch die nach außen getragen Werthaltungen und Einstellungen betreffen. Ist dies erst einmal gelungen, wird vieles leichter. Weil die Person zur Ingroup gehört, erscheint sie den übrigen Mitgliedern fähig und unterstützenswert. Man hat zwar noch nicht den Status der Spitzenleute der Ingroup erreicht, sitzt also noch nicht in der Geschäftsführung oder ist Bereichsleiter, zählt aber schon zum potenziellen Nachwuchs für entsprechende Positionen. Fehler werden von den Vorgesetzten leichter verziehen oder bagatellisiert, denn jemand, der – wenn auch bislang nur als Novize – zu ihrem Kreis gehört, muss ganz einfach gut sein. Man verteidigt das Gruppenmitglied gegen Angriffe von außen, die vielleicht durch den Betriebsrat, Kunden oder die Presse erfolgen. Und am Ende fördert man auch lieber einen, der aus dem Kreis der Ingroup stammt, als sich jemanden von außen in das Unternehmen zu holen. Die Ingroup bietet somit Schutz vor Aufdeckung der eigenen Schwächen auf der einen Seite und fördert auf der anderen Seite die eigene Karriere.

Wer Vorgesetzte von der eigenen Eignung überzeugen will, der wird nicht zuletzt auch darauf angewiesen sein, *argumentativ zu überzeugen,* beispielsweise wenn gegenüber dem Vorstand eine Investitionsentscheidung zu rechtfertigen ist. Auf den ersten Blick betrachtet kommt es dabei vor allem auf die Qualität der eigenen Argumente an. Auf den zweiten Blick wird jedoch deutlich, dass auch die Qualität der Verarbeitung aufseiten der Zuhörer eine gewichtigere Rolle spielt. Beides muss zueinander passen. In der prominentesten psychologischen Theorie der argumentativen Überzeugung – dem Elaboration Likelihood Model – wird zwischen einer zentralen und einer peripheren Route der Informationsverarbeitung unterschieden.

Verarbeitet ein Entscheidungsträger die vorgebrachten Informationen entlang der zentralen Route, so setzt er sich tiefgehend mit den Argumenten auseinander. Er hört aufmerksam zu, fragt nach, denkt selbst über die Argumente nach, generiert alternative Ideen, wägt Risiken ab u. Ä. All dies wiederum setzt zwei Dinge voraus. Zum einen muss die Person hierzu intellektuell in der Lage sein. Zum anderen muss sie in der aktuellen Situation eine hinreichende Motivation aufweisen, um sich tiefergehend mit den Argumenten auseinandersetzen zu wollen.

Werden die Informationen alternativ entlang der peripheren Route verarbeitet, so gestalten sich Denk- und Entscheidungsprozesse mit einem Mal sehr oberflächlich. Im Grunde denkt die betreffende Person nicht wirklich über die Argumente nach, sondern orientiert sich an Nebensächlichkeiten, die ihr bei früheren Gelegenheiten vermeintlich wertvolle Dienste bei der Entscheidung geleistet haben: Sind die Argumente des Vortragenden leicht verständlich und plausibel, dann wird er wohl recht haben. Handelt es sich um eine Person, der man vertrauen kann, so wird die Empfehlung nicht schlecht ausfallen. Belegt der Redner seine Entscheidungsvorschläge mit vielen Zahlen, wird er sich schon gründlich abgesichert haben. Tritt die Person im Vortrag selbstsicher auf, kann man dies getrost als Hinweise auf die Qualität seiner Vorschläge werten. Im Ergebnis lassen sich die Entscheidungsträger leicht überzeugen und haben vor allem ein gutes Gefühl bei ihrer Entscheidung.

Für einen unfähigen Manager, der Vorgesetzte, die Geschäftsführung oder den Aufsichtsrat von seiner eigenen Meinung überzeugen will und sich dadurch auch völlige Fehlentscheidungen höchstinstanzlich absegnen lassen möchte, ist es mithin von großer Bedeutung, zu verstehen, wie die Entscheidungsprozesse hier ablaufen. Hat er Pech und die Entscheidungsträger sind fit in der Materie und auch noch hoch motiviert, sich mit seinen Vorschlägen tiefgehend auseinanderzusetzen, so wird er mit seinem Vorhaben scheitern, es sei denn, er wäre bereit, Kennzahlen zu fälschen, Fakten zu erfinden, etc. Wer in einem solchen Umfeld arbeiten muss, wird schwerlich seine Unfähigkeit dauerhaft verheimlichen können und sollte sich daher lieber einen anderen Arbeitgeber suchen. Hat unser Manager hingegen Glück, so verstehen die Vorgesetzten nicht viel mehr von der Materie als er selbst, sind völlige Laien, die unter dubiosen Vorwänden in einen Aufsichtsrat berufen wurden oder haben schlichtweg weder die Zeit noch das Interesse, sich tiefergehend mit der Materie auseinanderzusetzen. So verwunderlich es klingen mag, so etwas soll durchaus vorkommen. Beispielsweise wurde dem Aufsichtsrat der Berliner Flughafengesellschaft über Jahre hinweg der Entwicklungsstand der verschiedenen Arbeitsfelder des Bauvorhabens über ein schlichtes Ampelsystem nahegebracht. Offenbar hielten die Spitzenmanager des Unternehmens ihren Aufsichtsrat für so unfähig oder desinteressiert, dass man sie nicht mit den vielen Kennzahlen und komplexen Zusammenhängen, die solch ein Projekt zwangsläufig mit sich bringt, behelligen wollte. Völlig unrecht haben sie mit dieser Entscheidung wohl nicht gehabt. Über Jahre hinweg sind sie mit dieser Masche durchgekommen und haben das Kontrollgremium über die Realität hinwegtäuschen können.

Im Worst-Case-Szenario haben wir es mit einem Manager zu tun, der objektiv betrachtet mit seinen Aufgaben weitestgehend überfordert ist, der sich aber dennoch über Jahre hinweg in einflussreichen Positionen hält und sogar noch weiter aufsteigt. Er selbst erkennt seine Schwächen nicht und bildet sich daher auch nicht weiter. Über ein professionelles Selbstwertmanagement gelingt es ihm trotz gravierender Fehler, ein stark überzogenes Selbstbild aufzubauen und aufrechterhalten zu können. Schuld sind im Zweifel die anderen oder widrige Umstände, die ihn daran hinderten, seine Genialität zur vollen Entfaltung zu bringen. Diese Selbsttäuschung verleiht ihm eine Selbstsicherheit im Auftreten, mit der er auch andere und vor allem wichtige Entscheidungsträger im Unternehmen leicht blenden kann. Ein professionelles Impression Management tut sein Übriges und sorgt dafür, dass unser Protagonist bei den wichtigen Leuten gut ankommt. Er erscheint ihnen als integer und loyal. Er ist zu den richtigen Leuten freundlich und bringt subtil seine Bewunderung zum Ausdruck, ohne dabei schleimig zu wirken. Seinen Vorgesetzten vermittelt seine Existenz ein angenehmes Wohlempfinden und sie sind gewohnt, auf ihre Gefühle zu hören, schließlich haben sie eine besondere Intuition, die sie zu erfolgreichen Wirtschaftslenkern reifen ließ. Jemand, der ihnen ein gutes Gefühl vermittelt, muss also ganz einfach gut sein – basta. Unser Manager kennt die ungeschriebenen Spielregeln und hält sich daran. Fehler kann er überzeugend erklären und am Ende trifft ihn keine Schuld. Doch selbst dann besitzt er die menschliche Größe, sich zu entschuldigen. Wichtige Entscheidungsträger vermag er argumentativ selbst dann zu überzeugen, wenn die Argumente bei gründlicher Betrachtung kaum etwas hergeben, denn er hat verstanden wann er wen mit welchen Argumenten versorgen muss, um überzeugend zu wirken. Vor den einen brennt wer ein buntes Feuerwerk beeindruckender Scheinargumente ab. Sie werten das Brimborium als Hinweise auf den hohen Durchdringungsgrad, mit dem der Redner die Materie erfasst hat und zu einer fundierten Entscheidung gelangt. Dem kann man sich eigentlich nur noch anschließen, oder? Den anderen erzählt er am besten das, was sie hören wollen oder schon immer für richtig hielten, denn so jemand wird nicht hinterfragt. Schließlich hat er ja scheinbar den Durchblick, wäre er sonst zu der gleichen Entscheidung gelangt wie seine Vorgesetzten? Das Wichtigste von allem ist, dass unser Protagonist es irgendwann einmal schafft, dazuzugehören. Er muss Mitglied einer Ingroup der Top-Leute und ihrer Novizen zu werden. Ab jetzt stellt ihn kaum noch jemand, der einflussreich ist, infrage.

7

Unter welchen Bedingungen arbeiten Manager?

Fehlleistungen von Managern sind nicht nur Ausdruck zahlreicher Schwächen, die in der Person der Verantwortungsträger liegen. Oft sind es auch ungünstige Rahmenbedingungen, die Fehlentscheidungen fördern. Stoßen wenig befähigte Manager auf extrem ungünstige Rahmenbedingungen, so scheint ein Scheitern fast schon programmiert zu sein. In günstigeren Fällen muss es nicht so weit kommen. So mag eine sehr gut geeignete Person auch unter widrigen Umständen noch akzeptable Leistung erbringen. Gleiches gilt für einen wenig talentierten Kollegen, dem ausgesprochen günstige Rahmenbedingungen beim Überleben helfen. Bei all dem ist zu bedenken, dass die Entscheidungsträger oft ein Stück weit Einfluss auf ihre Arbeitsbedingungen nehmen können. Wer beispielsweise ständig unter großem Zeitdruck viele Entscheidungen fällen muss, könnte seinen Arbeitsalltag umstrukturieren und beispielsweise einen Teil der Entscheidungen nach unten delegieren. Hierfür müsste er allerdings zum einen über eine hinreichende Selbstreflexion verfügen und sich zum anderen mit fähigen Mitarbeitern umgeben haben. Selbstüberschätzung und Schwächen im Führungsverhalten stehen einer solchen Teillösung im Weg. Hier schließt sich dann also wieder der Kreis. In besonders unglücklichen Fällen beeinflussen unfähige Leute ihr Arbeitsumfeld so, dass die Rahmenbedingungen zusätzlich verschärfend wirken. Schauen wir uns im Folgenden einmal grundlegende Probleme der Rahmenbedingungen, in denen viele Manager ihren Dienst verrichten müssen, näher an.

Studien, die sich mit der Frage beschäftigen, unter welchen Bedingungen Manager arbeiten, beschreiben oft ein Szenario, dem man sich freiwillig eigentlich nicht aussetzen möchte – zumindest, wenn die einzelnen Punkte in Kombination miteinander auftreten:

- *Verarbeitung großer Informationsmengen in kurzer Zeit:* Die Betroffenen müssen viele Informationen in kurzer Zeit verarbeiten. Je einflussreicher die Position ist, desto komplexer wird die Materie, durch die sie sich einen Weg bahnen müssen, um am Ende zu einer guten Entscheidung zu gelangen. Man muss erkennen, welche Details wichtig sind und welche vernachlässigt werden dürfen. Zudem müssen verschiedene Informationsquellen in Einklang gebracht und Widersprüche aufgeklärt werden. Als Worst-Case-Szenario mag man sich an dieser Stelle einen Manager vorstellen, der beim Flughafenbau in Berlin Ordnung in das jahrzehntelang gewachsene Chaos bringen soll – eine Aufgabe, die man zu Recht als geradezu übermenschlich erleben könnte. Bereits im Jahr 2012 bezifferte ein interner Bericht der Flughafengesellschaft die Mängel auf etwa 20.000 und das sollte noch lange nicht das Ende sein. Um wie vieles einfacher erscheint da doch die Aufgabe für den Bischof von Limburg, die Kosten beim Bau seines neuen Bischofssitzes halbwegs im Blick zu behalten.
- *Häufige Veränderung:* Es gehört zum Wesen der Sache, dass sich bei Projekten, die über Jahre laufen, die Situation immer wieder verändert. Es ist leider nicht damit getan, einmal einen schlüssigen Plan vorzulegen, der dann einfach nur noch abgearbeitet werden muss. Dies gilt für jede Geschäftsführung eines Unternehmens, die nicht einfach eine Kalkulation für die nächsten drei Jahre aufstellen und anschließend zum Golfspielen gehen kann.
- *Schlechte Informationslage:* Im günstigsten Fall verfügen die Manager über valide Informationen, um ihre Entscheidungen treffen zu können. Der günstige Fall liegt aber leider nicht immer vor. Natürlich lässt sich beispielsweise die Entwicklung der Fluggastzahlen nicht perfekt prognostizieren. Im mittleren Management wissen die Verantwortlichen nicht, welche Strategien einzelne Vorstandsmitglieder verfolgen und können daher die Auswirkungen von Entscheidungen der Top-Ebene für ihren eigenen Arbeitsbereich nur schlecht berücksichtigen. Im Einzelfall weiß ein Manager zudem nicht, wie gut die Qualität der Vorlagen ist, die ihm von seinen Mitarbeitern auf den Tisch gelegt werden. Dennoch nutzt er sie als Grundlage für seine weitere Arbeit. Denken wir an die Aufsichtsratsmitglieder bei Daimler-Benz, die in einer Sitzung von Schrempp darüber informiert wurden, dass er noch am selben Tag die Fusionsverträge mit Chrysler unterschreiben will. Reicht die Menge

der zur Verfügung stehenden Informationen und die Zeit, die ihnen verbleibt, auch nur annähernd dazu aus, um sich selbst ein halbwegs abgesichertes Bild des bestehenden Risikos zu verschaffen? Nein, natürlich nicht. Dennoch haben sie sich nicht gegen die Überrumpelungstaktik des Vorstandsvorsitzenden zur Wehr gesetzt, sondern sind ihm einfach brav gefolgt.

- *Dominanz direkter Kommunikation:* Weit mehr als die Hälfte der Arbeitszeit verbringen viele Manager in Besprechungen und bauen ihre Entscheidungen hierauf auf. Dabei werden sie, ohne es zu merken, bisweilen „Opfer" des Kommunikationsgeschicks ihrer Gesprächspartner. Mit guter Vorbereitung und rhetorischem Geschick, lassen sich Entscheidungen gezielt so bahnen, dass am Ende von den Verantwortlichen nicht die sachlich beste Entscheidung getroffen wird. Vielmehr entscheidet man sich für die Lösung, die man besten verkauft wurde. Am Ende des Tages gilt: There is no Business like Showbusiness.

- *Hohe Fragmentarisierung der Arbeitsaufgaben:* Je wichtiger die Position ist, desto zahlreicher und vielfältiger sind die Arbeitsaufgaben, die an einem Arbeitstag erledigt werden müssen. Wenn wir davon ausgehen, dass auch in den Spitzenpositionen der Tag nicht mehr als 24 h und die Woche nicht mehr als 7 Tage hat, ist die zur Verfügung stehende Zeit begrenzt. Dies hat wiederum zur Folge, dass man sich nicht tiefgehend in alle Felder einarbeiten kann. Statt sich einen Tag lang in Ruhe mit einem Thema auseinandersetzen zu können, müssen an diesem Tag vielleicht fünf, zehn oder noch mehr Themen abgearbeitet werden. Selbst wenn hierbei sinnvolle Prioritäten gesetzt werden, ist die Gefahr groß, dass vieles auf der Strecke bleibt und Entscheidungen auf der Grundlage einer nur oberflächlichen Auseinandersetzung getroffen werden.

- *Störungen von außen:* Zu der ohnehin schon großen Aufgabenfülle kommen jeden Tag Störungen des geplanten Arbeitspensums hinzu, weil auf kurzfristige Entwicklungen reagiert werden muss. In der Produktionshalle fällt eine wichtige Maschine aus und dennoch muss der Auftrag für den Kunden in zwei Tagen fertiggestellt sein. Ein anderer wichtiger Kunde beschwert sich über die Qualität der gelieferten Produkte und droht mit einer Stornierung des laufenden Auftrags. Die Geschäftsführung beraumt kurzfristig eine Sitzung an, obwohl zu dem Zeitpunkt eigentlich ein eigenes Mitarbeitermeeting geplant war. Am Rande eines kurzen Gesprächs offenbart ein wichtiger Mitarbeiter, dass er ein attraktives Übernahmeangebot von der Konkurrenz erhalten habe. Wenn schon die Personalchefin eines Einrichtungshauses davon berichtet, dass sie pro Tag bis zu 20 Entscheidungen fällen muss, von denen sie morgens noch nicht wusste, dass sie heute auf sie zukommen werden, erhalten wir eine plastische Vorstellung von den Herausforderungen, vor denen manche Manager jeden Tag aufs Neue stehen.

- *Mikropolitik:* Die Arbeit wird zusätzlich durch die Mikropolitik im eigenen Haus erschwert. Entscheidungen der nächst höheren Ebene werden oft nicht nach rationalen Erwägungen getroffen, sondern basieren zu einem nicht unerheblichen Teil auf Hörensagen, Beziehungen oder fachfremden Erwägungen. Der Vorstand folgt nicht der sachlich gut abgesicherten Vorlage der Bereichsleitung, sondern glaubt eher seinem langjährigen Vertrauten, der wiederum die Entscheidung eines Bereichsleiters vielleicht nur deshalb torpedieren möchte, weil er sich hiervon einen Vorteil für die eigene Karriere verspricht. Wer nicht selbst in der Mikropolitik mitspielt, kann weniger Einfluss nehmen und wird nicht ausreichend oder falsch informiert. Hier wirkt die Mikropolitik wie ein zweischneidiges Schwert. Auf der einen Seite kann sie den Entscheidungsträgern helfen, an wichtige Informationen heranzukommen. Auf der anderen Seite hindert sie die Organisation daran, immer die rational richtige Entscheidung zu treffen.
- *Mangelnde Kontrollierbarkeit:* Je höher die Position des Managers, desto weiter entfernt ist er von der Umsetzung konkreter Entscheidungen. Wer in der Top-Ebene eine Entscheidung fällt, kann sich leider nicht sicher sein, dass zwei oder drei Ebenen weiter unten diese Entscheidung auch im gewünschten Sinne umgesetzt wird. Manche Entscheidungen werden von Ebene zu Ebene immer weiter verwässert, weil jede Führungskraft, die die Entscheidung an die eigenen Mitarbeiter weiterleitet, eine eigene Interpretation vornimmt, die Botschaft im eigenen Sinne verändert oder aufgrund von Missverständnissen falsche Prioritäten setzt. In der Folge entstehen dann wieder neue Baustellen, die zu bearbeiten sind, obwohl am Anfang alles klar zu sein schien.

Alles in allem stehen die Betroffenen somit unter einem hohen Druck, um es einmal zurückhaltend auszudrücken. Passender wäre es wohl, in sehr vielen Fällen von einer weitgehenden Überforderung zu sprechen. Zu viele Aufgaben müssen in zu kurzer Zeit bewältigt werden und dabei beschränken sich die Arbeitsaufgaben nicht auf die eigentliche Stelle. Viele Top-Manager sitzen parallel zu ihrem an sich schon sehr fordernden Arbeitsplatz in mehreren Aufsichtsräten, die eigentlich auch ein intensives Engagement erfordern würden. Viele *Zusatzaufgaben* verschärfen somit das Problem noch weiter.

Thomas Middelhoff will, als er die Führung bei Karstadt übernimmt, sogar noch einen Schritt weitergehen und den Job fast schon im Nebenberuf absolvieren. Sein Plan ist, 1,5 Tage pro Woche bei seinem damaligen Arbeitgeber in London weiterzuarbeiten und den Rest der Woche Karstadt zu neuer Stärke zu verhelfen. Zusätzlich sitzt er in Beratergremien von zwei Universitäten, ist Direktor bei der New York Times Company und sitzt im Aufsichtsrat von mindestens drei weiteren Unternehmen, bzw. leitet sogar die Aufsichtsräte. Da bleibt dann natürlich noch viel Zeit, um als Vertreter der Wirtschaft in einem von der Bundesregierung initiierten Gremium zum Schutze der Biodiversität zu arbeiten. Gelegentlich muss er sich zudem noch um die Verwaltung seines Privatbesitzes kümmern, mit zwei luxuriösen Wohnsitzen in Bielefeld und Saint-Tropez, einer Jacht im Mittelmeer und hohen Privatschulden. Hinzu kommen zahllose Reisen – morgens mit dem Privatflieger nach New York, fünf Termine wahrnehmen und nachts wieder zurück, um am folgenden Morgen die nächste Runde im Hamsterrad zu starten. In einem Buch beschreibt Thomas Middelhoff, wie er an einem Tag zwei Vorstandssitzungen auf verschiedenen Kontinenten absolviert und immer wieder trotz Jetlag an den Schreibtisch zurückkehrt oder zum nächsten Termin hetzt. Bei der Geburt eines seiner Kinder ließ er sich sogar von seiner Sekretärin aus dem Kreißsaal abberufen, damit er noch rechtzeitig seinen Flieger nehmen konnte. Unentwegt im Einsatz wie James Bond. Da bleibt wenig Zeit zum Schlafen. Arbeitstage von 16 oder 18 h sind keine Seltenheit und nagen dauerhaft an der Substanz.

Die Forschung zeigt, dass der Umgang mit *Schlafmangel* keineswegs eine Frage der inneren Einstellung ist. Wer zu wenig schläft oder quasi nie zur Ruhe kommt, wird früher oder später Fehler machen. Direkte Folgen des Schlafmangels sind Konzentrationsschwächen, langsameres Entscheidungsverhalten, eine höhere Risikobereitschaft sowie letztlich auch qualitativ schlechtere Entscheidungen. Der Schlafmangel steigert nicht etwa die Leistungsfähigkeit, er senkt sie, und das in einem beruflichen Umfeld, in dem beinahe jeden Tag ein sehr hohes Leistungsniveau erwartet wird. Studien, die sich mit den Auswirkungen von Arbeitsbelastung insgesamt beschäftigen, unterstreichen den Eindruck, dass hier das Prinzip „Weniger ist mehr" gilt. Bei Denkaufgaben sinkt die Leistungsfähigkeit, weil die Betroffenen nicht alle relevanten Informationen hinreichend berücksichtigen und sich an fehlerbehafteten Entscheidungsheuristiken orientieren. Die Entscheidungen fallen riskanter aus und langfristige Folgen werden nicht hinreichend berücksichtigt.

Sind manche der Manager schon im Normalbetrieb überfordert, verschärft sich das Problem, wenn der Laden nicht wie gewohnt funktioniert und man in eine wirtschaftliche Schieflage gerät. Eine kleinere Studie zur *Wirtschaftskriminalität* zeigt, dass die Wahrscheinlichkeit für widerrechtliche Handlungen bedeutsam ansteigt, wenn sich die Entscheidungsträger mit zusätzlich auftretenden Belastungen konfrontiert sehen. Dann versuchen sie schon mal, Schmiergelder zu zahlen oder den Steuerbehörden ein Schnippchen zu schlagen, denn dies erscheint allemal einfacher, als die Probleme bei der Wurzel zu packen.

Nun könnte man denken, die Entscheidungsträger würden diese Probleme selbst schnell erkennen und gegensteuern. Dies ist meist jedoch leider nicht der Fall. Im Gegenteil, die Betroffenen erleben ihren Arbeitsplatz eher als positiv herausfordernd und nicht als im negativen Sinne belastend. Gründe hierfür können in einem entsprechenden Selbstbild liegen: „Ich bin Spitzenmanager, für mich gibt es keine Probleme, sondern nur Herausforderungen, die ich wie alles andere in meinem Leben erfolgreich bewältigen werde." Darüber hinaus haben sie die Möglichkeit, einen Teil der besonders unliebsamen Aufgaben nach unten zu delegieren – aus den Augen, aus dem Sinn. Beides wirkt wie ein Puffer, der zumindest subjektiv vor einem realistischen Überlastungsgefühl schützt. Leider klafft zwischen dem subjektiven Erleben und der Realität mitunter eine große Lücke.

Ein wichtiger Weg, um das Arbeitsverhalten in effiziente Bahnen zu lenken, ist nachweislich die *Setzung von Zielen*. Die Forschung zeigt hier seit vielen Jahren, wie man es eigentlich machen sollte. Ziele müssen demzufolge schwierig sein, ohne die Betroffenen jedoch zu überfordern. Sie müssen ein Stück weit über dem bisherigen Leistungsniveau liegen, damit sie im positiven Sinne als eine Herausforderung erlebt werden können, dürfen jedoch nicht so weit ansteigen, dass die Betroffenen sich selbst nicht mehr zutrauen, die Ziele auch erreichen zu können. Ziele müssen zudem sehr präzise formuliert sein. Nur wenn die Betroffenen wissen, was genau zu erreichen ist, können sie ihr Verhalten daran ausrichten und selbst kontrollieren, inwieweit sie der Zielerreichung schon entscheidend nähergekommen sind. Der dritte zentrale Punkt bezieht sich auf das Feedback. Im Rahmen des Feedbacks bespricht die Führungskraft mit ihren Mitarbeitern, inwieweit das gesteckte Ziel bereits erreicht wurde. Dies bildet dann auch die Grundlage, um ggf. frühzeitig eine veränderte Strategie in Angriff zu nehmen. Ziele werden üblicherweise für einen Zeitraum von einem Jahr festgelegt. Je nach Inhalt können aber auch kürzer oder länger gültige Ziele aufgestellt werden. Je länger der Zeitraum ist, desto sinnvoller erscheint es, zwischendurch immer wieder zu schauen, ob man sich auf dem richtigen Weg befindet. Darüber hinaus ist es grundsätzlich von Vorteil, wenn die

Betroffenen selbst hinter den Zielen stehen, also ein hohes Zielcommitment aufweisen. In diesem Zusammenhang wird zwischen Zielsetzung und Zielvereinbarung unterschieden. Bei der Zielsetzung werden die Ziele durch die Vorgesetzten oder sogar durch die Unternehmensführung vorgegeben, bei der Zielvereinbarung bespricht man gemeinsam, was im kommenden Zielsetzungszeitraum erreicht werden soll. Die Forschung zeigt, dass vor allem über die Schwierigkeit der Ziele, die Präzision ihrer Formulierung sowie die Qualität des Feedbacks die Leistung positiv beeinflusst wird. Das Zielcommitment ist zwar durchaus wünschenswert, aber weitaus weniger einflussreich als die übrigen Einflussfaktoren.

Leider gibt es keine Studien, die uns Auskunft darüber geben, wie in Unternehmen Ziele für Manager gesetzt werden. Daher sind wir an dieser Stelle darauf angewiesen, potenzielle Schwachstellen zu benennen:

- *Es gibt keine Ziele:* Im schlimmsten Fall gibt es für das kommende Jahr oder einen ähnlichen Zeitraum überhaupt keine Managerziele. Dieses Problem dürfte eher in kleinen Unternehmen anzutreffen sein. Solange alles gut läuft und man sich vielleicht als Maler- und Lackiererbetrieb lokal in einer Nische ohne nennenswerte Konkurrenz eingerichtet hat, gefährdet dies auch keineswegs die Existenz des Unternehmens. Je stärker ein Unternehmen jedoch im Wettbewerb steht, darauf angewiesen ist, sich weiterzuentwickeln, effizienter zu werden, mehr Kunden an sich zu binden oder immer wieder neue Produkte auf dem Markt zu etablieren, desto eher bedeutet ein Verharren im Status quo mittelfristig einen Rückschritt.
- *Die Ziele sind zu anspruchslos:* Nehmen wir den Fall eines Managers, der durch die Geschäftsleitung ein Ziel bekommt, das eigentlich durch die üblichen Schwankungen des Marktes erfahrungsgemäß von allein zu erreichen wäre. In diesem Fall wird der Manager keine Veranlassung sehen, sein Verhalten zu ändern oder sich mehr anzustrengen. Er kann getrost darauf vertrauen, dass sich die Dinge schon von allein ergeben werden. Eine solche Zielsetzung ist überflüssig. Sie schadet aber nur indirekt, weil man die Chancen, die in der Zielsetzung liegen, nicht genutzt hat.
- *Die Ziele sind zu anspruchsvoll:* Wer die Zielschraube zu fest anzieht, wird nicht Leistung, sondern Frustration ernten. Vielleicht versuchen die Manager zu Beginn noch das Unmögliche. Je weiter die Zeit voranschreitet, desto eher wird es aber darum gehen, Sündenböcke für die nicht erreichbaren Ziele zu finden. Der eigene Vorgesetzte scheidet dabei aus, weil man langfristig mit ihm auskommen muss, schließlich ist er der Schlüssel zur eigenen Karriere. Also muss man den eigenen Mitarbeitern oder Kollegen die Schuld geben. Kreativer wäre es, die Zahlen

zu fälschen. All diese Strategien lösen aber leider nicht das eigentliche Problem einer fehlgeleiteten Zielsetzung.
- *Ziele sind zu einseitig formuliert*: Prinzipiell sind oft viele Ziele denkbar, die wechselseitig miteinander verbunden sein können. Ein eindrucksvolles Beispiel liefert der Dieselskandal. Natürlich müssen die gesetzlichen Abgasvorschriften eingehalten werden. Auch hat man ein legitimes Interesse daran, kostengünstige Fahrzeuge zu produzieren. Dass man den Kunden nicht zumuten möchte, alle vier Wochen Harnstoff zu tanken oder einen kleineren Kofferraum in Kauf zu nehmen, ist ebenfalls nachvollziehbar. Sinnvoll bei der Zielformulierung wäre es nun gewesen, die Verbundenheit dieser Ziele explizit herauszuarbeiten, sie sinnvoll zu priorisieren und dabei auch längere Zeiträume als vielleicht nur ein Jahr in den Blick zu nehmen. Die Manager stattdessen einseitig auf reine Kostenreduzierung einzuschwören ebnet geradezu den Weg zum Gesetzesverstoß und Betrug an den Kunden. Das eine übermächtige Ziel steht nun im Widerspruch zu anderen ebenfalls wichtigen Zielen. In der Konsequenz haben die Verantwortlichen die Prüfsoftware manipuliert, um den Vorstand zufriedenzustellen. Die Folgen sind bekannt.
- *Die Ziele sind unpräzise:* Es versteht sich von allein, dass beispielsweise der Leiter einer Niederlassung im kommenden Jahr irgendwie sein Bestes geben soll. Dies ist noch gar kein Ziel, sondern nur ein Gemeinplatz. Zu einem handlungsleitenden Ziel wird es erst durch eine klare Benennung von Kennzahlen. Werden entsprechende Ziele nicht präzise formuliert kann nahezu jede beliebige Leistung im Nachhinein als Zielerreichung interpretiert werden. Haben nicht auch die Manager bei Air-Berlin oder die Bayer-Manager bei der Monsanto-Übernahme irgendwie Leistung gebracht? Doch, irgendwie schon. Aber das „irgendwie" hat offensichtlich nicht ausgereicht, um ihre Anstrengungen in die richtigen Bahnen zu lenken.
- *Es erfolgt ein schlechtes Feedback:* Der Sinn des Feedbacks liegt darin, die Zielerreichung zu reflektieren, die bestehende Leistung zu verstärken und ggf. gemeinsam zu überlegen, wie es in Zukunft besser werden kann. Dazu müssen zunächst einmal überhaupt Feedbackgespräche geführt werden. Die Feedbackgeber müssen sich für die Gespräche ausreichend Zeit nehmen und sich gut vorbereiten. Bei einem schlechten Feedback belässt man es dabei, auf bessere Leistung im nächsten Jahr zu drängen, ohne die Ursachen für mangelnde Zielerreichung zu hinterfragen. Für die Manager, die ihre Ziele nicht erreicht haben, bedeutet dies, dass sie sich sehr leicht aus der Verantwortung flüchten können und nichts konkret verändern müssen.

- *Fehlendes Zielcommitment:* Auch wenn das Zielcommitment nicht die einflussreichste Variable der Zielsetzung ist, sollte man sich ihren geringen Einfluss doch sichern, indem z. B. die Geschäftsführung die Manager bei der Festlegung der Ziele für den kommenden Zyklus mit ins Boot nimmt. Zumindest aber sollte man ihnen die Sinnhaftigkeit der gesetzten Ziele deutlich vor Augen führen. Ersteres kann dabei helfen, ein Fiasko wie das der Dieselkrise schon in der Anbahnung zu verhindern. Hätte man die verantwortlichen Manager bei Volkswagen mit in die Zielsetzung eingebunden, so wären sicherlich keine Ziele aufgestellt worden, die letztlich unerreichbar waren. Damit wäre allen Beteiligten viel Ärger erspart geblieben.

Neben der Zielsetzung ist die *Leistungsbeurteilung* ein zweiter wichtiger Hebel, mit dem sich die Leistung der Manager steuern ließe. In den meisten Unternehmen findet die Leistungsbeurteilung einmal pro Jahr statt. Bei Managern der unteren und mittleren Ebene setzt sich deren Vorgesetzter im Vorfeld des jährlichen Leistungsbeurteilungsgesprächs hin und bearbeitet zunächst einen Bewertungsbogen, in dem er die Leistung des unterstellten Managers einschätzt. Im Anschluss daran findet ein Vier-Augen-Gespräch statt, in dem der Vorgesetzte seine Sichtweise der Dinge mitteilt und dadurch eine Auseinandersetzung mit der individuellen Leistung angeregt wird. Es geht um Stärken und Schwächen und die Frage, wie Stärken ggf. noch weiter ausgebaut und Schwächen in Zukunft überwunden werden können. Die Aufdeckung von Defiziten in der Leistung kann dabei auch die Grundlage für die Planung von Personalentwicklungsmaßnahmen wie etwa Coaching oder Verhaltenstrainings sein. Aufgrund der Regelmäßigkeit der Gespräche ergibt sich somit die Chance, eine Förderung der Leistung über Jahre hinweg systematisch aufzubauen. Hierzu gehört auch die Reflexion, ob die im vergangenen Jahr aufgedeckten Schwächen inzwischen erfolgreich behoben werden konnten. Im schlimmsten Fall würde die Leistungsbeurteilung dazu führen, dass Personen, die mit ihren derzeitigen Aufgaben überfordert sind, von ihrem Posten abberufen werden. Die Leistungsbeurteilung hilft in diesem Sinne also dabei, Fehler der Personalauswahl im Nachhinein zu korrigieren. Alles in allem kommt der Leistungsbeurteilung mithin eine sehr wichtige Funktion zu. Sie schützt das Unternehmen vor gravierenden Folgen des Missmanagements. Dies kann jedoch nur dann gelingen, wenn ein Leistungsbeurteilungssystem professionell gestaltet und durchgeführt wird. Genau hier fangen die Probleme an.

Viele kleine und mittelständische Unternehmen haben überhaupt keine Leistungsbeurteilungssysteme – zumindest nicht auf der Managementebene.

Man verlässt sich vielmehr darauf, dass der Laden schon irgendwie läuft, weil man den eigenen Managern vertraut. Schließlich hat man sie ja nicht ohne Grund in eine verantwortungsvolle Position gebracht. Viele Fehler, die auf das Konto eines schlechten Managers gehen, können so leicht verborgen werden. Erst wenn die Fehler so massiv werden, dass man sie nicht mehr anderen in die Schuhe schieben kann oder sie sich nicht mehr in einer positiven Gesamtbilanz verstecken lassen, treten die Probleme offen zutage. Dann ist es oft aber bereits zu spät, weil die Probleme über Jahre hinweg kumuliert sind, die besten Mitarbeiter das Unternehmen entnervt verlassen haben oder die monetären Schäden mitunter so groß sind, dass sie den geringen Nutzen des verantwortlichen Managers bei Weitem übersteigen. Treten die Fehler nicht offen zutage, weil sie immer knapp unter einer kritischen Schwelle liegen, also beispielsweise Großkunden nicht abspringen oder keine hohen Summen veruntreut wurden, können sich ungeeignete Manager über Jahre halten. Das Unternehmen ist dann zwar nicht in seiner Existenz gefährdet, könnte aber weitaus besser dastehen, wenn es die Stelle mit einer anderen Person besetzen würde.

Liegt ein Leistungsbeurteilungssystem vor, so steckt der Teufel oft im Detail. Viele Systeme sind so schlecht, dass sie nur zum Schein ihre Aufgaben erfüllen. Typisch sind beispielsweise ganz einfach gestrickte Beurteilungsskalen, wie sie in Abb. 7.1 dargestellt werden. Auf der einen Seite befinden sich abstrakte Begriffe, die verschiedene Facetten der beruflichen Leistung benennen: Arbeitseinsatz, Fachkompetenz, Führungsverhalten, etc. Auf der anderen Seite gibt es eine mehrstufige Punkteskala, mit deren Hilfe die individuelle Leistung des Managers bewertet werden soll. So oder so ähnlich sehen die meisten Beurteilungssysteme aus. Wer sich einige Minuten Zeit nimmt und einmal kritisch über die einzelnen Punkte nachdenkt, fördert sogleich mehrere Schwachstellen derartiger Skalen zutage:

- Die Beurteilungsskalen wirken wie am „grünen Tisch" konzipiert. Sie erfassen nicht das Spezifische der Leistung eines Managers, also z. B. unterschiedliche Anforderungen, die an einen Manager im Vertrieb im Vergleich zu einem Manager im Personalwesen gestellt werden. Die Skalen sind so allgemein, dass sie auf jeden Arbeitsplatz irgendwie ganz grob, aber auf keinen Arbeitsplatz richtig genau passen.
- Die einzelnen Leistungsdimensionen werden inhaltlich nicht definiert. Was bedeutet konkret „Führung"? Auf welche Führungsstile wird hier Bezug genommen? Da eine Definition ausbleibt, ist der Vorgesetzte auf sich allein gestellt. Er muss definieren, was er unter Führung versteht, und zwar vollkommen unabhängig von der Frage, ob er selbst

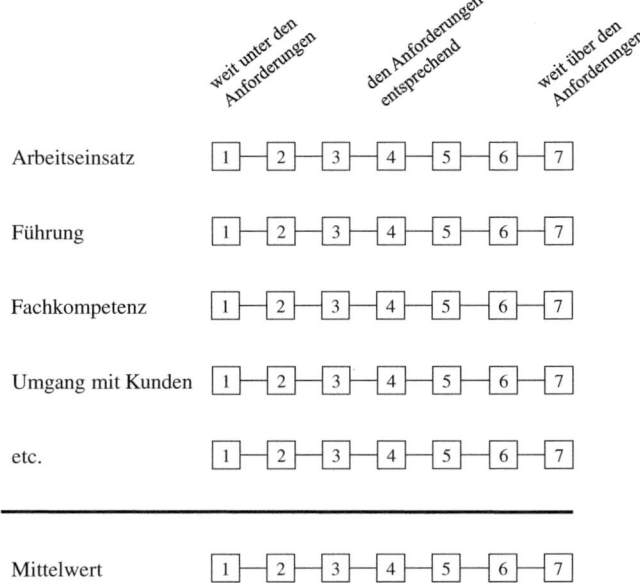

Abb. 7.1 Beispiel für eine schlechte Leistungsbeurteilungsskala

ein reflektiertes und für das Unternehmen passendes Verständnis von Führung hat. Die bewertete Person unterliegt damit einer starken Willkür. Würde sie nicht in Abteilung A, sondern in Abteilung B arbeiten, könnte sie bei identischem Führungsverhalten einen viel höheren oder niedrigeren Punktwert erzielen, und zwar allein deshalb, weil die beiden Vorgesetzten ein anderes Verständnis von Führung haben.
- Die Leistungsdimensionen sind sehr global. Selbst wenn eine Definition vorliegt – meist nur wenige abstrakte Sätze, die man vielleicht bei Wikipedia abgeschrieben hat – wird dabei nicht berücksichtigt, dass die allermeisten Leistungsdimensionen vielschichtig aufgebaut sind. Führung beinhaltet sicherlich mehrere Facetten, so wie jede andere Leistungsdimension auch. So könnte sich die Führung beispielsweise auf die klare Formulierung von Arbeitszielen, die richtige Delegation von Arbeitsaufträgen an einzelne Mitarbeiter, die Förderung ihrer Weiterentwicklung, die Bewältigung von Konflikten und vieles mehr beziehen. Einzelne Manager können in manchen dieser Facetten gut und in anderen wiederum schlecht abschneiden. Eine solchermaßen differenzierte Darstellung der Stärken und Schwächen innerhalb einer Leistungsdimension sieht ein schlechtes Leistungsbeurteilungssystem aber gar nicht vor. Letztlich wird vieles in einen Topf geworfen und nach dem Kochen entsteht

dann eine halbwegs schmackhafte Suppe, ohne dass die Beteiligten am Ende noch erkennen könnten, durch welche Veränderung einzelner Zutaten eine exzellente Suppe zu kreieren wäre.
- Auch die Leistungspunkte sind nicht definiert. Stattdessen begnügt man sich mit Scheindefinitionen. Formulierungen wie „unter den Anforderungen" verschleiern das Problem. Eigentlich müsste an dieser Stelle explizit definiert werden, worin die Anforderungen bestehen und welches konkrete Arbeitsverhalten „weit über den Anforderungen" steht. Erneut ist die Führungskraft selbst gefordert, sich subjektiv die Anforderungen festzulegen. Leider ist somit nicht einmal sichergestellt, dass an alle Manager, die von ein und demselben Vorgesetzten beurteilt werden, für einen konkreten Punktwert auch wirklich die gleichen Anforderungen gestellt werden. Erneut sind der Willkür Tür und Tor geöffnet. In manchen schlechten Beurteilungsskalen wird der Bezug auf die Anforderungen durch Begriffe wie „unterdurchschnittlich", „im Durchschnittsbereich" oder „weit über dem Durchschnitt" ersetzt. Dies macht die Aufgabe für die Vorgesetzten zwar deutlich leichter, führt aber leider nicht zu dem Ziel einer sinnvollen Leistungsbeurteilung. Jetzt erscheint mit einem Mal der Einäugige unter den Blinden als König. Man muss nur besser sein als die Kollegen, um eine sehr gute Bewertung zu erhalten. Für dieselbe Leistung würde ein Manager in Abteilung A einen anderen Punktwert erhalten als in Abteilung B und das nur deshalb, weil die Kollegen, die als Bezugssystem herangezogen werden, unterschiedlich leistungsstark sind. Die Information über die absolute Leistung geht vollkommen verloren. Im schlimmsten Fall bewegt sich das Unternehmen zielstrebig auf den Konkurs zu, ohne dass sich in den Leistungsbeurteilungen die absolut schlechte Leistung der Manager dokumentieren würde.
- Am Ende wird der Mittelwert über die Einzelbewertungen berechnet und dient dann als ein globales Leistungsmaß, über das anschließend z. B. die Höhe einer Bonusauszahlung berechnet wird. Durch die Berechnung des Mittelwertes lassen sich anscheinend selbst größte Leistungsdefizite in einzelnen Leistungsdimensionen durch höhere Werte auf anderen Dimensionen kompensieren. Bei fünf Dimensionen ließe sich beispielsweise ein akzeptabel erscheinender Gesamtwert von 5 Punkten durch völlig unterschiedliche Bewertungsprofile erzielen: $5+5+5+5+5:5=5$; $5+3+5+4+5:5=5$; $2+3+6+7+7:5=5$. Während wir es im ersten Beispielfall mit einer durchweg moderat leistungsstarken Person zu tun haben, deutet der zweite Fall auf deutliche Leistungsdefizite hin. Der dritte Fall beschreibt eine Person, die offenbar fehlplatziert wurde, da sie in

wichtigen Leistungsbereichen anscheinend weitestgehend versagt hat. Dennoch erhalten alle letztlich dieselbe Gesamtbewertung und erzielen denselben Bonus. Dies kann nicht sinnvoll sein.

Diese und weitere Probleme sorgen insgesamt dafür, dass Leistungsbeurteilungssysteme nicht die Aufgaben erfüllen können, für die sie eigentlich vorgesehen sind. Nicht die Leistung der bewerteten Manager entscheidet, sondern die Subjektivität des Vorgesetzten und damit auch in starkem Maße die persönliche Beziehung zum eigenen Vorgesetzten. Die eigentliche Leistung wird dann meist überschätzt. Defizite werden hingegen übersehen oder bis zur Bedeutungslosigkeit heruntergespielt. Damit verpasst das Unternehmen die Chance, leistungsschwache Manager als solche zu identifizieren, ihnen bei der Beseitigung der Defizite zu helfen oder sie ggf. auch frühzeitig aus der Funktion zu entfernen. Das Ganze läuft im schlimmsten Fall über Jahre und Jahrzehnte, bis die unfähigen Leute von allein das Unternehmen verlassen oder so schweren Schaden angerichtet haben, dass ihre Unfähigkeit nicht länger heruntergespielt werden kann.

Aber ändern solche Fälle dann vielleicht etwas an der Misere? Führen sie dazu, dass man die Leistungsbeurteilung ernster nimmt und auf professionelle Füße stellt? Wahrscheinlich nur selten. Viel zu groß ist die Verführung, das komplette Scheitern eines Managers als unglücklichen Einzelfall zu betrachten, quasi als Ausnahme einer Regel, die letztlich dafür spricht, dass das System insgesamt funktioniert. Eigentlich sollte man erkennen, dass der „Einzelfall" nur die Spitze des Eisbergs darstellt, an dem sich zeigt, dass auch in einem sich selbst stabilisierenden System der Leistungsvernichtung manche Fälle so gravierend aus der Reihe tanzen, dass sie sich nicht mehr unter den Teppich kehren lassen.

Eng verknüpft mit der Leistungsbeurteilung ist die Frage, wie ein *Belohnungssystem* gestaltet sein sollte. Auch hierüber ließe sich das Arbeitsverhalten und die Leistung von Managern ein Stück weit steuern. Der Grundgedanke hierbei ist, dass reale Leistung sich lohnen soll. Gute Leistungsergebnisse sollen zu einem höheren Verdienst führen, dazu beitragen, dass die Betroffenen interessantere, anspruchsvollere Aufgaben erhalten und ggf. auch weiter in der Hierarchie aufsteigen. Dass die Bemessung der Belohnung zunächst ein gutes Beurteilungssystem voraussetzt, ist die eine Seite des Problems. Die andere Seite ergibt sich aus der Herausforderung, die Größe der Belohnung angemessen zu berechnen. Grundsätzlich zeigt die Forschung, dass sich über materielle Belohnung die Leistung von Mitarbeitern positiv beeinflussen lässt. Dies gilt insbesondere für eine Kombination aus einem Grundlohn und einer leistungsabhängigen

Prämie, die beispielsweise jährlich ausgezahlt wird. Die Probleme sind aber vergleichbar zur Leistungsbeurteilung vielfältig.

Zunächst ist darauf zu achten, dass Prämien in einem sinnvollen Verhältnis zum Grundlohn stehen. Dieses Prinzip kann durch zwei Fehler ad absurdum geführt werden. Fällt die Prämie zu klein aus, kann sie nicht hinreichend motivierend wirken. Wer bei einem Jahresgehalt von 100.000 € eine Prämie von vielleicht 1000 oder 2000 € über das gesamte Jahr erarbeiten kann, dürfte sich hierdurch kaum motiviert fühlen. Über das Jahr gesehen bleibt nach Abzug der Steuern ein Gewinn in einer Größenordnung von monatlich vielleicht ein bis zwei Tankfüllungen übrig. Das ist eindeutig zu wenig. Im anderen Extrem übersteigt der Bonus das Grundgehalt um ein Vielfaches. Hier besteht die Gefahr, dass die Betroffenen ihre alltäglichen Aufgaben vernachlässigen und ihre Leistung nur in aktuelle Leuchtturmprojekte stecken, über die sie kurzfristig ihre Ausschüttung maximieren.

Wird die Erreichung kurzfristiger Ziele mit sehr hohen Ausschüttungen belohnt, besteht zudem die Gefahr, dass dabei die langfristigen Interessen des Unternehmens zu sehr in den Hintergrund treten. Man denke hier etwa an den Fall des Jürgen Schrempp, der über eine extreme Orientierung am Aktienkurs sein Jahresgehalt über wenige Jahre hinweg erheblich steigern konnte. In der Gesamtbilanz hat sich diese Strategie für ihn selbst monetär sicherlich ausgezahlt. Für das Unternehmen wäre es hingegen besser gewesen, er hätte den langfristigen Erfolg des Konzerns in den Blick genommen. Große Aktiengewinne sind kurzfristig interessant. Sie nützen aber wenig, wenn man sich in eine Blase hineinbegibt, die bald darauf platzt.

Es muss die Möglichkeit geben, die Bonuszahlungen auch über mehrere Jahre hinweg komplett zurückzufordern, wenn sich die vermeintliche Leistung schon nach wenigen Jahren als Flop entpuppt. Für Richard Fuld, den Chef von Lehman Brothers, war es selbst im letzten Jahr des Unternehmens monetär noch überaus attraktiv, die Firma sehenden Auges in den Ruin zu lenken. Obwohl er einen Schaden von rund 660 Mrd. US zu verantworten hat, kassiert er im letzten Jahr rund 46 Mio. US. Hier werden ganz offenkundig die falschen Anreize gesetzt. Nicht die Leistung zählt, sondern die geschickteste Überlebensstrategie. Insgesamt wird geschätzt, dass er in seiner Zeit bei Lehman Brothers 500 Mio. US$ verdient hat.

Wenn reale Leistung sich lohnen soll, dann müssen auch Abfindungen bei vorzeitiger Entlassung vertraglich an die Leistung gebunden sein. Als Thomas Middelhoff Acandor verlassen muss, kassiert er hingegen noch einmal 2,3 Mio. €. Wofür eigentlich? Hätte er nicht eher dem Unternehmen noch etwas zahlen müssen? Als Jürgen Schrempp von DaimlerChrysler vorzeitig entlassen wurde, verzichtet er zwar großzügig auf eine Abfindung, aber auch er muss für den entstandenen Schaden, der alle seine Managergehälter zusammen um ein Vielfaches übersteigt, keinen Schadenersatz zahlen. Wir dürfen gespannt sein, wie sich die Sache im Fall von Martin Winterkorn entwickeln wird.

Wer reale Leistung im Unternehmen fördern will, der muss dafür sorgen, dass die Prinzipien, nach denen Gehälter und Boni ausgeschüttet werden, von den Betroffenen zumindest subjektiv als gerecht erlebt werden. Dabei spielt weniger eine Rolle, dass Spitzenmanager im Erleben von Außenstehenden oft überbezahlt sind. – Die jährlichen Spitzengehälter von Vorstandsvorsitzenden in deutschen Unternehmen lagen im Jahr 2017 zwischen 10 und 21 Mio. €. In den USA erreichen sie bisweilen dreistellige Millionenbeträge. Die intern nachgeordneten Managerebenen interessieren sich eher für den Grad der Überbezahlung im Vergleich zur eigenen Überbezahlung. Als unfair und damit motivationsschädigend erleben nachgeordnete Manager, wenn die Spitzenmanager prozentual stärker überbezahlt sind als sie selbst.

Zudem müssen Bonuszahlungen nach einem transparenten System ausgeschüttet werden. Abb. 7.2 benennt die klassischen Kriterien, die sich nachweislich positiv auf die Leistung auswirken. Vieles davon dürfte gerade im Hinblick auf Bonuszahlungen bei Spitzenmanagern die große Ausnahme sein.

Konsistenz
Die Zuteilung der Gelder erfolgt über die Zeit und über verschiedene Personen hinweg nach den gleichen Regeln.

Unvoreingenommenheit
Es gibt keine Bevorzugung einzelner Personen durch diejenigen, die über die Verteilung entscheiden.

Genauigkeit
Alle für die Verteilung wichtigen Informationsquellen werden ausgeschöpft bevor die Verteilung erfolgt. Kommt es zu einem Leistungsabfall so wird beispielsweise geklärt, ob dies in der Verantwortung der Person liegt oder aber an äußeren Umständen.

Korrekturmöglichkeiten
Erweist sich eine Zuteilung im Nachhinein als ungerechtfertigt, so kann eine Korrektur vorgenommen werden.

Repräsentativität
Die Interessen aller Beteiligten werden bei der Festlegung der Regeln berücksichtigt.

Ethische Rechtfertigung
Allgemeingültige Moralvorstellungen werden eingehalten.

Abb. 7.2 Prinzipien gerechter Verteilung von Boni

Neben Gehalt und Bonuszahlung stellt in den meisten Unternehmen die *Beförderung* eine wichtige Form der Belohnung für bisherige Leistungen dar. Genau genommen liegt in diesem Prinzip jedoch schon eine Quelle des Übels. Sofern ein Mitarbeiter oder ein Manager auf seiner bisherigen Stelle gute Leistung erbracht hat, qualifiziert ihn dies keineswegs auch automatisch für die nächsthöhere Position. Leistung hat immer etwas mit der richtigen Passung zwischen den Eigenschaften eines Menschen auf der einen Seite und den Anforderungen einer bestimmten Stelle auf der anderen Seite zu tun. Eine besonders gute Leistung deutet auf eine gute Passung hin. Wird die betreffende Person nun einfach in die nächsthöhere Ebene befördert, so kann die Passung verloren gehen oder zumindest doch nicht mehr so hoch ausfallen wie bisher. Aus diesem Grund sollten Beförderungen nicht als Belohnung für bisherige Leistung verstanden und ausgesprochen werden, sondern erst nach einer professionellen Prüfung der Eignung für die neuen Aufgaben erfolgen. Die Bewährung auf der derzeitigen Stelle kann dabei durchaus zur Vorauswahl der Kandidaten dienen. Wer sich auf seiner derzeitigen Stelle als sehr leistungsstark erwiesen hat, würde damit die Eintrittskarte in das Auswahlverfahren für den weiteren Aufstieg erhalten.

Jenseits dieser grundsätzlichen Überlegungen zeigt die Praxis an vielen Beispielen aber immer wieder, dass die Leistung oder Eignung nicht einmal die geringste Rolle spielt, wenn es um den weiteren Aufstieg oder das Beharren in einer Position geht, für die man sich eigentlich schon als unqualifiziert erwiesen hat. An gruseligen Beispielen für diesen Missstand mangelt es selbst in den höchsten Positionen der Wirtschaft nicht. Erinnern wir uns hier z. B. an den Werdegang von Jürgen Schrempp. Als Chef der Daimler-Benz-Tochter DASA verantwortete er einen atemberaubenden Verlust von 2,5 Mrd. € und steigt dennoch in den Vorstand des Mutterkonzerns und letztlich sogar zu dessen Vorstandsvorsitzenden auf. Sein Vertrag als Vorstandsvorsitzender wurde selbst dann noch verlängert, als eigentlich auch dem letzten Outsider klar geworden sein musste, dass die Fusion mit Chrysler gescheitert war. DaimlerChrysler hatte fast zwei Drittel seines Aktienkurses verloren, während im gleichen Zeitraum der Aktienwert der DAX-Unternehmen um mehr als 160 % angestiegen ist. Mehr als 80.000 Menschen hatten ihren Arbeitsplatz verloren. Mehrfach hat er die Öffentlichkeit und die Aktionäre durch falsche Versprechungen hinters Licht geführt. Und dennoch wird sein Vertrag verlängert. Manch einer mag sich an dieser Stelle die Frage stellen, welchen Schaden Jürgen Schrempp denn eigentlich hätte anrichten müssen, damit ihn der Aufsichtsrat einige Jahre früher, und damit vielleicht sogar noch halbwegs rechtzeitig, vor die Tür gesetzt hätte. Im Vergleich hierzu erscheint ja selbst der Papst noch ein besserer Aufsichtsrat zu sein. Im Fall Tebartz-van Elst hat es nur wenige Monate gedauert, bis der Bischof von Limburg seiner Ämter enthoben wurde, obwohl der angerichtete Schaden gerade mal im zweistelligen Millionenbereich lag.

Die Wirkung derartiger Fälle auf die nachgeordneten Managerebenen dürfte geradezu katastrophal sein, denn sie signalisieren vor allem eins: Nicht die eigene Befähigung oder gar die reale Leistung zählt, sondern Beziehungen oder der große Auftritt, mit dem Eignung überzeugend suggeriert wird. Gesucht wird kein guter Manager, sondern ein Managementdarsteller. Wer als junger Nachwuchsmanager seine Karriere an solchen Vorbildern ausrichtet, weiß, was zu tun ist. Leistung ist nicht schädlich, aber keineswegs eine notwendige Bedingung, um in begehrte Positionen aufsteigen zu können. Wer unter solchen Arbeitsbedingungen seine Karriere auf Leistung aufbauen will, handelt edel und gut, aber leider nicht strategisch klug. Das Belohnungssystem selbst sorgt dafür, dass Leistung sich kaum richtig lohnt und Managementfehler nicht systematisch sanktioniert werden. Dies bedeutet natürlich nicht, dass alle, die aufsteigen, lausige Manager werden; die Wahrscheinlichkeit dafür, dass sich unter den Aufsteigern auch Blender befinden, steigt jedoch unnötig an.

Eine Möglichkeit, sich als Unternehmen über strukturelle Maßnahmen gegenüber schlechten Managemententscheidungen abzusichern, ist die verbindliche Einführung eines *Risikomanagements*. Zu diesem Zweck muss bei jedem großen Projekt ein Plan entwickelt werden, der potenzielle Risikoszenarien und deren Lösungsalternativen durchspielt. Dies zwingt die Entscheidungsträger, wichtige Entscheidungen tiefergehend zu durchdenken und Risiken bewusst gegeneinander abzuwägen. Überdies müsste man Maßnahmen vorbereitet, um im Krisenfall schnell gegensteuern zu können. Offenbar ist ein professionelles Risikomanagement nicht einmal bei Großprojekten selbstverständlich. Beim Flughafenbau in Berlin deckt erst ein junger Mitarbeiter, der neu in das Unternehmen eingestiegen ist, den Mangel auf. Anschließend versucht er seine Vorgesetzten bis hin zur Geschäftsführung von der Sinnhaftigkeit des Risikomanagements zu überzeugen – ohne Erfolg. Zum einen halten die Manager eine solche Maßnahme für überzogen, schließlich hat man das Projekt ja voll im Griff, zum anderen wollen sie den Aufsichtsrat nicht unnötige Sorgen bereiten. Eine wirklich gute Entscheidung!

Eine weitere strukturelle Maßnahme, die dazu beitragen kann, ein Unternehmen professionell vor Fehlentscheidungen zu schützen, liegt in der klaren *Definition von Verantwortlichkeiten*. Auch dies mutet Laien mehr als banal an und sicherlich ist es das auch. Wenn jeder – auch jeder einzelne

Manager – weiß, welche Entscheidungen er treffen, und später auch verantworten muss, sollte dies der Qualität der Arbeit zuträglich sein. Ja, eine solche Aufteilung legt eigentlich erst die Grundlage für ein halbwegs funktionstüchtig arbeitendes Unternehmen. Aber auch hier lernen wir aus den Insiderberichten eines Mitarbeiters der Flughafengesellschaft, dass dies keineswegs überall gelebte Praxis ist. Er beschreibt, dass in seinem Bereich weder die einfachen Mitarbeiter noch die Vorgesetzten klar abgegrenzte Aufgabenfelder bearbeitet haben, was dazu führte, dass gleichzeitig an mehreren Stellen an denselben Problemen gearbeitet wurde. Die Diffusion der Verantwortlichkeit schien die Beteiligten mehr und mehr zu lähmen. Warum sollte man sich anstrengen, wenn man schon mehrfach die Erfahrung gemacht hat, dass am Ende sich niemand für die eigenen Arbeitsergebnisse interessiert, weil irgendein Kollege aus der Nachbarabteilung die Aufgabe schon vor einem halben Jahr abschließend bearbeitet hat. Es gab zu viele Vorgesetzte mit winzig kleinen Arbeitsbereichen, die einander überschnitten. Als der Mitarbeiter das Thema in einer der zahllosen Besprechungsrunden thematisiert, versandet die Diskussion nach kurzer Zeit und alles bleibt beim Alten.

Wir sehen, das Missmanagement hat viele Väter und diese Väter sind auch in den Arbeitsbedingungen, unter denen Manager arbeiten müssen, zu lokalisieren. Eigentlich sollten die Arbeitsbedingungen so beschaffen sein, dass Fehler, die immer mal wieder vorkommen können, unwahrscheinlicher werden. Die Arbeitsbedingungen könnten dazu beitragen, dass wenig befähigte oder gar unfähige Personen nicht unkontrolliert jahrelang Schaden anrichten können. Arbeitsbedingungen können im schlechtesten Fall aber auch so beschaffen sein, dass sie Missmanagement nicht verhindern, sondern es begünstigen oder sogar provozieren. Im Worst-Case-Szenario lernen bereits die Nachwuchsmanager, dass gute Leistung für ihre Karriere bestenfalls „nice to have" ist. Wirklich relevant ist vielmehr die professionelle Vermarktung der eigenen Person und die Zugehörigkeit zu Netzwerken. Selbst größte Fehlentscheidungen und Milliardenverluste können dann unter den Teppich gekehrt werden. Sofern der Form halber Leistung erfasst wird, sind die Leistungsbeurteilungssysteme so einfach gestrickt, dass jede Drittsemesterstudentin der Psychologie sie in 15 min vollends methodisch zerlegen könnte. Am Ende spiegeln die Punktwerte nicht die reale Leistung der Manager wider, sondern ihr Verhältnis zum eigenen Vorgesetzten, denn der kann alle Freiheitsgrade des Beurteilungssystems so nutzen, dass er seinen Protegés auf ihrem Weg durch die Instanzen den Steigbügel hält und ungeliebte Mitarbeiter auf Dauer kalt stellt. Sehr schnell lernen die Betroffenen, dass man nicht gut sein, sondern dem eigenen

Vorgesetzten gefallen muss. Dies bedeutet dann natürlich auch, dass man dessen Kompetenz nicht infrage stellt und ggf. seine eigenen Fehlentscheidungen deckt. Nur einen Fehler darf man dabei nicht begehen. Wer für den eigenen Vorgesetzten zu wichtig geworden ist, muss damit rechnen, dass seine Karriere ins Stocken gerät, weil der Chef einen unbedingt an die eigene Abteilung binden will. Verlassen zu viele gute Leute seine Abteilung, so fällt vielleicht irgendwann einmal den Verantwortlichen weiter oben in der Hierarchie auf, wer hier die eigentlichen Leistungsträger waren. Über Schwächen der eigenen Person muss man sich keine Gedanken machen. Sofern sie überhaupt durch das Beurteilungssystem zutage gefördert werden, verschwinden sie im Mittelwert der Gesamtbewertung. Zielvereinbarungen, die leistungsschwachen Managern leicht gefährlich werden könnten, existieren entweder nicht oder sie sind betont schwammig gehalten. So lässt sich manches Übel verbergen. Hat man Pech und gerät an einen Vorgesetzten, der präzise Ziele setzt, kann man immer noch darauf hoffen, dass die Ziele zu anspruchslos sind, als dass sie die Defizite des Managers zutage fördern können. Oder man hat ganz einfach Glück und die Führungskraft traut sich nicht, negative Bewertungen im Beurteilungssystem zu dokumentieren. So ersparen sich beide Seiten ein unangenehmes Gespräch. Schließlich will man ja dauerhaft kollegial zusammenarbeiten und durch vermeidbare Kritik die Harmonie nicht stören. Selbstverständlich sind auch die monetären Belohnungssysteme nicht an die reale Leistung gekoppelt. In der einen Abteilung bekommen alle Mitarbeiter ohne Ansehen der Person denselben Zuschlag, in der anderen Abteilung fällt der Zuschlag so gering aus, dass er niemanden zu mehr Leistung motivieren kann. Zu allem Überfluss sind die Arbeitsbedingungen so gestaltet, dass Fehlentscheidungen fast schon zwangsläufig auftreten müssen. Die Manager arbeiten rund um die Uhr, müssen täglich dutzende von Entscheidungen im Vorbeigehen treffen, haben keine Zeit, Vorlagen sorgfältig zu studieren oder strategische Entscheidungen gründlich zu durchdenken und leben in einem Unternehmen, in dem der Flurfunk wichtiger ist als offizielle Papiere. Wenn dann auch noch der eine oder andere Nebenjob an der Substanz nagt, ist die nächste Fehlentscheidung nur eine Frage der Zeit. Wie schade, dass es für diesen Fall keinen Risikoplan gibt, mit dem sich die schlimmsten Folgen noch beseitigen ließen. Wie gut für den Manager, dass es am Ende auch niemanden so richtig interessiert, ob seine Entscheidungen richtig waren oder nicht.

8

Wie bilden Manager sich weiter?

Wenn wir erkennen, dass Manager nicht immer die besten Voraussetzungen mitbringen, um ihre Arbeitsaufgaben befriedigend erfüllen zu können, so bleibt immer noch die Hoffnung, dass sie ihre Defizite im Lauf der Zeit reflektieren und ein Stück weit daran arbeiten. Jährlich werden in der deutschen Wirtschaft mehr als 33 Mrd. € in die berufliche Weiterbildung investiert. Da dürfte wohl auch die eine oder anderen Million für die Entwicklung von Managern drinstecken. Oberflächlich betrachtet investieren insbesondere Großunternehmen durchaus sehr viel in die Heranbildung und Weiterentwicklung ihrer Manager; wie so oft gilt aber auch hier, dass großer Aufwand nicht unbedingt immer große Wirkung entfaltet. Die Probleme sind vielfältig. Sie reichen von der richtigen Identifizierung des individuellen Weiterbildungsbedarfs über die Auswahl wirksamer Methoden und die Unterstützung des Transfers der Lerninhalte in den Arbeitsalltag bis hin zur professionellen Evaluation der eingesetzten Maßnahmen.

Effiziente Personalentwicklung ist immer maßgeschneidert. Dies gilt für Manager noch sehr viel mehr als für Mitarbeiter mit vergleichsweise einfachen Funktionen. Im Einzelfall muss analysiert werden, bei welcher Person welcher *Weiterbildungsbedarf* vorliegt. Eine erste wichtige Quelle der Bedarfsanalyse sind die Betroffenen selbst. Sie erleben ihren Arbeitsalltag so hautnah wie kein anderer und sollten somit eigene Schwächen und Defizite als Erste erkennen. Doch hier beginnen bereits die Probleme. Sie sollten zwar die eigenen Defizite erkennen, dies bedeutet aber nicht, dass es tatsächlich so ist. Und selbst wenn sie über eine hinreichende *Selbstreflexion* verfügen, bleibt immer noch die Frage, ob sie sich offen gegenüber

Vorgesetzten, der Personalabteilung oder einem Coach dazu bekennen. Viele sind nicht zuletzt deshalb in hohe Positionen vorgedrungen, weil sie sich selbst weit überschätzen und nach außen als besonders stark dargestellt haben. Nun mit einem Mal Schwächen einzugestehen, widerspricht dem jahrzehntelang gepflegten Selbstkonzept und mag auch in einer Arbeitsumwelt schlecht ankommen, in der Selbstkritik als Schwäche gilt. Je weiter die Betroffenen auf der Karriereleiter aufsteigen, desto weniger werden sie offen infrage gestellt – von eigenen Vorgesetzten, Kollegen oder gar von eigenen Mitarbeitern. Dies fördert ein positiv verzerrtes Selbstbild als Macher, der notfalls auch am offenen Herzen operieren könnte, wenn man ihn nur lassen würde. Vergleichsweise wenige von ihnen werden bei sich selbst Weiterbildungsbedarf erkennen oder bereit sein, entsprechende Maßnahmen über sich ergehen zu lassen, entweder weil sie keinen Sinn darin erkennen und/oder weil sie sich keine Blöße geben wollen. Man stelle sich nur einmal Jürgen Schrempp, Thomas Middelhoff oder Martin Winterkorn in einem Seminar vor, in dem sie sich über kognitive Entscheidungsfehler informieren oder lernen sollen, ihr eigenes Bauchgefühl infrage zu stellen – ein nahezu absurdes Unterfangen.

Eine andere Quelle der Bedarfsanalyse wären *Vorgesetzenbeurteilungen*. Für die Bestimmung des individuellen Weiterbildungsbedarfs eignen sie sich nur dann, wenn sie differenziert und halbwegs objektiviert Auskunft über das Arbeitsverhalten der Manager geben könnten. Dies ist in der Regel nicht der Fall. Manager werden oft allein nach ihrem Output bzw. dem Output ihrer Mitarbeiter bewertet, ohne dass ihre Vorgesetzten überhaupt gut einschätzen können, wie ein bestimmtes Arbeitsergebnis zustande gekommen ist. Die Sicht von oben nach unten ist also oft viel zu grob, als dass sich hieraus spezifische Erkenntnisse für die Weiterbildung ableiten ließen. Liegen Skalen zur Bewertung der Managerleistung vor, so sind diese in der Regel qualitativ so schlecht, dass sie nur Meinungen und Mutmaßungen von Vorgesetzten erfassen, nicht aber das reale Arbeitsverhalten. Letztlich helfen Vorgesetztenbeurteilungen daher nicht sehr viel weiter, obwohl sie de facto in den meisten Unternehmen die zentrale Grundlage für den weiteren Karriereverlauf der Manager darstellen.

Sehr viel besser wäre eine *360-Grad-Beurteilung*. Hierbei nimmt der Manager zunächst selbst eine Beschreibung des eigenen Arbeitsverhaltens vor. Angereichert wird die Perspektive des Selbstbilds durch mehrere Sichtweisen von außen. Befragt werden Vorgesetzte sowie unterstellte Mitarbeiter, Kollegen und Kunden (Abb. 8.1). Jede einzelne Sichtweise ist dabei zwangsläufig defizitär. In der Gesamtschau ergibt sich allerdings ein Mosaik, das der Realität näherkommt als das Selbstbild des Managers allein oder das

8 Wie bilden Manager sich weiter?

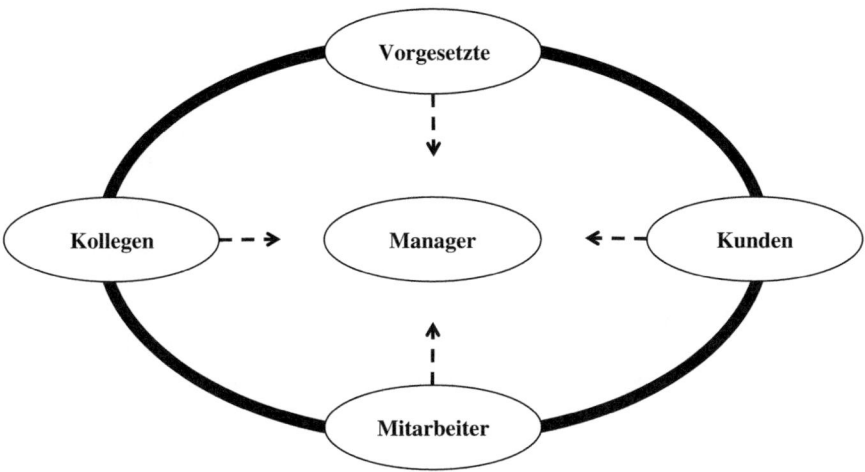

Abb. 8.1 Prinzip der 360-Grad-Beurteilung

Fremdbild seines Vorgesetzten. Wer könnte besser das Führungsverhalten einschätzen als die unterstellten Mitarbeiter? Wer erfährt mehr über die verschiedenen Aspekte der Teamfähigkeit als die unmittelbaren Kollegen? Je näher die Beschreibung am alltäglichen Verhalten des Managers ausgerichtet ist und je weniger nach abstrakten Persönlichkeitsbeschreibungen gefragt wird, desto wertvoller ist das Ergebnis der 360-Grad-Beurteilung für die Feststellung des Weiterbildungsbedarfs. In Deutschland dürfte die 360-Grad-Beurteilung nur selten zum Einsatz kommen, am ehesten in großen Unternehmen und bezogen auf eher niedrige Managementpositionen. In den meisten Unternehmen wäre insbesondere die Bewertung des Managerverhaltens durch unterstellte Mitarbeiter ein allzu großer Bruch von hierarchischen Traditionen, die seit Jahrzehnten gepflegt werden.

Eine weitere Quelle der Definition des individuellen Weiterbildungsbedarfs stellen *Potenzialanalysen* dar. Sie beziehen sich nicht in erster Linie auf die Frage, inwieweit ein Manager seinen derzeitigen Arbeitsaufgaben gewachsen ist, sondern richten den Blick auf die Zukunft. Es geht um die Frage, inwieweit eine Person für anspruchsvollere Aufgaben geeignet ist bzw. was sie noch lernen müsste, um diese Aufgaben in Zukunft gut bewältigen zu können. Nur hin und wieder mögen die Ergebnisse der Potenzialanalyse so verheerend ausfallen, dass sie sogar die Eignung der Betroffenen auf ihrer derzeitigen Position infrage stellen. Eine Potenzialanalyse läuft über mehrere Tage. Die Teilnehmer absolvieren eine Vielzahl von Übungen, die im Kern den Charakter von Arbeitsproben für die nächst anspruchsvollere Aufgabenebene haben. Zusätzlich kommen Testverfahren zur Einschätzung grundlegender Kompetenzen zum Einsatz. Auf der Grundlage der Ergebnisse wird anschließend festgestellt, wie groß die Lücken zwischen dem Status quo und den zukünftigen Arbeitsaufgaben ausfallen, ob diese Lücken zu schließen sind und mit welchen Maßnahmen der Personalentwicklung dies geschehen soll. Das primäre Einsatzgebiet der Potenzialanalysen sind Großunternehmen und hier auch nur die unteren Managementebenen. Je weiter oben ein Manager in der Hierarchie steht, desto weniger traut man sich, seine Eignung infrage zu stellen.

Wir sehen, die Basis für eine individuell zugeschnittene Personalentwicklung ist oft nicht einmal ansatzweise gegeben. Was bleibt, sind die Orientierung an Plausibilitätsbetrachtungen, die Wünsche der Betroffenen oder eine blinde Auswahl von Weiterbildungsmethoden, die der aktuellen Mode entsprechen.

Seit den 1990er-Jahren hat sich insbesondere in der Weiterbildung von Managern ein Ansatz etabliert, der durchaus Potenziale in sich trägt, in der gelebten Praxis jedoch mitunter recht zwielichtig daherkommt. Die Rede ist vom *Coaching*. Im Gegensatz zum klassischen Training war Coaching ursprünglich ein Eins-zu-eins-Beratungsansatz. Ein Manager trifft sich über einen Zeitraum von einigen Monaten alle paar Wochen mit einem Coach, um in den Sitzungen schwierige Situationen seines beruflichen Lebens zu besprechen. Der Coach liefert dabei Anregungen zur Selbstreflexion, ermuntert neue Verhaltensstrategien auszuprobieren, gibt ein ehrliches Feedback u. v. m. Coaching kann so zu einer intensiven Auseinandersetzung mit eigenen Schwächen und beruflichen Herausforderungen werden. So weit so gut. Entscheidend für den Nutzen des Coachings ist letztlich die Qualität des Coaches und seiner Methoden. Genau hier liegen die Quellen des Übels.

Die Berufsbezeichnung Coach ist rechtlich nicht geschützt. So kann sich ein Jeder, der es gern möchte, Coach nennen und mit völlig beliebigen Methoden sein Glück auf dem Weiterbildungsmarkt suchen. Mehr als 300 verschiedene privatwirtschaftlich organisierte Coaching-Ausbildungen wetteifern um zahlende Kunden, denen sie eine berufliche Perspektive versprechen. Je nach Geldbeutel reicht die Ausbildung über wenige Tage bis hin zu einer berufsbegleitenden Maßnahme, die über mehr als ein Jahr läuft. Wer am Ende trotz Coachingausbildung wirtschaftlich nicht überleben kann, sucht sich einfach ein paar vermeintliche Patentrezepte aus der Ratgeberliteratur zusammen, fantasiert selbst noch ein wenig hinzu und versucht, mit der 327. Coachingausbildung seine Brötchen zu verdienen. Mehr als 20 Berufsverbände wollen dem Wildwuchs Einhalt gebieten und doch dokumentiert gerade ihre Vielzahl, dass ihnen dies nicht gelingt, zumal auch zwielichtige Vertreter des Coachings ihren eigenen Verband gründen können. Am Ende stellt sich immer die Frage, was einen Durchschnittscoach eigentlich dazu qualifiziert als Experte für menschliches Verhalten, Personalentwicklung, Führung oder ähnliches aufzutreten. Die nüchterne Antwort lautet: Nichts!

Die Methoden des Coachings sind erwartungsgemäß sehr vielfältig und werden keineswegs nur in der Einzelberatung, sondern auch in Gruppenveranstaltungen vermarktet. Manche dieser Methoden sind neu und verrückt, während andere sich schon lange etabliert haben, was jedoch nicht bedeutet, dass sie weniger verrückt sein müssen.

Zu den neuen Methoden zählen u. a. *Veranstaltungen mit Tieren.* Leichtgläubige (Nachwuchs-)Führungskräfte sollen hier beispielsweise auf einer Weide eine Herde Schafe von A nach B treiben und dabei wie durch ein Wunder lernen, reale Mitarbeiter zu führen. Hierhinter steckt offenbar die Idee, dass die meisten Mitarbeiter kaum klüger als ein gemeines Schaf seien und in der Masse ziemlich genau so wie eine Herde putziger Paarhufer funktionieren. Wer mutiger ist – und auch mehr Geld seines Arbeitgebers verbraten darf – bucht ein Einzelcoaching beim Pferdetrainer. Nein, hier werden nicht etwa Pferde trainiert, der Coach nutzt vielmehr die Pferde, um dem Manager etwas beizubringen und zwar vor allem Führung. Denn wer ein Pferd führen kann, der kann auch Menschen führen, so der unerschütterliche Glaube der Protagonisten. Ebensogut könnte man annehmen, dass bereits ein Führerschein seinen Besitzer dazu qualifiziert Menschen zu führen, aber diese Idee lässt sich wirtschaftlich nicht einmal halb so gut ausschlachten. Die Manager müssen übrigens nicht auf den Pferden reiten – dies würde den Kreis der potenziellen Kunden von vornherein nur unnötig eingrenzen. Ihre Aufgaben bestehen lediglich darin, die Pferde durch einen Parcours zu führen oder sie im Kreis herum laufen zu lassen. Die Scheinparallele zum Arbeitsalltag lässt sich dann sehr leicht konstruieren: Müssen die Manager ihre Belegschaft nicht auf die eigene Person einschwören, damit sie ihm durch die Untiefen der Wirtschaftskrise auf dem Weg nach oben ergeben folgen? Muss ein Produktionschef die Arbeiter am Fließband nicht jeden Tag aufs Neue motivieren, damit sie genügsam ihrer eintönigen Arbeit nachgehen, ganz so wie ein müder Gaul durch die Manege schlurft? Mit Assoziationen lässt sich alles hinbiegen. Schade nur, dass es nicht funktionieren kann, weil die Menschen komplexer denken und handeln als ein Pferd, die Rahmenbedingungen im Berufsalltag völlig andere sind als in der Reithalle und der Manager sich den Mitarbeitern gegenüber ganz anders verhält als gegenüber dem Pferd, um nur einmal die wichtigsten Probleme anzudeuten.

Richtige Naturburschen entscheiden sich für ein *Outdoor-Training* – je aufwendiger, desto unterhaltsamer. Kleine, unbedeutende Manager gehen mit ihren Kollegen einen Tag lang in den Klettergarten, während die wirklich wichtigen Leute ein paar Tage auf einem Segelboot im Mittelmeer verbringen oder von ihrem Arbeitgeber für eine Woche in die Wüste geschickt werden. Das bereitet jede Menge Spaß und führt zu bleibenden Erinnerungen, nur eines kann es leider nicht bewirken: Ein besseres Managementverhalten am Arbeitsplatz.

Wer die Fauna scheut, kann sich auch von einem *Dirigenten* Lebensweisheiten zum Thema Führung und Management beibringen lassen. Muss ein Dirigent nicht gut organisiert sein? Folgt ihm nicht die ganze Mannschaft, vom ersten Geiger bis hin zum gemeinen Paukisten stets aufs Wort? Wer als Manager so denkt – oder sich dergleichen einreden lässt – hat die Realität seiner beruflichen Aufgaben wohl kaum erfasst. Natürlich kann er von einem Dirigenten für sein eigenes Berufsfeld nichts lernen. Aber ein Tag mit einem Orchester ist noch allemal angenehmer als ein Coaching, bei dem er sich ernsthaft mit der eigenen Person und ihren Schwächen auseinandersetzen müsste.

Wer es esoterisch mag, besucht eine *Organisationsaufstellung nach Hellinger*. In einem Gruppencoaching mit vielleicht zehn Teilnehmern, die alle Manager in unterschiedlichen Unternehmen sind, kann jeder seine ganz individuellen Probleme in Windeseile lösen – so das Versprechen. Dabei hilft ihm der Coach und eine metaphysische Instanz, das sog. wissende Feld. Doch der Reihe nach. Zu Beginn der Veranstaltung muss sich ein Freiwilliger melden. Stellen wir uns vor, Martin Winterkorn würde in den letzten Wochen seiner Amtszeit an einer solchen Organisationsaufstellung teilnehmen und meldet sich mutig als erstes Opfer. Zunächst einmal muss er die zentralen Figuren seiner Problemlage identifizieren. Da sind z. B. Kunden, die ihre manipulierten Autos zurückgeben wollen, und potenzielle Neukunden, die sich jetzt von vorherein für eine andere Marke entscheiden. Vertreter US-amerikanischer Behörden erheben Forderungen in Milliardenhöhe, als Strafe für die Missachtung der Gesetze. Im eigenen Unternehmen gibt es leitende Ingenieure, die ihm durch den Einbau von Abschaltvorrichtungen die ganze Misere eingebrockt haben. Ein weiterer Protagonist ist sicherlich der übermächtige Aufsichtsratsvorsitzende Ferdinand Piëch, der Winterkorn vor die Tür setzen kann, und über allem thront der selige Ferdinand Porsche, ohne dessen Käfer es den gesamten Volkswagenkonzern überhaupt nicht gäbe. Für jede dieser Parteien muss Winterkorn nun einen Teilnehmer aus dem Coachingseminar auswählen, der zunächst symbolisch dessen Rolle in der Organisationsaufstellung einnimmt, die sog.

Stellvertreter. Er schaut also kurz in die Runde, ergreift einen Teilnehmer von hinten an den Schultern und schiebt ihn intuitiv auf einen passend erscheinenden Platz auf einer imaginären Bühne im Seminarraum. Nachdenken darf er bei dieser Aktion nicht, denn allzu viel Rationalität zerstört die Illusion. Es geht schlicht darum, dem reinen Gefühl zu folgen. So werden nacheinander in unserem Beispielfall sechs Personen aufgestellt und zwar je ein Stellvertreter für die kritischen Kunden, die potenziellen Kunden, die amerikanischen Behörden, die Ingenieure, für Piëch und den bereits vor Jahrzehnten verstorbenen Ferdinand Porsche. Zum Schluss sucht er sich noch einen Stellvertreter für die eigene Person aus und platziert auch diesen auf der Bühne. Jetzt kommt der Coach ins Spiel. Er geht zu den einzelnen Stellvertretern und fragt sie nach ihrem Erleben. Da steht dann vielleicht der unzufriedene Kunde hinten rechts in der Ecke und beschwert sich, dass niemand sich für ihn interessiert. Der Stellvertreter von Ferdinand Porsche fühlt sich unwohl, weil er mitten auf der Bühne steht und alle ihn anstarren. Wer nun denkt, die Stellvertreter würden ganz einfach küchenpsychologisch die geometrische Anordnung der Personen auf der Bühne interpretieren, hat die Rechnung ohne das wissende Feld gemacht. Das wissende Feld sorgt nicht nur dafür, dass die Anordnung kein Zufallsprodukt ist, sondern der realen Beziehung der Stellvertreter untereinander bzw. ihrer Lebenswirklichkeit entspricht. Es bewirkt auch eine Metamorphose der handelnden Personen. Der Stellvertreter von Ferdinand Porsche ist nicht etwa irgendein Manager, der sich auf Kosten des Unternehmens einen unterhaltsamen Coachingtag gönnt, nein, sobald er auf der Bühne steht ist er die Reinkarnation des einzig wahren Porsche. Das gilt für alle Stellvertreter. Besonders schwierig dürfte die Aufgabe für den Stellvertreter von Millionen betrogenen Kunden sein, doch selbst das bekommt das wissende Feld auf wundersame Weise hin. Der Stellvertreter steht und fühlt wie Millionen Menschen. Die Aussagen der Stellvertreter sowie ihre Position auf der Bühne geben dem Coach ein glasklares Bild von der Struktur des realen Problems. Aufgrund seiner hervorragenden Ausbildung weiß er beispielsweise, dass die Vergangenheit immer hinten auf der Bühne angesiedelt ist, während die Zukunft vorn zu stehen hat. Ganz weit links ist die hierarchische Spitzenposition und ganz weit rechts der Platz für die Leute mit dem geringsten Status. So wird mit einem Mal alles deutlich. Ferdinand Porsche steht in der Mitte des Geschehens. Das ist natürlich falsch. Ihm als Patriarchen gebührt selbstverständlich der ehrenvollste Platz auf der Bühne möglichst weit links und hinten. Dass er nicht richtig positioniert wurde, ist Ausdruck mangelnder Wertschätzung und ein grob fahrlässiger Verstoß gegen die Ordnung. In der Welt des Bert Hellinger ist die Ordnung ein ebenso archaisches wie rigoroses Konzept: Frauen sind den Männern untertan, Kinder haben ihren Eltern blind Gehorsam zu leisten. Wer gegen diese Ordnung verstößt, zieht den ganzen Zorn des Schicksals auf sich. In der Familie bedeutet dies, dass die Kinder des Übeltäters vielleicht schon bald an Krebs erkranken werden. Im Unternehmen gehen die Absatzzahlen zurück, weil der Vorstandsvorsitzende dem Firmengründer nicht die notwendige Ehre erwiesen hat. Wie gut, dass die Organisationsaufstellung derartige Missstände zutage fördert. Mehr noch, sie stellt auch bestechend einfache Lösungen zur Heilung der diversen Wunden zur Verfügung. Im Fall unseres Beispiels müsste der Stellvertreter von Martin Winterkorn beispielsweise vor dem Stellvertreter von Ferdinand Porsche niederknien, sich zu seiner Schuld – der mangelnden Ehrbezeugung – bekennen und um Verzeihung bitten. Anschließend wird der Stellvertreter an den Platz auf der Bühne geschoben, der ihm eigentlich zusteht, in diesem Fall also hinten links. Analog geht man bei allen übrigen Figuren vor. Am Ende stehen die Kundenvertreter möglicherweise vorn in der Mitte der Bühne und alle anderen Stellvertreter richten ihren Blick auf sie aus, denn schließlich stellen alle ihre gesamte Arbeitskraft in einen Dienst zum Wohl des Kunden. Ganz zum Schluss wird der Stellvertreter von Martin Winterkorn gegen den leibhaftigen Winterkorn auf der Bühne ausgewechselt. Alle lassen die Szenerie noch ein wenig auf sich wirken und dann löst sich das gesamte Bühnenbild wieder auf. Alle setzen sich auf ihre Stühle und nach einer kurzen Kaffeepause beginnt die nächste Organisationsaufstellung. Jetzt betritt vielleicht Klaus Wowereit die Bühne und versucht beim Flughafenbau in Berlin noch die eine oder andere Milliarde zu retten. Wer nun denkt, das ganze Theater habe doch nichts verändert, der übersieht erneut die Kraft des wissenden Felds. Das wissende Feld saugt die veränderte Organisationsaufstellung im Seminarraum auf und verändert nun das Erleben und Verhalten der realen Menschen, die überhaupt nicht anwesend waren. Mit einem Mal bekommen Millionen Autofahrer in den USA Lust, sich einen VW-Jetta zu kaufen und Dutzende von Regierungsbeamten streichen die lästigen Strafzahlungen. So einfach kann die Welt sein, wenn man bereit ist, zu glauben. – Wir wissen nicht, wie viele Manager jährlich solche oder ähnliche Veranstaltungen besuchen. Die Zahlen dürften sich im Promillebereich bewegen. Die Tatsache, dass überhaupt solch eine Methode vertrieben wird, wirft ein erschreckendes Licht auf die Szene der Weiterbildungsangebote. Die Organisationsaufstellung ist vielleicht die Spitze eines Eisbergs absurder Methoden, die keine Wirkung entfalten können, wohl aber einen gewissen Unterhaltungswert aufweisen.

Ein Ansatz, der viel seriöser daherkommt und sich seit Jahrzehnten etabliert hat, ist das *Neurolinguistische Programmieren* (NLP). NLP-Thesen sind heute weit in die Ratgeberliteratur hineindiffundiert. Ja selbst in Hochschulseminaren finden sich bisweilen Inhalte aus den Glaubenssätzen des NLP wieder, obwohl sie oft nicht das Papier wert sind, auf das sie geschrieben wurden. Schauen wir uns im Folgenden einmal einige Klassiker des NLP an. Folgen wir den Grundsätzen des NPL, so lassen Menschen sich sinnvoll in drei Gruppen einteilen. Sie sind entweder visuelle, auditive oder kinästhetische Typen. Visuelle Typen sollen besonders sensibel auf bildhafte Informationen reagieren. Sie speichern bevorzugt Bilder in ihrem Gedächtnis, rufen Bilder leichter aus dem Gedächtnis hervor und denken auch eher bildhaft. Wer einen visuellen Menschen beeinflussen möchte, muss daher bevorzugt mit bildhaften Informationen arbeiten. Hierin unterscheidet sich der visuelle Typ deutlich vom auditiven. Bei ihnen ist der Gehörsinn besonders sensibel. Daher kommt man hier mit Bildern nicht sehr weit. Er muss mit sprachlichen Argumenten überzeugt werden. Beim kinästhetischen Typ sind im Vergleich zu den anderen die Gefühle besonders sensibel. Bei ihm müsste man daher an das Gefühl appellieren, um ihn effektiv beeinflussen zu können. Die Gründe dafür, warum man überhaupt andere Menschen beeinflussen möchte, sind im Leben eines Managers zahlreich: Es geht darum, Mitarbeiter in ihrer Arbeitseinstellung zu beeinflussen, Kunden sollen von den Vorzügen eines Produkts überzeugt werden, bei Geschäftskunden möchte man die Preise drücken oder den eigenen Vorgesetzten von der besonderen Leistungskraft der eigenen Person überzeugen. Einmal abgesehen davon, dass die Einteilung in die drei Typen jeder empirischen Basis entbehrt und eine geradezu kindliche Simplifizierung der Realität bedeutet, stellt sich dem gläubigen NLP-Anhänger die Frage, woran er denn eigentlich erkennen soll, um welchen Typ es sich bei seinem Gegenüber handelt. Nichts leichter als das. Der reinen Lehre zufolge gibt die Blickrichtung eines Menschen Auskunft über seine Zugehörigkeit zu einem bestimmten Typus. Wer bevorzugt nach oben schaut soll ein visueller Typ sein. Der horizontale Blick verrät den auditiven Typen und häufiges Blicken nach unten deutet auf einen kinästhetischen Zeitgenossen hin. Warum das so ist? Ganz einfach, weil die Erfinder des NLP es so behauten und man als guter Jünger den Guru nicht infrage stellt. Die lustige Blickrichtungsdiagnostik hat in den 1980er-Jahren tatsächlich das Interesse von Forschern aus der Psychologie geweckt. Die Ergebnisse ihrer Studien sind schlichtweg vernichtend:

- Die Blickrichtung ist zeitlich nicht stabil. Jemand der heute noch als visueller Typ gelabelt wird, kann morgen schon als auditiver Typ daherkommen.
- Ein und dieselbe Person wird von verschiedenen NPL-Diagnostikern unterschiedlichen Typen zugeteilt.
- Menschen, die aufgefordert werden, an bestimmte Inhalte zu denken (Bilder, Geräusche, Gefühle), zeigen dabei keine Blickrichtung, die mit der Theorie übereinstimmt.
- Die Zuordnung der Typen nach der Blickrichtung deckt sich nicht mit der Zuordnung von anderen Methoden, wie etwa Fragebogendaten.

Die Blickrichtung soll aber nicht nur Aufschluss über die Persönlichkeit geben, sie soll auch verraten, ob das Gegenüber gerade die Wahrheit sagt oder lügt. Dies zu wissen wäre im Einstellungsinterview eine ebenso wichtige Information wie in Sitzungen mit Geschäftspartnern. Beim NLP glaubt man, dass Lügner bevorzug nach links schauen, während sie reden, und zwar links aus der Perspektive des Zuschauers betrachtet. Menschen, die nach rechts schauen, sollen in diesem Moment Informationen aus ihrem Gedächtnis abrufen, während ein Blick nach links auf eine kreative Gedächtnisleitung hindeuten soll. Mit anderen Worten, der Gesprächspartner denkt sich gerade etwas aus. Auch diese Idee wurde mehrfach empirisch untersucht. Natürlich deckt sie sich nicht mit der Realität. Das Lügen steht in keiner systematischen Beziehung zur Blickrichtung eines Menschen. Dies wird Vertreter des NLP leider nicht davon abhalten, ihren Kunden auch in den nächsten 20 oder 30 Jahren das Märchen vom geheimen Psychotrick zu erzählen.

Doch es geht beim NLP nicht nur darum, andere Menschen zu manipulieren, es geht auch um Selbstoptimierung. Wer nun denkt, dass die Klienten sich daher kritisch mit ihrer eigenen Person und ihren dysfunktionalen Verhaltensroutinen auseinandersetzen würden, um anschließend hart an sich zu arbeiten, der irrt. Ein solches Vorgehen ließe sich kaum erfolgreich vermarkten und darum geht es doch schließlich – dem Kunden muss etwas aufgeschwatzt werden, mit dem der Coach Geld verdienen kann. Eine zentrale Methode der Selbstoptimierung ist im NLP das sog. Modelling. Hierzu benötigt man zunächst ein Vorbild – das Modell – also beispielsweise eine besonders erfolgreiche oder gar prominente Person. Denken wir hier z. B. an Donald Trump. Nun ist es das Ziel unseres Managers, so erfolgreich zu werden wie Donald Trump. Hierzu muss er zunächst möglichst viele Informationen über das Modell sammeln. Im Fall von Trump dürfte dies nicht allzu schwierig sein. Anschließend versucht er das Modell so genau wie möglich zu kopieren. Er versucht optisch, verbal und nonverbal zu einem Klon des Modells zu werden. So legt er sich beispielsweise eine besonders geschmackvolle Fönfrisur zu, reduziert seinen Wortschatz auf 5000 Wörter und kommuniziert fortan nur noch mit Dreiwortsätzen. Besonders wichtig ist die Körpersprache. Unser Manager läuft daher nur noch mit stets stolzgeschwellter Brust durch die Gegend und schaut so freundlich drein wie Stalin, wenn er eine Militärparade abnimmt. Will er andere Menschen von etwas überzeugen, so tritt er auf, als müsste er im amerikanischen Werbefernsehen ein Set nutzloser Küchenmesser vertreiben, also alles immer so hysterisch übertreiben, dass auch der letzte Trottel die Botschaft versteht. Ist die Modellierung gelungen, so sollte sich alsbald der Erfolg einstellen, denn schließlich ist jeder Mensch nur das, was er ausstrahlt, und Erfolg ist ausschließlich eine Frage des eigenen Auftretens – oder etwa nicht? Komisch nur, dass unter Tausenden von Elvis-Imitatoren niemand so erfolgreich geworden ist wie das Original.

Nun ist es mehr als verständlich, dass außer Donald Trump eigentlich niemand sein will wie Donald Trump. Also geht es im letzten Schritt darum, die absurde Maskerade allmählich wieder zurückzunehmen. Hat sich der eigene Erfolg eingestellt, experimentiert unser Manager damit, einzelne Imitationen wieder langsam abzulegen. All das funktioniert nach dem Trial-and-Error-Prinzip. Er legt die künstlichen Haarteile ab und schaut, was passiert. Verliert er in kurzer Zeit die eine oder andere Million, so muss der Mopp wieder auf den Kopf. Bleibt er auf der Höhe seines Ruhms, obwohl er hin und wieder natürliche Gesichtszüge zeigt, so scheint dies für den Erfolg nicht so wichtig zu sein und unser Manager darf in Zukunft ein wenig entspannter durch das Leben laufen. Durch dieses Vorgehen gewinnt er ein Stück weit wieder seine alte Persönlichkeit zurück und zwar gerade so weit, dass er seinem Vorbild gleich auf einer Welle des Erfolgs schwimmt. – Der gesamte Ansatz des Modellings ist von geradezu kindlicher Naivität geprägt. Selbstverständlich ist seine Wirkung niemals belegt worden. Das ist aber auch gar nicht notwendig. In der Szene genügt ein professionelles Marketing, um aus Stroh Gold spinnen zu können. Kann ein an sich wirkungsloser Ansatz auf eine so lange Tradition zurückschauen wie das NLP, glauben die Menschen, dass schon ein Fünkchen Wahrheit drinstecken muss. Aufgrund derselben Logik könnte man auch wieder Hexen verbrennen, wenn sich die nächste Epidemie ausbreitet.

Wir wollen es an dieser Stelle mit unserem kurzen Ausflug in die bunte Welt der Personalentwicklung bewenden lassen. Natürlich ist bei Weitem nicht alles falsch, was hier zur Anwendung kommt. Die Verantwortlichen lassen sich aber leider bei der Auswahl der Methoden nicht in erster Linie von der real vorhandenen Nützlichkeit leiten, sondern von Plausibilitätsbetrachtungen, Tradition, Mode oder der vermeintlichen Innovation, die in einer Methode steckt. Hat sich eine wirkungslose Methode erst einmal etabliert, wird sie weiterhin eingesetzt, weil sie etabliert ist. Ist eine Methode neu und verrückt, so gibt man ihr gern eine Chance, weil neu allzu voreilig mit besser assoziiert wird.

Schauen wir in die Forschung, so haben sich vor allem solche Weiterbildungsmaßnahmen bewährt, die einen direkten Bezug zum Berufsalltag aufweisen und in denen konkretes Verhalten eingeübt wird. Wer sein Führungsverhalten verbessern will, kommt durch das Lesen eines Buchs oder durch eine Diskussion mit Kollegen oder Metaplantechnik im Seminar kaum weiter. Solche Methoden führen bestenfalls zu einer Erweiterung der eigenen Perspektive und einer Einstellungsänderung. Veränderte Einstellungen führen aber leider nicht von allein zu Verhaltensänderungen. Davon können viele Menschen ein Lied singen, die sich gesünder ernähren, mehr Sport treiben oder sich das Rauchen abgewöhnen wollen. Das Problem ist nicht die richtige Einstellung, sondern die Umsetzung in konkretes Verhalten. Bewährt haben sich daher verhaltensbezogene Trainings, in denen das neue Verhalten in simulierten Arbeitsproben oder Rollenspielen praktisch eingeübt wird. Doch selbst wenn die Seminarteilnehmer gute Verhaltensstrategien erworben haben, ist dies noch nicht mit einem Erfolg der Maßnahme gleichzusetzen. Das Meiste von dem, was in verhaltensbezogenen Trainings erlernt wurde, verschwindet wieder nach kurzer Zeit im Alltag. Nach wenigen Wochen oder Monaten ist es so, als wäre nichts geschehen. Dies ist eigentlich auch nicht verwunderlich. Die Seminarteilnehmer kehren nach der Veranstaltung in eine Arbeitswirklichkeit zurück, in der sich nichts geändert hat. Insbesondere Manager haben oft so viel zu tun, dass sie von der Menge ihrer Arbeitsaufgaben getrieben werden und kaum die Zeit finden, neue Verhaltensstrategien auszuprobieren. Selbst wenn sie neue Strategien ausprobieren, stellen sich spürbare Erfolge nicht schnell ein und man müsste daher lange am Ball bleiben. Hierzu bedarf es eines offensiven Transfermanagements. Die Betroffenen müssen bereits im Training mit möglichen Schwierigkeiten bei der Umsetzung der Lerninhalte in den Arbeitsalltag vertraut gemacht werden. Zudem muss dafür gesorgt werden, dass sie bewusster als bisher ihr Verhalten im Alltag steuern, beispielsweise über eine Art Tagebuch, mit dessen Hilfe sie das eigene Verhalten reflektieren, mögliche Umsetzungsprobleme analysieren und Verhaltensziele für die nächsten Tage setzen. Zudem wäre es hilfreich, wenn die Lerninhalte in die Regelbeurteilung einfließen würden oder zumindest die Vorgesetzten in Gesprächen die Erfolge und Misserfolge bei der Umsetzung der Lerninhalte besprechen und Hilfestellung leisten. Der Aufwand, der hier zu betreiben wäre, geht also weit über den Besuch eines Trainings hinaus. Die Vorstellung, dass Menschen ihre Verhaltensroutinen, die sie z. T. über viele Jahre und Jahrzehnte aufgebaut haben, nach einem ein- oder zweitägigen Training einfach abstreifen können, ist irreal. Niemand kann einen Manager, der seit Jahren ungünstiges Führungs- oder Entscheidungsverhalten zeigt, auf diese Weise verändern. Wer Veränderung will, muss leider dicke Bretter bohren und selbst dann wachsen die Bäume nicht in dem Himmel. Man benötigt deutlich mehr Zeit als ein oder zwei Tage. Zudem sind die Spielräume der Verhaltensänderung sehr viel kleiner, als man es sich wünschen würde, und dies dürfte umso mehr für Menschen gelten, die bereits älter sind, mit ihrem Verhalten in der Vergangenheit einige Karrierestufen emporgestiegen sind und sich in machtvollen Positionen befinden.

Die geringe Effektivität und Effizienz von Weiterbildungsmaßnahmen, die nicht einfach nur Fachwissen vermitteln, sondern ungünstige Verhaltensroutinen verändern sollen, könnten den Verantwortlichen in den Personalabteilungen eigentlich bewusst werden, sofern sie ihre eigenen Maßnahmen professionell evaluieren würden. Dies geschieht in der Regel jedoch nicht. Die *Evaluation* beschränkt sich meist auf einen kurzen Fragebogen, den die Teilnehmer am Ende der Maßnahme ausfüllen. Darin geht es um das subjektive Erleben:

- Habe ich die Maßnahme gern besucht?
- Wirkte der Trainer/Coach kompetent?
- Hatte ich die Möglichkeit, mich mit meinen Fragen und Themen genügend einzubringen?
- Gab es hinreichend Gelegenheit zur Diskussion?
- War die Atmosphäre offen?

Solche und ähnliche Fragen finden sich in entsprechenden Evaluationsbögen. Im Prinzip sind sie auch gar nicht schlecht. Sie erfassen aber leider nur einen sehr kleinen Anteil der wirklich interessanten Information. Ein Blick in das prominenteste Evaluationsmodell der Psychologie offenbart, worauf es wirklich ankommt. Die subjektive Reaktion der Teilnehmer auf eine Maßnahme repräsentiert im Evaluationsmodell von Kirkpatrick lediglich die erste Stufe der Evaluation (Abb. 8.2). Deutlich anspruchsvoller ist schon die zweite, die Stufe des Lernens. Hier wird überprüft, ob die Teilnehmer am Ende einer Maßnahme tatsächlich einen messbaren Lernerfolg aufweisen. Ging es in der Maßnahme um Fachwissen, so könnte man zum

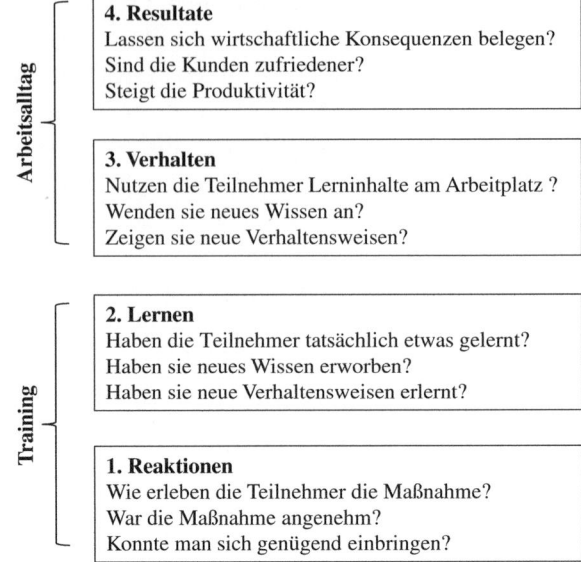

Abb. 8.2 Stufen der Evaluation nach Kirkpatrick

Ende des Trainings einen Leistungstest durchführen. Ging es um den Aufbau neuer Verhaltensstrategien, so wären Rollenspiele eine Methode der Wahl. Stufe 1 und 2 werden unmittelbar nach Abschluss der Maßnahmen evaluiert. Die Stufen 3 und 4 beziehen sich hingegen auf den Transfer der Lerninhalte in den Arbeitsalltag. Auf der Stufe des Verhaltens geht es um die Frage, inwieweit Lerninhalte auch tatsächlich im Arbeitsalltag eingesetzt werden. Hierzu kann man die Betroffenen selbst befragen, je nach Thema des Trainings aber auch die mittelbar Betroffenen, also z. B. Mitarbeiter, Vorgesetzte oder Kunden. Die anspruchsvollste Stufe der Evaluation ist die der Resultate. An dieser Stelle werden die Auswirkungen der Verhaltensänderungen überprüft. Erleben die Mitarbeiter aufgrund des veränderten Führungsverhaltens größere Arbeitszufriedenheit und Commitment? Ist die Anzahl der Kundenbeschwerden gesunken? Konnte der Umsatz positiv beeinflusst werden?

Studien, die sich mit der Frage beschäftigen, wie die einzelnen Stufen untereinander zusammenhängen, zeigen Ergebnisse, die viele Praktiker überraschen dürften. Die Stufen 1 und 2 sowie die Stufen 1 und 3 sind weitestgehend unabhängig voneinander. Gute Evaluationsergebnisse im Bereich der Reaktionen verraten daher nichts über die Stufen 2 und 3. Offenkundig können Teilnehmer eine Maßnahme sehr positiv erleben, ohne hier etwas gelernt zu haben. Ja, manche werden sie vielleicht nur deshalb positiv bewertet haben, weil sich nichts lernen mussten. Ebenso können die Teilnehmer eine Maßnahme über den Klee loben und dennoch später im Berufsalltag nichts von dem umsetzen, worum es eigentlich ging. Wenn Unternehmen sich im Zuge der Evaluation auf eine Abfrage des subjektiven Erlebens beschränken, erhalten sie somit ein stark verzerrtes Bild der tatsächlichen Nützlichkeit der Maßnahme, denn in aller Regel wird es sehr viel leichter sein, bei den Teilnehmern eine positive Reaktion zu erzielen, als sie zu einer realen Verhaltensänderung zu bewegen. Die Verantwortlichen in den Unternehmen wähnen sich in Sicherheit und geben de facto sehr viel Geld in letztlich wirkungslose Interventionen. Manch ein Anbieter von Weiterbildungsmaßnahmen macht sich die Missstände vielleicht sogar gezielt zunutze. Er weiß, dass es letztlich darauf ankommt, bei den Teilnehmern für gute Stimmung zu sorgen. Nichts leichter als das. Er muss nur dafür sorgen, dass

- die Teilnehmer sich niemals unter Druck gesetzt fühlen etwas lernen zu müssen,
- die Teilnehmer nicht in ihrem Verhalten kritisiert werden,
- sie ausreichend Zeit haben sich über ihre Erfahrungen auszutauschen,
- subjektive Erfahrung stets wichtiger genommen werden als Forschungsergebnisse,
- der Trainer unterhaltsam ist,
- er Inhalte vermittelt, die niemanden intellektuell fordern,
- das Catering hervorragend ist,
- alle Pausenzeiten überzogen werden und
- die Veranstaltung früher endet als erwartet.

Das Ganze verkommt so mitunter zu einem Spiel, bei dem alle Beteiligten mitspielen, weil sie einen persönlichen Vorteil daraus ziehen: Trainer und Coaches verdienen ihren Unterhalt, Manager treten brav alle paar Jahre zu einer neuen Maßnahme an, die letztlich nur ihrer Bespaßung dient, die Personalabteilungen zeigen eifrige Betriebsamkeit und treten den Managern nicht auf die Füße. Nur schade, dass am Ende alles so bleibt wie es war, unfähige Manager in keinem Punkt besser geworden sind und ihr Unwesen weiter treiben können wie zuvor.

Im Worst-Case-Szenario haben wir es mit einem Manager zu tun, der deutliche Defizite im Führungs- und Entscheidungsverhalten aufweist, hieran aber niemals auch nur im Ansatz etwas ändern muss. Im einfachen Fall weigert sich der Manager schlicht, irgendwelche Entwicklungsmaßnahmen über sich ergehen zu lassen – schließlich ist er nicht umsonst so weit aufgestiegen.

Lernen muss noch das Fußvolk, nicht aber die Spitzenführung. Wer sich trotz aller Defizite nur weit genug nach oben gerettet hat, muss von der Personalentwicklung keinen Ärger mehr fürchten. Für jeden anderen Manager gilt: Prinzipiell könnte man ihm mit Mitteln der Personalentwicklung dabei helfen, einige seiner Defizite ein gutes Stück weit zu bearbeiten, dazu wird es aber nicht kommen, denn seine Defizite werden als solche niemals differenziert analysiert. Die eingesetzten Entwicklungsmaßnahmen sind daher von vorherein nicht auf seine eigentlichen Bedürfnisse zugeschnitten. Die Personalabteilung will auch hier keinen Ärger und orientiert sich bei der Auswahl der Anbieter an solchen, die eine Menge Unterhaltung für die Teilnehmer bietet. Die Maßnahmen verkommen damit zwar zu einem reinen Entertainment, aber davon profitieren am Ende kurzfristig fast alle. Hin und wieder kauft man eine Maßnahme ein, die wirklich etwas bringen soll. Dazu begibt sich die Personalabteilung auf die Suche nach Anbietern, die geheime Psychotricks vermitteln, denn nichts hassen gestresste Manager mehr als komplexe Lösungsstrategien. Natürlich sind solche Psychotricks eine reine Illusion, das merkt aber kaum jemand, wenn die vermeintlichen Tricks schön aufbereitet präsentiert werden und sich vielleicht schon über Jahrzehnte hinweg in der Szene etabliert haben. Die ohnehin nur geringe Chance, Defizite des Managers grundlegend anzugehen und an seinem Verhalten im realen Arbeitsleben viel zu verändern, wird allzu leichtfertig vertan. Je weiter oben der Manager in der Hierarchie angesiedelt ist, desto größer ist der indirekte Schaden, der aus solchermaßen unprofessioneller Personalentwicklung erwächst.

9

Warum werden sie nicht frühzeitig gestoppt?

Eigentlich könnte alles so einfach sein: Nachdem ein Manager ohne hinreichende Eignung in seine Position gehievt wurde, müsste sein unmittelbares Umfeld schon nach wenigen Monaten erkennen, dass er mit seinen Aufgaben überfordert ist und könnte die ersten Gegenmaßnahmen ergreifen. Vielleicht dauert es noch ein Jahr, spätestens dann stellt sich aber die Frage, wie der Manager wieder zu stoppen ist. Ja, eigentlich könnte alles ganz einfach sein. Offenbar ist es das aber nicht. Manche Manager halten sich oft über vielen Jahre, ohne dass etwas passiert und das gilt nicht nur für den öffentlichen Dienst, wo Degradierungen oder Entlassungen übermächtige Hürden in den Weg gestellt werden. Warum können Schrempp & Co. zum Teil über Jahre hinweg ihr Unwesen treiben, ehe die Reißleine gezogen wird? Dieser Frage wollen wir im Folgenden nachgehen.

Ein ganz einfacher Grund besteht darin, dass viele *Fehler nicht offen zutage* treten oder nicht eindeutig dem Verantwortlichen zugeschrieben werden. Fehlentscheidungen sind beispielsweise eingebunden in eine schlechte konjunkturelle Gesamtlage, sodass die spezifischen Ursachen schwer zu evaluieren sind. Die Verursacher können immer darauf verweisen, dass es in anderen Unternehmen momentan ebenfalls schlecht läuft und die eigenen Schwierigkeiten somit nur Folge gesamtwirtschaftlicher Prozesse sind. Selbst wenn die Betroffenen selbst nicht so argumentieren, können ihre Vorgesetzen, der Aufsichtsrat oder Aktionäre eine entsprechende Interpretation vornehmen. Sie sind dann zwar nicht zufrieden, identifizieren die Verursacher aber nicht zutreffend oder fordern zumindest doch keine harten Konsequenzen.

Manche Folgen schlechten Managements treten erst viele Jahre später ans Tageslicht. Hätte man beispielsweise den Flughafen in Berlin halbwegs nach Plan fertiggestellt, wäre erst Jahre später aufgefallen, dass er viel zu klein dimensioniert wurde. Bis dahin sind die Verantwortlichen schon über alle Berge und es lässt sich auch nicht mehr genau rekonstruieren, wer für einzelne Fehlkalkulationen verantwortlich war. Mehr noch, auch hier bleibt immer noch das Hintertürchen offen, die Ursachen der Misere in veränderten Umständen zu sehen. Wer kann schon Fluggastzahlen über Jahre und Jahrzehnte hinweg zutreffend prognostizieren, wenn dies bei Schülerzahlen auch nicht funktioniert, obwohl vom Zeitpunkt ihrer Geburt an recht klar sein sollte, wie viele Menschen sechs Jahre später in der Grundschule und vier weitere Jahre später in einer weiterführenden Schule sitzen müssen.

Werden die Fehler als solche erkannt und auch nicht weitestgehend auf äußere Umstände zurückgeführt, bleibt immer noch die Möglichkeit einer (teilweise) falschen Zuweisung der Verantwortung. Wäre der Dieselskandal bei Volkswagen ein paar Nummern kleiner ausgefallen, so wäre der Vorstandsvorsitzende Winterkorn sicherlich nicht gestürzt worden. Die Verantwortung hätte man einigen Managern der mittleren Ebene allein zugeschrieben. Dass sie an zentraler Stelle Verantwortung tragen, steht außer Frage, sie dürften aber kaum vollkommen eigenständig gehandelt haben. In einem autoritär geführten System trägt die Spitze der Pyramide auch Verantwortung für das, was ein, zwei Ebenen weiter unten geschieht. Ja, sie ist vielleicht sogar die eigentliche Quelle des Übels, weil sie falsche Personalentscheidungen gefällt, Fehlentscheidungen der Unterstellten gedeckt oder eine Unternehmenskultur maßgeblich mitgeprägt hat, die solche Fehler begünstigt. Je weiter sich die Verantwortlichen vom eigentlichen Krater der Detonation entfernen, desto größer ist die Wahrscheinlichkeit, dass sie für den Bau der Bombe nicht mehr verantwortlich gemacht werden.

Manche Verursacher bleiben auch nur deshalb viel zu lange im Verborgenen, weil ihre Vorgesetzten sich einfach nicht vorstellen können, dass sie bei ihrer Stellenbesetzung so massiv danebengelegen haben könnten. Nach dem Prinzip „es kann nicht sein, was nicht sein darf", wirkt hier ähnlich wie auch schon in der Personalauswahl der Erwartungseffekt. Die Vorgesetzten glauben an die Eignung des von ihnen ins Amt gehievten Managers und wollen sich selbst die eigene Fehlentscheidung nicht eingestehen. Folgerichtig begehen sie einen Selbstbetrug und reden sich die Sachlage so lange schön, wie es irgendwie geht:

- „Die Vorgaben der Politik haben Winterkorn in die Ecke gedrängt, was sollte er denn anderes machen?"
- „Der Job der Vorstandsvorsitzenden ist so komplex, man kann da einfach nicht über alles informiert sein."
- „Die Presse pusht den Skandal, der in Wirklichkeit viel kleiner ist. Andere Automobilfirmen haben auch nicht anders gehandelt, so ist nun mal der Markt. Letztlich ist kaum jemand zu Schaden gekommen."
- „Die Kunden achten doch auf jeden Cent, dann müssen sie sich nicht wundern, wenn am Ende nicht die besten Abgasanlagen in ihr Auto eingebaut werden."
- „Winterkorn wurde von seinen eigenen Mitarbeitern angelogen. Wäre er frühzeitig über die Details der Abgasmanipulationen informiert worden, hätte er hart durchgegriffen."
- „Will man seine Leistungen würdigen, muss man auch alles Positive mit in die Waagschale werfen. Winterkorn hat durch sein Management Tausenden von Arbeitern ihren Arbeitsplatz gerettet und obendrein noch für eine vernünftige Entwicklung des Aktienkurses gesorgt. Unter dem Strich ist er dann immer noch zu Recht ein Top-Manager."

Wir sehen, die Argumente des Selbstbetrugs sind vielfältig. Sie sind zwar nicht immer wasserdicht, aber darauf kommt es auch gar nicht an. Es geht vielmehr darum, möglichst lange die Illusion aufrechtzuerhalten, dass insgesamt alles doch ganz gut läuft, denn würde es nicht gut laufen, müsste man sich selbst einen Fehler eingestehen und wer macht das schon gern.

Treten Fehlentscheidungen jedoch *offen zutage* und sind sie einem konkreten Manager sehr leicht zuzuschreiben, so bedeutet dies keineswegs, dass die Verantwortlichen frühzeitig gestoppt werden, ehe sie noch einen größeren Schaden anrichten können.

Stellen wir uns zunächst die Frage, *wer einen unfähigen Manager stoppen könnte*. Zuallererst kommt uns dabei die Ebene der Vorgesetzten in den Sinn. Sie sollten eigentlich erkennen, wenn nachgeordnete Manager allzu folgenschwere Fehlentscheidungen fällen und dann aktiv werden. Sie hätten hierzu auch die Möglichkeiten. Sie könnten durch eine engere Führung die Kontrolle über wichtige Entscheidungen des Managers übernehmen oder ihm helfen, besser zu werden. Sie könnten den Aufgabenzuschnitt des Managers so anpassen, dass er seinen Aufgaben gewachsen ist. Sie könnten ihn alternativ auch degradieren und eine Beförderung wieder zurücknehmen. Sie könnten ihn schließlich sogar entlassen und zwar bevor er noch größeren Schaden anrichtet.

Kollegen haben ebenfalls die Möglichkeit, aktiv zu werden. Sie könnten den weniger begabten Managern unter die Arme greifen, ihm Tipps geben oder anderweitig dabei unterstützen, besser zu werden. Sie sollten sich nicht aus einem falsch verstandenen Korpsgeist heraus davor hüten, den Kollegen bei Vorgesetzten anzuschwärzen. Ganz ähnlich verhält es sich mit Kunden oder Geschäftspartnern. Die letzte Gruppe, die hier aktiv werden könnte, sind die Mitarbeiter. Sie haben auf der einen Seite den Vorteil, dass sie besonders viel von der infrage stehende Person mitbekommen und oft auch über die notwendige spezifische Fachkompetenz verfügen, um die Qualität der Managemententscheidung gut einschätzen zu können. Auf der anderen Seite erwartet man von ihnen zu Recht eine gewisse Loyalität gegenüber dem eigenen Vorgesetzten. Die Frage ist, wie weit man die Loyalität treiben muss und ob es nicht auch eine Loyalität gegenüber dem Unternehmen insgesamt gibt.

Auch wenn es mithin viele Personen gibt, die aktiv werden könnten, um Schlimmeres zu verhindern, bleibt dies oft aber aus, denn gegen eine frühzeitige Intervention wirken zahlreichen sozialpsychologische Effekte.

Betrachten wir zunächst die Rolle der Mitarbeiter. Sie befinden sich in einer besonderen Situation, weil sie in starkem Maß von der Person abhängig sind, die sie gegebenenfalls kontrollieren, korrigieren oder gar stoppen sollten. Wie übermächtig diese Aufgabe ist, wenn man sich in einem untergeordneten hierarchischen Verhältnis befindet, offenbaren bereits die klassischen Experimente des amerikanischen Psychologen *Stanley Milgram*. Milgram beschäftigt sich in seinen Studien mit dem Einfluss, den Autoritäten auf das Verhalten von Unterstellten nehmen. Untersucht wird das Phänomen in einer einfachen Versuchsanordnung: Zwei freiwillige Untersuchungsteilnehmer werden in ein Labor eingeladen, in dem sie an einem Lernexperiment aus der Grundlagenforschung teilnehmen sollen. Der eine von ihnen soll als Lehrer des anderen fungieren, wobei die Aufgabe vergleichbar zum Vokabellernen in der Schulzeit ist. Der Lehrer liest dem Schüler zunächst eine Reihe von Wortpaaren vor, die er auswendig lernen soll. Ist diese Phase beendet, geht es um das Überprüfen der Lernleistung. Jetzt nennt der Lehrer jeweils ein Wort und der Schüler soll aus einer Reihe von vier Begriffen das jeweils passende heraussuchen. Nennt er das richtige Wort, so gilt die Aufgabe als gelöst. Nennt er jedoch ein falsches Wort, soll er vom Lehrer für diesen Fehler bestraft werden. Die geschieht in Form eines Elektroschocks mit einer Stärke von 15 V. Danach geht es weiter wie zuvor: Der Lehrer nennt ein Wort und der Schüler antwortet. Bei jedem weiteren Fehler, den der Schüler begeht erhöht sich nun das Ausmaß der Bestrafung. Von Mal zu Mal steigt der Elektroschock um weitere 15 V. Für den Lehrer stellt sich die Versuchsanordnung so dar, dass er in einem Raum sitzt und mit dem Schüler im Nebenraum über eine Gegensprechanlage kommuniziert. Vor dem Lehrer befindet sich eine technische Apparatur über die er die Elektroschocks vergibt. Die Abb. 9.1 stellt das Display dieser Apparatur dar. Wir sehen, dass bestimmte Schockstufen sprachlich beschrieben werden, sodass der Lehrer eine Vorstellung davon gewinnen kann, wie unangenehm der verabreichte Stromstoß für den Schüler sein wird. Was der Lehrer nicht weiß, ist, dass die Stromstöße nur zum Schein verabreicht werden. In Wirklichkeit handelt es sich bei dem Schüler um einen Konföderierten des Versuchsleiters. Er spielt nur die Rolle des Schülers und macht absichtlich nach einem zuvor festgelegten Plan Fehler. Wird ein Elektroschock verabreicht, so spielt er auch eine entsprechende Reaktion. Zudem bittet er den Lehrer nach einem ebenfalls geheimen Plan, die Übung nach einiger Zeit abzubrechen, weil ihm die Schocks Schmerzen bereiten würden. Die spannende Frage im Milgram-Experiment ist nun, wie weit der Lehrer gehen würden. Würde er schon bei 30 oder 60 V das Experiment abbrechen oder noch weiter gehen, obwohl er den Eindruck hat, einem anderen Menschen Schmerzen zuzufügen? Wenn er sich für einen Abbruch entscheidet, bedeutet dies, dass er sich gegen eine Autorität stellen muss und zwar gegen die Autorität des Versuchsleiters, der ihn dazu anhält, weiterzumachen. Möchte der Lehrer abbrechen und wendet sich damit an den anwesenden Versuchsleiter, so entgegnet dieser ihm beim ersten Versuch, sehr zurückhaltend, dass er bitte weitermachen soll. Beim zweiten Versuch wird die Autorität deutlicher und weist den Lehrer mit den Worten „Das Experiment erfordert, dass Sie weitermachen!" an, voranzuschreiten. Erst beim vierten Versuch des Lehrers lenkt die Autorität ein, beendet das Spektakel und klärt den Probanden auf. Milgram führt die Versuchsanordnung nacheinander mit 40 „Lehrern" durch. Zur großen Überraschung hielt die Mehrheit der Probanden (26 von 40 Personen) bis

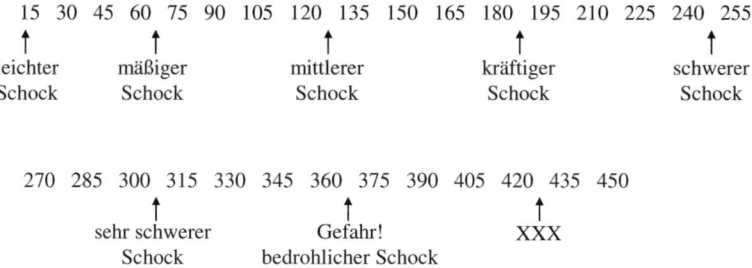

Abb. 9.1 Skalierung der Elektroschocks im Milgram-Experiment

zum Ende (450-Volt-Schock) durch, ohne die schmerzhafte Bestrafung des Schülers vorzeitig abzubrechen. Sie unterwarfen sich der Autorität, obwohl diese bei nüchterner Betrachtung kaum Druckmittel gegen sie in der Hand hatte. Wenn sie ihre Teilnahme offensiv verweigert hätten, wäre ihnen bestenfalls die Entlohnung von wenigen Dollar für die Teilnahme gestrichen worden.

Milgram hat sein eigenes Experiment in mehr als einem Dutzend Variationen durchgeführt, um herauszubekommen, unter welchen Bedingungen mehr oder weniger Menschen der Autorität bis zum bitteren Ende folgen. Beispielsweise sinkt die Bereitschaft zur Gefolgschaft, wenn der Status der Autorität sinkt. Glauben die Probanden, der Versuchsleiter sei Forscher einer renommierten Eliteuniversität, so folgen sie ihm weiter, als wenn sie glauben, er sei bei einem privaten Forschungsinstitut angestellt. Zudem ist wichtig, ob der Lehrer Unterstützung bei seiner Auflehnung gegenüber der Autorität findet. Ist der Lehrer nicht allein, sondern agiert zu zweit mit einem weiteren Lehrer, so können sie sich gegenseitig in ihrer Absicht bestärken. Folgerichtig sinkt die Quote derjenigen, die bis zum bitteren Ende gehen.

Die Experimente von Milgram haben weit über die Grenzen der Grundlagenforschung Aufmerksamkeit gefunden und wurden in zahlreichen Ländern auch Jahrzehnte später noch erfolgreich repliziert. Sie zeigen vor allem eines: Die meisten Menschen folgen Autoritäten, auch wenn diese sich nicht korrekt verhalten. Dabei dürfte der Effekt in der beruflichen Realität eher noch stärker ausfallen als im Laborexperiment. Bei Milgram hatten die Autoritäten so gut wie keine Machtmittel an der Hand, um ihre Unterstellten zu einer Einhaltung der Anweisungen zu bewegen. Im beruflichen Kontext sieht dies völlig anderes aus. Vorgesetzte können ihren Mitarbeitern das Leben sehr schwer machen, wenn diese sich nicht wie gewünscht verhalten. Wer Kritik an seinem Vorgesetzten übt, muss gegebenenfalls damit rechnen, zurechtgewiesen zu werden. Er bekommt in Zukunft viele unliebsame Aufgaben zugewiesen, erhält weniger Punkte in der jährlichen Leistungsbeurteilung, erzielt einen geringeren Bonus, wird nicht weiter befördert oder im schlimmsten Fall aus dem Unternehmen gemobbt. Vor diesem Hintergrund ist zu erwarten, dass sehr viele Mitarbeiter die Fehlentscheidungen der eigenen Vorgesetzen nicht melden oder anderweitig dagegen vorgehen, sondern lieber den Kopf in den Sand stecken. Sie haben im Lauf ihrer beruflichen Sozialisation gelernt, wegzusehen. Vielleicht meckert man beim Mittagessen mit den Kollegen über den Chef oder sucht sich mittelfristig eine neue Anstellung. Als Puffer gegenüber Missmanagement eignen sich die meisten Mitarbeiter daher leider kaum.

Das Milgram-Experiment verdeutlicht die Macht der Autorität und zeigt damit eine Ursache für fehlende Intervention gegen Missmanagement auf. Eine weitere Erklärung lässt sich aus der Mobbingforschung ableiten. *Mobbing* wird nicht nur gegenüber Kollegen oder Mitarbeitern ausgeübt, in selteneren Fällen richtet es sich auch gegen Vorgesetzte. Wenn Mitarbeiter sehen, dass ein unbeliebter Manager viele Fehler begeht, so muss man diesen Prozess eigentlich nur noch befördern, wenn man in loswerden möchte. Folgerichtig lässt man den Manager ins Messer laufen, indem man ihn nicht auf seine Fehler aufmerksam macht, keine Vorschläge zur Verbesserung der Entscheidungen unterbreitet oder ihn vielleicht sogar gezielt mit Fehlinformationen versorgt bzw. wichtige Informationen zurückhält, damit er den Karren so richtig vor die Wand fährt. Diese Art des Mobbings ist selbstverständlich kein Vorrecht unterstellter Mitarbeiter. Kollegen, ja sogar Vorgesetzte können es ebenfalls anwenden. Das Ganze ist allerdings ein Spiel mit dem Feuer. Je einflussreicher die Zielperson des Mobbings ist, desto folgenschwerer sind ihre Fehlentscheidungen für viele Menschen. Zudem kann man sich nicht immer sicher sein, dass sehr weit oben stehende Manager tatsächlich aus ihrer Position entfernt werden, selbst wenn sie für jedermann offensichtlich massive Fehler begehen.

Bekommen mehrere Mitarbeiter oder Kollegen mit, dass die Entscheidungen des Managers in die Irre führen, so steigert dies nicht etwa die Wahrscheinlichkeit dafür, dass jemand hilft, sie sinkt vielmehr. Dies beschreibt das Phänomen des *Bystander-Effekts*. In einem klassischen Experiment der Grundlagenforschung sitzen mehrere Studenten in einzelnen Kabinen und beteiligen sich über eine Gegensprechanlage an einer Diskussion. Einer von ihnen simuliert nach einiger Zeit einen epileptischen Anfall. Untersucht wird nun, ob die anderen ihm zur Hilfe eilen und wie viel Zeit sie benötigen, um aktiv zu werden. Die Ergebnisse sind eindeutig: Ist derjenige, der Hilfe leisten kann, allein im Raum, so hilft er mit einer Wahrscheinlichkeit von 100 %. Gibt es zwei potenzielle Helfer sinkt die Wahrscheinlichkeit auf etwa 80 % und bei vier potenziellen Helfern sind es kaum mehr als 60 %. Hinzu kommt, dass es umso länger dauert, bis Hilfe geleistet wird, je mehr Menschen helfen könnten. Eigentlich sollte es sich genau umgekehrt verhalten.

Die zentrale Erklärung für dieses vielfach replizierte Phänomen ist die Diffusion der Verantwortung. Je mehr Menschen aktiv werden könnten, desto stärker verteilt sich in ihrer Wahrnehmung die Verantwortung für das Handeln. Ist man allein, so ist die gefühlte individuelle Verantwortung um ein Vielfaches höher im Vergleich zu einer Situation, bei der drei, fünf oder zehn Menschen aktiv werden können. Je mehr Menschen einschreiten könnten, desto stärker stellt sich für den Einzelnen die Frage: „Warum gerade ich?". Das Phänomen bezieht sich interessanterweise nicht nur auf die Hilfeleistung gegenüber anderen Menschen. In einem weiteren klassischen Experiment sitzen Probanden in einem Raum und füllen einen Fragebogen aus, während plötzlich durch Lüftungsschlitze Rauch in den Raum dringt. Auch hier wird untersucht, wie lange es dauert, bis jemand aktiv wird, den Raum verlässt und sich an den Untersuchungsleiter wendet. Erneut zeigt sich dasselbe Phänomen. Je mehr Menschen im Raum sitzen, desto länger dauert es, bis jemand zur Tat schreitet. Offenbar wirkt die Tatenlosigkeit der anderen in gewisser Weise beruhigend. Wenn die anderen nichts tun, wird es wohl nicht so schlimm sein, könnte man zu glauben. Oder vielleicht traut man sich auch nicht, aktiv zu werden, weil man vor den anderen nicht als Weichei dastehen möchte.

Darüber hinaus spielt bei Hilfeverhalten eine Rolle, wie beschäftigt man selbst gerade mit anderen Dingen ist. In einem dritten Experiment werden Untersuchungsteilnehmer einzeln unter einem Vorwand gebeten, von einem Gebäude in ein anderes zu wechseln. Der Hälfte der Probanden signalisiert man dabei, dass die Zeit sehr knapp sei und sie sich daher bitte beeilen mögen. Der anderen Hälfte wird suggeriert, sie können sich viel Zeit lassen, weil der Untersuchungsleiter im anderen Gebäude sich verspäten würde. Auf dem Weg zum zweiten Gebäude begegnen sie nun scheinbar per Zufall einem Menschen, dem es gesundheitlich sehr schlecht geht. Wenn die Probanden viel Zeit hatten, bemühten sich 63 % ihm zu helfen. Waren sie in Eile, sank die Quote auf 10 %.

Fassen wir all dies zusammen, so ist es nicht verwunderlich, wenn Mitarbeiter oder Kollegen nicht aktiv werden, wenn einzelne Manager Fehler begehen und zwar selbst dann nicht, wenn diese Fehler offensichtlich sind. Je größer die Abteilung bzw. das Unternehmen ist, desto geringer ist die Wahrscheinlichkeit einer Intervention. Dies gilt umso mehr, wenn die potenziellen Helfer selbst viel zu tun haben, was in den meisten Unternehmen der Regelfall sein dürfte. Diejenigen, die am dichtesten dran sind und aktiv werden können, werden nicht aktiv, weil sie selbst zu viel mit ihren eigenen Aufgaben zu tun haben, weil sie sich nicht verantwortlich fühlen, weil sie darauf vertrauen, dass andere sich schon darum kümmern, wenn es so richtig schlimm wird, oder vielleicht auch, weil sie nicht wissen, was sie tun sollen.

Manche Unternehmen, in denen zwischen den Mitarbeitern ein starker Wettbewerb herrscht oder in denen sehr stark hierarchisch geführt wird, haben sich unfreiwillig ein weiteres Problem geschaffen. Die ungeschriebenen *Verhaltensnormen* sagen den Mitarbeitern, dass man sich in erster Linie um seine eigenen Dinge zu kümmern hat. Wer anderen hilft, gefährdet dadurch vielleicht sein eigenes Fortkommen. Wenn Kommunikationswege immer nur von oben nach unten verlaufen, ist es umso schwerer, die eigene Führungskraft offen zu kritisieren, ihr Hilfe anzubieten oder gar noch eine Ebene weiter nach oben zu gehen und den eigenen Vorgesetzten hier anzuschwärzen. Dergleichen ist in vielen Unternehmen nicht erwünscht und vor allem auch nicht üblich. Mitarbeiter und Kollegen eines unfähigen Managers schauen seinem Treiben daher aus sicherer Distanz zu und hoffen darauf, dass sie nicht mit in die Tiefe gerissen werden, wenn er bald untergehen wird. Wer noch klüger ist, distanziert sich schon einmal sicherheitshalber von der Person, die dem Untergang geweiht ist.

Viele besonders wichtige Entscheidungen, die von Managern getroffen werden, sind letztlich keine Einzelentscheidungen, sondern basieren in starkem Maß auf einem Austausch in sozialen Gruppen. Zur Geschäftsführung gehören gegebenenfalls mehrere Personen oder aber der Geschäftsführer berät sich in regelmäßigen Sitzungen mit den Betriebsleitern des Unternehmens. Aufsichtsräte agieren zwangsläufig in Gruppen. *Entscheidungen in Gruppen* sind in besonderer Weise anfällig.

Auf den ersten Blick würden die meisten Menschen vermuten, dass Entscheidungen, die in Gruppen gefällt werden, ausgewogen sein müssen. Die Gruppe sollten verhindern, dass sich fehlerhafte Ansichten einzelner Gruppenmitglieder durchsetzen. Auch sollten extreme Entscheidungen, also beispielsweise solche, die mit sehr hohen Risiken für das Unternehmen verbunden sind, verhindert werden. Schließlich ist damit zu rechnen, dass sich in Gruppen oft unterschiedliche Meinungen finden lassen, sodass extreme Meinungen einander ausgleichen können. Diese Erwartungen sind plausibel, entsprechen aber leider oft nicht der Realität, wie die Forschung zum Phänomen der *Gruppenpolarisierung* zeigt. Verdeutlichen wir uns das Phänomen an einem fiktiven Beispiel: In einem Unternehmen steht die Entscheidung an, wie viel Geld man in den Aufbau einer neuen Produktlinie investieren soll. Eine Investition von weniger als 1 Mio. € ist nicht sinnvoll, weil hierdurch das Produkt nur oberflächlich entwickelt werden kann und man sich auf einem hart umkämpften Markt befindet, bei dem die Kunden sehr hohe Qualitätserwartungen haben. Ein schlechtes Produkt zu vertreiben, würde dem Image des Unternehmens schaden. Am anderen Ende des Spektrums liegt eine Investitionssumme von vielleicht 100 Mio. €. Sie würde sicherlich zu einem hervorragenden Produkt führen, es stellt sich allerding die Frage, ob das Unternehmen damit nicht schon über die Grenzen der eigenen Investitionsmöglichkeiten hinausgegangen wäre.

Damit sich eine solch hohe Investition amortisiert, müsste das Produkt letztlich so teuer werden, dass es kaum noch Abnehmer finden würde. Alternativ könnte man das Produkt über höhere Preise in anderen Produktlinien querfinanzieren, wodurch aber alle Produkte teurer werden und eventuell der Absatz insgesamt zu stark sinken würde. Jedes Mitglied der vierköpfigen Geschäftsführung ist mit den Fakten hinreichend vertraut. Müssten sie allein entscheiden, so würden sie sich – wie in Abb. 9.2 dargestellt – für sehr unterschiedliche Investitionssummen zwischen 10 und 60 Mio. € aussprechen. Berechnet man nun den Durchschnitt der einzelnen Urteile, so ergibt sich ein Wert von 37,5 Mio. € – angesichts der großen Spannweite der Meinungen ein zurückhaltender Betrag. In der Realität würde man aber niemals einfach nur den Taschenrechner zücken und den Mittelwert berechnen. Man würde vielmehr diskutieren, Argumente austauschen, versuchen, einander zu überzeugen. In unserem fiktiven Beispiel geschieht genau dies und am Ende der Diskussion gelangt die Gruppe zu einem Konsens von 45 Mio. €. Dies ist eine erheblich größere Investitionssumme. Genau dies beschreibt das Phänomen der Gruppenpolarisierung: Entscheidungen in Gruppen fallen oft sehr viel extremer aus, als der Mittelwert der Einzelentscheidungen der Gruppenmitglieder erwarten lässt.

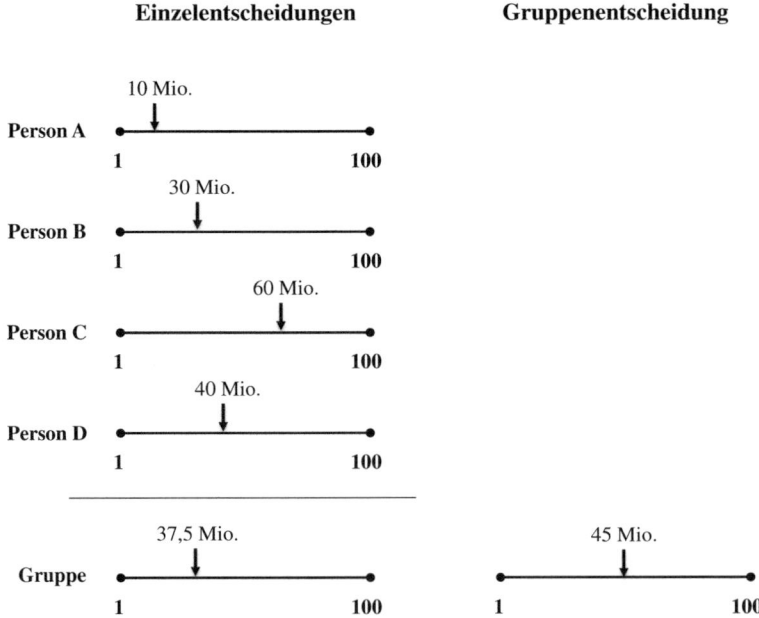

Abb. 9.2 Das Phänomen der Gruppenpolarisierung

Offenkundig gleichen sich die Extreme durch die Diskussion keineswegs aus. Das Gegenteil ist der Fall. Dabei kann das Extremurteil in beide Richtungen gehen. Auch ein Konsens von 10 Mio. € wäre demnach als Hinweis auf eine Gruppenpolarisation zu werten.

Aber warum kommt es zur Gruppenpolarisation? Hierfür sind mehrere Prozesse verantwortlich:

- Menschen, die extreme Meinungen vertreten, melden sich in der Gruppe als erstes zu Wort und haben damit die Chance, der Gruppe von Beginn an ihren Stempel aufzudrücken. Man steigt dann beispielsweise schon mit der Sichtweise in die Diskussion ein, dass die Investition sich in einem höheren zweistelligen Millionenbetrag bewegen muss.
- Menschen mit extremen Meinungen vertreten diese oft betont emotional. Emotionale Argumente sind vor allem dazu geeignet, kurzfristig zu überzeugen und genau darum geht es. Am Ende der Diskussion in vielleicht einer halben Stunde will man die Gruppe auf die eigene Seite gebracht haben. Ob die einzelnen Gruppenmitglieder auch in drei Tagen noch derselben Meinung sind, ist unwichtig, weil die Entscheidung dann schon längst gefällt ist.
- Menschen mit extremen Positionen sind oftmals redegewandter und können daher leichter Einfluss auf andere Menschen nehmen.
- Besonders leicht fällt ihnen die Einflussnahme, wenn sie überdies in einer höheren Statusposition sind, also beispielsweise die Gruppe leiten oder sehr erfahren sind.
- Menschen mit gemäßigter Meinung sind bereit, anderen zuzuhören. Sie setzen sich also mit den Argumenten der Vertreter einer extremen Meinung auseinander und lassen sich daher auch leichter von ihnen überzeugen. Umgekehrt sind Vertreter extremer Meinungen wenig offen für die Position der Gegenseite.
- Vertreter gemäßigter Positionen vergessen im Lauf der Diskussion einen Teil ihrer Argumente, weil sie sich zu sehr mit den Argumenten der anderen beschäftigen.
- Vertreter gemäßigter Positionen sind weniger selbstsicher. Sie trauen sind nicht, abweichende Argumente in Gänze vorzustellen, wenn sie merken, dass die Diskussion in eine ganz andere Richtung läuft. Sie fürchten letztlich den Gegenwind der übrigen Gruppenmitglieder, zumal sie auch noch jenseits der konkreten Diskussion in Zukunft mit den Kollegen zusammenarbeiten müssen.

Im Fall der Gruppenpolarisierung kann der unfähige Manager nicht frühzeitig gestoppt werden, weil er gravierende Fehlentscheidungen gemeinsam in einem Team gefällt hat. Entscheidungen, die in Führungsteams gefällt werden, sind besonders einflussreich, gerade weil hier mehrere Entscheidungsträger am Werk waren. Unterstellte Mitarbeiter werden sich ihnen kaum offen in den Weg stellen wollen. Und auch übergeordnete Gremien dürften ihnen mit größerem Vertrauen begegnen. Man denke hier wieder einmal an die Fusion von Daimler und Chrysler. Das extrem kleine und eingeschworene Team um Jürgen Schrempp dürfte sich ihm kaum in den Weg gestellt haben. Wahrscheinlich dürften die Mitglieder sich sogar geschmeichelt gefühlt haben, auserwählt worden zu sein. Die Mitarbeiter drum herum waren in das Vorhaben nicht eingeweiht und hätten sich wohl auch nicht getraut, zu widersprechen. Einzig der Aufsichtsrat hätte noch intervenieren können.

In Extremfällen führen Entscheidungsprozesse in Gruppen zu einer starken Verflachung des Denkens, die als *groupthink* (Gruppendenken) bezeichnet wird. Beim Gruppendenken wird eine Problemlage nicht differenziert analysiert, um zu einer ausgewogenen Bewertung verschiedener Handlungsoptionen zu geraten. Oft stehen verschiedene Handlungsoptionen nicht einmal ernsthaft zur Debatte. Die Gruppe entscheidet sich vielmehr kurzerhand für eine Marschrichtung und versucht dann diese Strategie durchzuziehen, koste es was es wolle. Kritik ist unerwünscht und wird unterdrückt. Alles was die einmal gefällte Entscheidung infrage stellt, wird negiert, ohne die Argumente auch nur ansatzweise zu reflektieren. Abweichler in den eigenen Reihen bekommen den Unmut der Gruppe zu spüren, woraufhin sie schnell einen Rückzieher machen oder erst gar nicht versuchen, zu widersprechen. Dies fördert den fälschlichen Eindruck der Gruppenmitglieder, dass eigentlich alle einer Meinung seien und man daher auch die beste aller denkbaren Entscheidungen getroffen habe.

Begünstigt wird das Gruppendenken durch einen autoritären Führungsstil bzw. eine Führungspersönlichkeit, die aufgrund ihrer Erfahrung oder ihrer Machtfülle als große Leitfigur der Gruppe uneingeschränkt akzeptiert wird und daher leicht „durchregieren" kann. Um Mitglied der Gruppe zu werden, musste man in möglichst vielen Merkmalen den anderen Gruppenmitgliedern ähnlich sein. Dies schränkt ohnehin die Vielfalt der kritischen Sichtweisen in der Entscheidungsfindung ein, begünstigt darüber hinaus aber auch das Zusammengehörigkeitsgefühl der Mitglieder. Je stärker man sich der Gruppe verbunden fühlt, desto eher wird man mit den Wölfen heulen, auch wenn man insgeheim vielleicht eine andere Meinung vertritt. Der Zusammenhalt ist wichtiger als die Qualität der gemeinsamen Arbeit.

Zudem wird Gruppendenken gefördert, wenn die Gruppe weitgehend isoliert von der Außenwelt agiert und unter hohem Stress arbeiten muss, die zu treffenden Entscheidungen also beispielsweise für das Unternehmen sehr wichtig sind, die Materie komplex ist und ein hoher Zeitdruck besteht. All diese Kriterien dürften ganz hervorragend auf die Anbahnungsphase der Fusion von Daimler und Chrysler zutreffen:

- An der Spitze der Gruppe steht eine unangefochtene Führungspersönlichkeit, der alle übrigen Gruppenmitglieder zu einem Teil ihre Kariere verdanken – Jürgen Schrempp.
- Die Gruppe weist einen hohen Zusammenhalt auf, was nicht zuletzt dadurch begünstigt wird, dass sie sehr klein ist. Der engste Zirkel um Jürgen Schrempp besteht aus gerade einmal zwei Personen, die von Schrempp für diese Ausgabe auserwählt wurden.
- Die Gruppe agiert stark abgeschottet von der Außenwelt. Sie lässt sich zwar gezielt von ausgewählten Mitarbeitern des Unternehmens mit Informationen versorgen, diese Mitarbeiter wissen aber nicht, worum es eigentlich geht. Insofern können sie auch keine Bedenken formulieren oder Verbesserungsvorschläge einbringen. Meetings mit den Verhandlungspartnern aus den USA laufen so geheim ab, dass man sich an verschiedenen Orten in der Welt trifft, getrennte Flüge bucht und z. T. unter falschen Namen in Hotels eincheckt. Das Ganze kommt fast einer Belagerungssituation gleich, bei der man sich von Feinden umzingelt sieht.
- Der Stress dürfte immens gewesen sein. Allen Beteiligten ist klar, dass sie mit diesem Projekt in die Wirtschaftsgeschichte eingehen werden. Es geht fast um alles oder nichts. Zudem hat man sich selbst unnötigen Zeitdruck aufgebaut, weil die Verträge in wenigen Wochen unter Dach und Fach sein sollen, obwohl es sich um eine extrem komplexe Materie handelt.

Dass in einem solchen Szenario Gruppendenken entsteht, ist fast schon eine Zwangsläufigkeit. Damit einhergehende Fehlentscheidungen sind geradezu unvermeidlich. Wahrscheinlich sind die Protagonisten in dieser Zeit mit Tunnelblick durch ihren Arbeitsalltag gelaufen. Ein Infragestellen der grundsätzlichen Fusionsentscheidung dürfte ihnen nicht einmal mehr in den Sinn gekommen sein.

Entscheidungen in Gruppen können aber auch durch ganz einfache Gruppenprozesse in die falsche Richtung gelenkt werden. Dabei ist zwischen dem Einfluss von Majoritäten und dem Einfluss von Minoritäten zu unterscheiden.

Ein negativer *Majoritäteneinfluss* liegt vor, wenn innerhalb einer Gruppe die Mehrheit der Gruppenmitglieder einer Meinung ist und dadurch der Entscheidung der Gesamtgruppe ihren Stempel aufdrückt. Majoritäten haben es besonders leicht, die Minorität zu beeinflussen, dies zeigen zahlreiche Studien aus der Sozialpsychologie. In einem klassischen Experiment des amerikanischen Psychologie Solomon Asch werden Probanden zunächst in einer Einzelsituation gebeten, sehr einfache Entscheidungsaufgaben zu lösen. Hierzu präsentiert er den Personen immer mehrere Linien unterschiedlicher Länge (Abb. 9.3). Auf der linken Seite befinden sich drei Linien, auf der rechten Seite eine. Die Aufgabe besteht nun darin, zu entscheiden, welche der Vergleichslinien genau so lang ist wie die Einzellinie. Nacheinander werden den Probanden 18 dieser Aufgaben vorgelegt. Da jede Aufgabe sehr einfach ist, liegt die durchschnittlichen Fehlerquote am Ende unter einem Prozent. In einer leicht veränderten Versuchsanordnung wird die Untersuchungsreihe dann wiederholt. Diesmal sitzen die Probanden nicht allein im Raum, sondern mit sechs weiteren Personen, die sie ebenfalls für normale Probanden halten sollen. In Wirklichkeit handelt es sich jedoch um Konföderierte des Untersuchungsleiters, die absichtlich falsche Angaben machen, um den einzig wahren Probanden zu beeinflussen. In der Gruppenbedingung steigt daraufhin die Anzahl der Fehlentscheidungen der Probanden auf 37 %. Insgesamt lassen sich 75 % der Probanden mindestens einmal durch die Mehrheit der Gruppenmitglieder zu einer falschen Entscheidung verleiten. Da die Aufgabe sehr leicht ist, dürfte den allermeisten von ihnen klar gewesen sein, dass sie eine falsche Entscheidung treffen. Es erscheint ihnen aber offenbar opportun, mit der Mehrheit zu stimmen.

In der beruflichen Realität dürfte die Frage, welche Entscheidung richtig und welche falsch ist, oft sehr viel weniger eindeutig sein. Umso leichter wird es den Betroffenen fallen, mit der Majorität zu stimmen, einfach nur, weil es die Mehrheitsmeinung ist. Sie folgen dabei dem sog. Konformitätsdruck und gehen damit unangenehmen Situationen aus dem Weg.

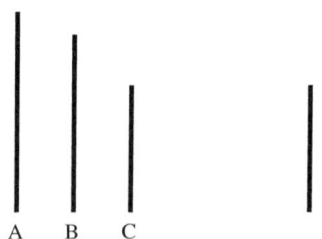

Abb. 9.3 Entscheidungsaufgabe im klassischen Experiment von Solomon Ash

Wer mit der Mehrheit stimmt, wird nicht für eine abweichende Meinung angegriffen, muss sich weniger rechtfertigen und kann später – wenn sich die Entscheidung als falsch erweisen sollte – immer auch sagen, dass der überwiegende Teil der Entscheidungsträger derselben Auffassung war. Oft bewirkt der Majoritäteneinfluss jedoch nur eine oberflächliche Anpassung, d. h. diejenigen, die sich anpassen, machen dies nur nach außen hin. Insgeheim vertreten sie weiterhin die eigene Meinung.

Minoritäten haben es deutlich schwerer, Einfluss auf Mitglieder der Mehrheitsmeinung zu nehmen. Wenn dies jedoch gelingt, folgen ihnen die Konvertiten allerdings nicht nur dem äußeren Anschein nach, sondern haben tatsächlich ihre Meinung verändert. *Minoritäteneinfluss* ist daher in der Regel sehr viel nachhaltiger als Majoritäteneinfluss. Während Majoritäten durch ihre bloße Masse wirken, müssen Minoritäten einen langen Atem zeigen. Dabei sind zwei Strategien wichtig. Zum einen müssen sie dauerhaft bei ihrer Meinung bleiben, dürfen also nicht einknicken, zum anderen sollten sie in der Wahl ihrer Argumente flexibel auftreten. Wer immer nur dieselben Parolen predigt, wirkt auf viele Menschen ideologisch verbohrt oder wird leicht als Fanatiker erlebt und vermag aus gerade diesem Grund viele Menschen nicht zu überzeugen.

Fehlerhafte Managemententscheidungen dürften vor allem aufgrund von Majoritäteneinfluss zustande kommen. In größeren Entscheidungsgruppen passen sich einzelne Manager kurzerhand der Mehrheitsmeinung an – so wie es üblich ist und sie es vielleicht schon ihr ganzes Leben lang praktiziert haben. Sie trauen sich nicht, etwaige Bedenken oder gar Kritik vorzutragen. Hierdurch nehmen sie dem Entscheidungsgremium oder dem Vorgesetzten, der gegebenenfalls nach einer Anhörung der Mitarbeiter die Entscheidung allein fällt, die Chance, zu einer besser abgesicherten Entscheidung zu gelangen. Theoretisch könnte die Gruppensituation zwar dazu beitragen, Manager in ihren Fehlentscheidungen zu bremsen, dies ist aber umso unwahrscheinlicher, je weniger Mitglieder der Gruppe eine abweichende Meinung vertreten bzw. sich trauen, abweichende Standpunkt offen zu formulieren.

Dass unfähige Manager nicht rechtzeitig gestoppt werden, mag nicht zuletzt auch etwas mit der *Mikropolitik* in eigenem Haus zu tun haben. Mikropolitik liegt vor, wenn Mitglieder einer Organisation bewusst tricksen, um eigene Interessen erfolgreich im Unternehmen durchsetzen zu können. In der Regel geht es darum, Entscheidungsträger zu überzeugen und sie auf die eigene Seite zu ziehen. Nach außen hin tritt man vollkommen rational, offen und berechenbar auf, ganz so, als wäre man der Anwalt der reinen Vernunft. In Wirklichkeit agiert man im Verborgenen, um eigene

Ziele geschickt zu verfolgen. Dies muss keineswegs immer von Nachteil für das Unternehmen sein. Inwieweit dem Unternehmen durch Mikropolitik geschadet wird, hängt letztlich von der Qualität der Entscheidungen ab, die die Betroffenen auf dem Weg der Mikropolitik forcieren. Das Problem entsteht, wenn weitgehend unfähige Manager mikropolitische Meister sind und Vorgesetzte auf diesem Weg zu falschen Entscheidungen drängen. Ebenso problematisch sind unfähige Manager, die nicht merken, wenn sie selbst zum Spielball der Mikropolitik der Kollegen oder Mitarbeiter werden. Der Vorteil einer solch verdeckten Einflussnahme besteht für die Betroffenen darin, dass sie später nicht zur Verantwortung gezogen werden, wenn etwas schiefgelaufen ist. Die offizielle Verantwortung trägt letztlich derjenige, der die Entscheidungen gefällt hat, unabhängig davon, wie fehlerhaft die Informationen waren, mit denen er versorgt wurde.

Denken wir an Spitzenmanager, so ist es vor allem eine Aufgabe der *Kontrollorgane*, frühzeitig die Reißleine zu ziehen, wenn sich wenige Monate nach einer Stellenbesetzung der Manager als Gefahr für das Unternehmen erweist. Damit die Instanz der Kontrollorgane funktioniert, müssen mindestens zwei Punkte gegeben sein. Zum einen müssen die Mitglieder des Aufsichtsgremiums in der Lage sein, ihre Aufgaben zu erfüllen, zum anderen müssen sie ihre Kontrollfunktion auch wahrnehmen wollen. Beides erweist sich mitunter als schwierig, wie die Realität gescheiterter Managerkarrieren zeigt.

Für Außenstehende mag es verwunderlich wirken, aber es ist keineswegs so, dass in Aufsichtsräte nur Menschen berufen werden, die fachlich kompetent genug sind, um die Arbeit des Vorstands professionell bewerten zu können. Im Fall der Flughafengesellschaft zu Berlin ist dieses Problem allzu offensichtlich. Keiner der Politiker, die über viele Jahre hinweg den Aufsichtsrat geleitet haben – Eberhard Diepgen, Klaus Wowereit, Mattias Platzeck – dürften fachlich auch nur annähernd für diese wichtige Aufgabe qualifiziert gewesen sein. Viele der übrigen Vorstandsmitglieder wurden nach politischem Proporz besetzt. Sinnvoller wäre es sicherlich gewesen, bundesweit oder auch über die Landesgrenzen hinweg nach ausgewiesenen Experten zu suchen. Irgendwann einmal ein einflussreiches Amt in der Politik, einer Behörde oder einem beliebigen Unternehmen übernommen zu haben, dürfte hier wohl kaum ausreichen. Ein zweiter Fall, der mit geradezu entwaffnender Offenheit deutlich macht, wie wenig bei der Vergabe von Aufsichtsratsposten mitunter die Eignung der Betroffenen eine Rolle spielt, ereignete sich zu Jahresbeginn 2020. Nachdem der Vorstandvorsitzende von Siemens, Joe Kaeser, in der Öffentlichkeit von einer Umweltaktivistin kritisiert wird, bietet er ihr kurzerhand einen Platz im Aufsichtsrat der

Siemens-Tochter Siemens Energy an. Hier verkommt die Vergabe von Aufsichtsratsmandaten zu einem reinen PR-Schachzug.

Ob Mitglieder von Kontrollorganen ihre Aufgaben auch wahrnehmen können, hängt aber nicht nur von ihrer Kompetenz ab, sondern auch von der Zeit, die sie in diese Aufgaben investieren können. Oft handelt es sich bei Aufsichtsratsmitgliedern großer Unternehmen um Menschen, die gleichzeitig in vielen Aufsichtsräten sitzen und noch dazu als Vorstandsvorsitzender selbst ein Unternehmen zu leiten haben. Letzteres ist derart raumgreifend, dass bei nüchterner Betrachtung kaum die notwenige Zeit und Energie bleibt, um sich noch gewissenhaft um fünf oder sechs Aufsichtsratsposten zu kümmern.

Sind Fähigkeiten und Möglichkeiten für eine professionelle Kontrolle vorhanden, stellt sich als nächstes die Frage nach dem Wollen. Es gibt viele Beispiele dafür, dass Mitglieder des Aufsichtsrats in unglückseliger Weise mit den Menschen verwoben sind, die sie eigentlich kontrollieren sollen. Wenn der alte Vorstandsvorsitzende kurz nach seinen altersbedingten Ausscheiden in den Aufsichtsrat desselben Unternehmen wechselt – man denke hier etwa an Ferdinand Piëch, den früheren Vorstandsvorsitzenden von Volkswagen – so kontrolliert er seine eigenen Nachfolger und darunter sind mitunter Leute, die er selbst über viele Jahre hinweg gefördert hat – z. B. Martin Winterkorn. Wie neutral kann eine solche Kontrolle wohl sein? Mehr noch, wenn der Aufsichtsrat unfähige Vorstandsmitglieder als solche öffentlich brandmarkt und in die Wüste schickt, trifft er damit auch immer eine Aussage über die Qualität der eigenen Arbeit. Schließlich hat der Aufsichtsrat der Berufung der Vorstandsmitglieder zugestimmt. Wer hier nicht öffentlich eigene Fehler eingestehen will, wird unfähige Leute so lange wie es irgendwie geht in ihren Positionen belassen. Manche Vorstandsvorsitzende suchen sich sogar ihre eigenen Kontrolleure aus – so geschehen im Fall von Lehman Brothers. Richard Fuld verschenkt fast schon die Posten an Leute, die möglich alt sind und keine Ahnung von der Materie haben. So muss er auch nicht mit Gegenwehr rechnen. Im Aufsichtsrat von Lehman Brothers zu sitzen, war eher ein Ehrenamt und eine Altersversorgung als eine anspruchsvolle Aufgabe mit Lenkungs- und Kontrollfunktion. Nicht viel besser sieht es im Fall des Bischofs von Limburg aus. Ein Großteil der Gelder für die pompöse Sanierung und Erweiterung des Bischofssitzes wurde aus Geldern des Bischöflichen Stuhls finanziert. Über diese Gelder kann der Bischof eigentlich nicht frei nach Gutdünken verfügen, er muss gegenüber einem Kontrollgremium – dem Verwaltungsvermögensrat – Rechenschaft ablegen. Zu dumm, dass alle drei Mitglieder des Gremiums durch den Bischof selbst berufen wurden. Wie unabhängig kann man dann noch sein. Und es kam wie es kommen musste: Die betreffenden Personen ließen ihrem Gönner durchgehen, dass er die jährlichen Haushaltsberichte einfach für zwei Jahre aussetzte, weil sie ihm verbunden waren, weil er in der Hierarchie weit über ihnen stand, weil sie sich nicht vorstellen konnten, dass ein Bischof sie hintergehen könnte. Besonders pikant ist in diesem Fall, dass ein Mitglied des Aufsichtsgremiums hauptberuflich im Vorstand einer kirchlichen Sozialeinrichtung saß. Letztlich sollte er also seinen eigentlichen Dienstherrn kontrollieren. Das kann nicht gut gehen. Im Fall der Fusion von Daimler und Chrysler wurde der Vorstandsvorsitzende Jürgen Schrempp von Anfang bis zum bitteren Ende durch den Aufsichtsratsvorsitzenden Hilmar Kopper unterstützt. Im Hauptberuf ist Hilmar Kopper Vorstandssprecher der Deutschen Bank. Wem gilt seine primäre Loyalität? Als Aufsichtsratsvorsitzender ist er den Aktionären verpflichtet und er muss darauf schauen, dass Schrempp vernünftig wirtschaftet. Als Vorstandssprecher der Deutschen Bank muss er sich über jeden Kredit freuen, den der angeschlagene Konzern bei ihm nimmt.

Wir sehen, es gibt viele nachvollziehbare Gründe, warum schlechte Manager sich dauerhaft in ihrer Position halten, ja schlimmer noch, manche steigen sogar weiter auf. Im einfachsten Fall gelingt ihnen dies, weil die Konsequenzen ihrer Fehlentscheidungen erst langfristig deutlich werden oder sie fälschlicherweise anderen Personen bzw. irgendwelchen unglücklichen Umständen zugeschrieben werden. Ihre eigenen Vorgesetzten sind froh, wenn sie sich dauerhaft der Illusion hingeben können, eine gute Personalauswahlentscheidung getroffen zu haben. Die eigenen Mitarbeiter werden sich nicht trauen, ihren Vorgesetzten offen zu kritisieren, wenn es ihm gelungen ist, seine Autorität eindrucksvoll zu demonstrieren. Sie haben gelernt, mehr oder weniger blind zu folgen und dies schließt auch ein, dass man dem Vorgesetzten nicht hilft, seine eigenen Fehler zu erkennen. Warum auch? Mit ein wenig Glück zieht er in wenigen Jahren ohnehin weiter und die Stelle wird neu ausgelost. Neues Spiel, neues Glück. Manche Fehlentscheidungen werden im Unternehmen gedeckt, weil sie in Gruppenprozessen zustande gekommen sind. Wenn Kollegen oder Vorgesetzte Mitverantwortung tragen, scheiden sie schon mal als potenzielle Kritiker aus. Die Vertreter der Mehrheitsmeinung glauben vielleicht noch an einen dummen Zufall, die Vertreter der Minderheitsmeinung mucken nicht auf. Zur Not bedient sich der Manager seiner mikropolitischen Kontakte, um sich weiter oben in ein vorteilhaftes Licht zu setzen. Ist er selbst schon ganz weit aufgestiegen, vertraut er entweder der Inkompetenz seiner Aufsichtsräte oder ihrer Befangenheit. Keine Sorge, er muss nicht alle überzeugen. Es kommt nur darauf an, dass die wichtigen Leute weiter hinter ihm stehen.

10

Was ist zu tun?

Das Scheitern von Managern hat viele Gesichter. Im Extremfall offenbart es sich einer breiten Öffentlichkeit, wenn ein Vorstandsvorsitzender vorzeitig abgelöst wird oder ein Unternehmen im Konkurs endet. Oft findet das Scheitern aber eher im Verborgenen statt. Der eine Manager hat Millionen in den Sand gesetzt und wird auf einen weniger exponierten Posten abgeschoben. Ein anderer bleibt auf dem Weg nach oben zwei oder drei Stufen unter der Zielebene stecken und verweilt fortan auf einer Ebene, die ihn zwar ebenfalls überfordert, auf der die angerichteten Schäden aber nicht allzu stark ins Gewicht fallen. Wieder andere schaffen es gerade eben schwarze Zahlen zu schreiben, schöpfen aber die wahren Potenziale des Unternehmens und der Belegschaft nicht einmal annähernd angemessen aus.

Die Gründe, weshalb Manager scheitern, sind – wie wir gesehen haben – vielfältig. Sie liegen zum einen bei den Betroffenen selbst, etwa in einer ungünstigen Konstellation von Persönlichkeitsmerkmalen, mangelnder Intelligenz und Selbstreflexion, in schlechtem Führungsverhalten oder einem allzu erfolgreichen Networking, dass die Defizite der Betroffenen verschleiert. Zum anderen tragen aber auch zahlreiche Faktoren in der Umwelt zum Scheitern bei. Man denke hier beispielsweise an massive Arbeitsüberlastung, die Entscheidungsfehler begünstigen, an fehlende oder defizitäre Leistungsbeurteilungssysteme, unzureichende Weiterbildung oder Kontrollorgane, die ihren Aufgaben nicht nachkommen. Auch wenn die Menge der Probleme übermächtig zu sein scheint, gibt es doch eine ganze Reihe von Maßnahmen, mit denen sich das Problem deutlich eindämmen ließe.

Strategie 1: Professionelle Personalauswahl
Die erste Strategie ist gleichzeitig die einflussreichste. Wer von vornherein dafür sorgt, dass wichtige Positionen ausschließlich mit Personen besetzt werden, die den anstehenden Aufgaben gewachsen sind, dürfte bereits mehr als die Hälfte des Problems gelöst haben. Gut 50 Jahre Forschung in der Psychologie mit vielen Tausend Studien, zeigen einen sehr klaren Weg auf, wie professionelle Personalauswahl eigentlich aussehen müsste. In keinem Bereich des Personalwesens lässt sich aus der Forschung so gut ableiten, wie man eigentlich vorgehen müsste. Leider ist die Diskrepanz zwischen wissenschaftlich abgesicherten Strategien auf der einen Seite und der in deutschen Unternehmen gelebten Praxis auf der anderen Seite riesengroß. Kurioserweise scheint die Qualität der Personalauswahl umso mehr zu sinken, je wichtiger die Managementfunktion ist. Dies ist ungefähr so, als würde man in der Medizin bei einem einfachen Schnupfen fünf Experten aus Übersee einfliegen lassen, eine Magnetresonanztomografie durchführen und die neuesten Medikamente aus der Weltraumforschung zum Einsatz bringen, es bei einer akuten Leukämie jedoch mit der Verabreichung von Aspirin bewenden lassen. Gute Personalauswahl für Managementpositionen muss zumindest die folgenden Punkte erfüllen:

- Bei der Vorauswahl der Kandidaten sollte der Dauer der Erfahrung ein vergleichsweise geringer Stellenwert eingeräumt werden. Wichtiger als die Dauer der Erfahrung ist ihre Einschlägigkeit und Vielfalt. Der bisherige berufliche Status oder das Image früherer Arbeitgeber sollten keine Rolle spielen. Im Zweifelsfall sollte man lieber einen Kandidaten zu viel als einen zu wenig zum eigentlichen Auswahlverfahren einladen.
- Headhunting ist eine legitime Methode der Kandidatenansprache, sie ersetzt aber keinesfalls eine strenge Überprüfung der Eignung. Je komplexer die Anforderungen sind, desto anspruchsvoller sollten die Mindestanforderungen an die Kandidaten ausfallen.
- Grundsätzlich sollte immer die Intelligenz der Kandidaten überprüft werden, unabhängig von ihrem Alter und Status.
- Die Gestaltung des Auswahlverfahrens orientiert sich an einer gründlichen Analyse der konkreten Anforderungen der Stelle.
- Das gesamte Verfahren weist ein hohes Maß an Standardisierung auf. Alle Kandidaten durchlaufen exakt dasselbe Verfahren und werden nach exakt denselben Kriterien bewertet. Es geht in erster Linie nicht darum, ob die Entscheidungsträger jemanden „mögen", ihm „etwas zutrauen", an ihn „glauben" etc., es geht um Eignung. Wenn am Ende des Verfahrens

zwei oder drei gleich gut geeignete Personen übrig bleiben, spricht nichts gegen solche Kriterien.
- Das Auswahlverfahren arbeitet mit einem Methodenmix: hochstrukturiertes Interview, Arbeitsproben/Assessment Center, wissenschaftlich fundierte Testverfahren.
- Neben positiven Eigenschaften, wie etwa Gewissenhaftigkeit, Leistungsmotivation oder Selbstreflexion, werden auch negative Eigenschaften, wie Narzissmus oder Psychopathie untersucht.
- Darüber hinaus werden das Führungsverhalten sowie die Qualität des Entscheidungsverhaltens überprüft.
- Die Bewertung der Bewerber erfolgt durch ein geschultes Gremium. Die diagnostische Qualifikation der Entscheidungsträger ist dabei wichtiger als ihr Status. Es empfiehlt sich daher, immer mindestens einen wissenschaftlich ausgebildeten Eignungsdiagnostiker in das Gremium zu integrieren.
- Lässt sich unter den Kandidaten niemand finden, der die Mindestanforderungen erfüllt, bleibt die Stelle erst einmal vakant und die Suche beginnt von vorn.

Strategie 2: Leistung bewerten
Auch das beste Auswahlverfahren kann die spätere berufliche Leistung nicht vollständig prognostizieren. Die reale Leistung im Alltag spiegelt nämlich nicht nur die Fähigkeiten der Manager, sondern auch das Zusammenspiel zwischen den Fähigkeiten auf der einen Seite und den konkreten Begebenheiten des Alltags (Menschen, Aufgaben, Problemen etc.) auf der anderen Seite wider. Daher ist es notwendig, die Leistung der Manager stets im Blick zu behalten. Etwa einmal im Jahr sollte die Leistung professionell reflektiert werden. Hierbei kommt ein Mix unterschiedlicher Kennwerte und Datenquellen zum Einsatz. Neben wirtschaftlichen Kennzahlen sollte im Idealfall eine Bewertung des Arbeitsverhaltens im Sinn einer 360-Grad-Beurteilung erfolgen. Der Manager wird dabei nicht nur von direkten Vorgesetzten, sondern auch von Kunden, Kollegen und Mitarbeitern bewertet. Zusätzlich wird das Selbstbild des Betroffenen erfasst. Die Befragung von Kollegen, Kunden und Mitarbeitern erfolgt anonym und muss sich jeweils auf eine hinreichend große Gruppe von Menschen beziehen (>5). Größte Sorgfalt muss auf die Entwicklung der Beurteilungsskalen gelegt werden. Herkömmliche Leistungsbeurteilungsskalen erfassen oft nicht viel mehr als das Bauchgefühl des Beurteilenden. Sie sind nicht spezifisch auf die jeweilige Stelle zugeschnitten und lassen bei der Vergabe der Punktwerte große Spielräume.

In der Folge werden für ein und dieselbe Leistung zwei verschiedene Vorgesetzte unterschiedliche Punktwerte vergeben, ohne dass sich sagen ließe, wer denn nun die richtige Beurteilung vorgenommen hat. Die Analyse der Daten erfolgt durch einen wissenschaftlich ausgebildeten Eignungsdiagnostiker. Die Interpretation erfolgt in einem Team bestehend aus dem beurteilten Manager, dem Vorgesetzten und einem Eignungsdiagnostiker. Das Gespräch endet mit konkreten Absprachen.

Strategie 3: Leistung belohnen
Die Ergebnisse der Leistungsmessung können in vielfältiger Weise genutzt werden: Als einfaches Feedback zur Bestimmung des Status quo, zur Zielsetzung, als eine Quelle der Definition des Weiterbildungsbedarfs und auch zur Ausschüttung von Boni. Es ist prinzipiell gut und richtig, dass Leistung belohnt wird – auch durch die Auszahlung von Boni. Dabei darf das eigentliche Ziel aber nicht aus dem Blick geraten. Manager bekommen ein Gehalt, nicht nur dafür, dass sie ihre Arbeitszeit zur Verfügung stellen, sondern auch dafür, dass sie gute Arbeit abliefern. Wer Arbeitnehmer für Leistungen mit Boni belohnt, die eigentlich selbstverständlich sind und bereits durch das Grundgehalt abgedeckt werden, sorgt nicht für mehr Motivation, er zerstört vielmehr intrinsische Motivation. Dies wird sich langfristig rächen. Boni haben die Funktion, besondere Leistungen zu honorieren, die über das grundsätzlich geforderte Maß hinausgehen. Sie müssen daher auch in einem sinnvollen Größenverhältnis zum Grundgehalt stehen und das bedeutet in der Regel, dass man sein Gehalt nicht vervielfachen kann. Noch wichtiger ist jedoch die Frage, ob die besondere Leistung, die der Manager erbracht hat, dem Unternehmen auch tatsächlich dauerhaft einen Nutzen bringt. Vielleicht handelt es sich ja nur um einen kurzfristigen Aktiengewinn, der schon bald verpufft. Vielleicht berechtigt ein großer Geschäftsabschluss zu den schönsten Hoffnungen und erst nach drei Jahren erweist sich der Deal als Fehler. All dies wäre einzupreisen und notfalls müssen Boni auch wieder zurückgefordert werden können. Der schlimmste Fall läge vor, wenn Manager offenkundig massive Fehlentscheidungen fällen und dennoch weiter aufsteigen, also vor aller Augen trotz einer Schädigung des Unternehmens noch belohnt werden. Hier liefert der Aufstieg von Schrempp bei Daimler-Benz ein dramatisches Beispiel, das sicherlich keinen Einzelfall darstellt. Noch eindrucksvoller kann man der Belegschaft nicht signalisieren, dass sich in einem Unternehmen Leistung kaum lohnt. Die oft geäußerte Furcht, dass Spitzenmanager ins Ausland abwandern würden, wenn man sie in Deutschland nicht mit Gold überschüttet, ist unbegründet. Seit Jahrzehnten kann man als Spitzenmanager in den USA sehr viel mehr Geld

verdienen als in Deutschland und dennoch sind entsprechende Positionen bei Daimler & Co keineswegs dauerhaft vakant. Selbst wenn Spitzenmanager auswandern, wäre dies kein Verlust, denn in der zweiten und dritten Reihe fänden sich genügend Leute, die den Job nicht schlechter machen würden als diejenigen, die heute in der ersten Reihe stehen. Dies hat zum einen damit zu tun, dass bei der Besetzung der Spitzenpositionen keine richtige Bestenauswahl stattfindet, zum anderen liegt es in der Natur der Sache, dass auch immer wieder hervorragende Leute nachwachsen.

Strategie 4: Professionelle Personalentwicklung
Niemand erwartet, dass die ausgewählten Manager perfekt funktionieren. Je weiter oben sie in der Hierarchie stehen, desto näher sollten sie jedoch diesem Ideal kommen. Defizite im eigenen Verhalten können durch gezielte Personalentwicklung ein Stück weit abgefedert werden. Dabei sollten die Verantwortlichen sich aber darüber im Klaren sein, dass die Spielräume der Personalentwicklung eher klein sind. Am leichtesten lässt sich die Fachkompetenz erwerben, gefolgt von ganz konkreten Verhaltensweisen, wie etwa Prinzipien der Gesprächs- oder Verhandlungsführung. Geht es hingegen um grundlegende Eigenschaften wie etwa Gewissenhaftigkeit, Loyalität oder Komplexität des Denkens, ist kaum mit nennenswerten Erfolgen zu rechnen. Es gilt also immer abzuwägen, in welchen Fällen überhaupt eine Entwicklungsmaßnahme sinnvoll ist bzw. ob eine Neubesetzung der Stelle mehr Erfolg verspricht. Entscheidet man sich für den Weg der Personalentwicklung, so sind die folgenden Punkte zu beachten:

- Die Planung der Personalentwicklungsmaßnahme basiert auf einer Bedarfsanalyse, mit deren Hilfe der individuelle Entwicklungsbedarf festgestellt wird. In solchen Anforderungsanalysen werden die Wünsche der Betroffenen sowie die Ergebnisse der Leistungsbeurteilung und der eigens durchgeführten Potenzialanalyseverfahren einfließen. Die Gestaltung der Potenzialanalyseverfahren folgt grundlegenden Prinzipien der Eignungsdiagnostik.
- Auf den Einsatz erlebnisorientierter Verfahren (Outdoor-Training, Organisationsaufstellung, Trainings mit Tieren etc.) wird verzichtet.
- Gleiches gilt für den Einsatz von Methoden des Neurolinguistischen Programmierens (NLP) oder anderer pseudowissenschaftlicher Ansätze, wie etwa der Deutung der Körpersprache.
- Zum Einsatz kommen Verfahren, die einen hohen Arbeitsplatzbezug aufweisen und die Möglichkeit bieten, eigenes Verhalten zu reflektieren und neue Verhaltensweisen ausgiebig auszuprobieren.

- Die Auswahl der Methoden erfordert eine einschlägig fundierte Ausbildung. Soweit wie möglich wird dabei auf Forschungsergebnisse zurückgegriffen.
- Der Transfer der Lerninhalte in den Arbeitsalltag wird professionell unterstützt, z. B. durch Mentoring oder Coaching.
- Bei der Auswahl von Trainern und Coaches wird auf eine einschlägige wissenschaftliche Grundausbildung geachtet. Weder die Erfahrung noch ein professioneller Marketingauftritt der Anbieter gewährleisten eine professionelle Arbeit. Leider können sich auch zwielichtige Methoden und Anbieter über Jahrzehnte hinweg etablieren und eindrucksvoll vermarkten.
- Coaches sollten unternehmensexterne Personen sein, die einen vertrauensvollen und geschützten Gesprächsrahmen ermöglichen. Die Dauer des Coachings ist von vornherein begrenzt, sodass keine Abhängigkeitsbeziehung aufgebaut wird.
- Der Coach muss erkennen, wann die Grenzen seiner Profession erreicht sind, z. B. wenn tief greifende psychische Probleme oder Persönlichkeitsstörungen zutage treten.
- Die Maßnahmen werden evaluiert. Dabei beschränkt man sich nicht auf die subjektive Einschätzung des Managers. Diese ist zwar durchaus interessant, für sich allein betrachtet verrät die Zufriedenheit aber leider noch nichts über den tatsächlichen Nutzen. Daher wird auch überprüft, ob zum Ende der Maßnahme verbesserte Skills vorhanden sind.
- Darüber hinaus wird verfolgt, inwieweit die Betroffenen ihr Verhalten im Arbeitsalltag verändern. Hierbei können erneut Messinstrumente zum Einsatz kommen, die bereits im Zuge der 360-Grad-Beurteilung verwendet wurden.

Strategie 5: Führung ernst nehmen
Manager sind eigentlich immer auch Führungskräfte und damit gleichzeitig Vorbilder für die nächste Generation. Trotz unzähliger Weiterbildungsangebote zum Thema Führung scheint dies in vielen Unternehmen jedoch kein Thema zu sein, dem man sich ernsthaft auch jenseits der Formulierung von Führungsgrundsätzen widmen würde. Je höher die Position ist, desto eher herrscht das Prinzip, die Mitarbeiter müssten sich an die Eigenheiten der Führungskraft gewöhnen. Aus der Sicht der Mitarbeiter kann man somit Glück oder Pech haben, wenn es um die Besetzung der Führungsposition geht. Führungskräfte nehmen in begrenztem Maß durch ihren Führungsstil direkt Einfluss auf die Leistung ihrer Mitarbeiter und können indirekt

über die Arbeitszufriedenheit und das Commitment der Mitarbeiter die Geschicke des Unternehmens positiv gestalten. Sie können u. a. Arbeitsstrukturen verändern, Aufgaben sinnvoll delegieren, sich für die Weiterbildung der Mitarbeiter engagieren und deren Expertise ernst nehmen. Je weiter oben sie in der Hierarchie angesiedelt sind, desto stärker sind die Manager von der Leistung ihrer direkten Mitarbeiter abhängig und desto wichtiger ist es, dass sie in der Lage sind, die hier vorhandenen Potenziale zu heben. Je früher ein Unternehmen in der Laufbahnentwicklung von (Nachwuchs-)Führungskräften entsprechende Kompetenzen fördert, desto besser. Haben sich dysfunktionale Verhaltensroutinen erst einmal verfestigt, lassen sie sich nur schwer verändern.

Strategie 6: Urteilsprozesse hinterfragen
Wahrscheinlich werden viele Manager noch einsehen, dass sie im Bereich der Führung etwas lernen können. Sehr viel brisanter dürfte es hingegen sein, ihre Urteilsbildung in Zweifel zu ziehen und Denkfehler also solche aufzudecken. Wenn die Betroffenen an irgendetwas glauben, dann an ihre eigene Urteilskraft. Auch wenn viele von ihnen es nicht glauben werden, liegt in der Reduzierung von individuellen Urteilsfehlern eine zentrale Quelle zur Vermeidung von Fehlentscheidungen, bis hin zum vollständigen Scheitern von Managern. Es ist wichtig, dass Manager ihre eigenen Entscheidungsfehler bewusst reflektieren und etwas lernen über die Psychologie der Urteilsbildung und Denkfehler. Es geht dabei nicht um Schuldzuweisung, sondern darum, zu erkennen, dass bestimmte Fehler in der ganz alltäglichen Urteilsbildung des Menschen angelegt sind, und dass man sich aktiv dagegen zur Wehr setzen muss, wenn es um besonders folgenschwere Entscheidungen geht.

Strategie 7: Eignungsbezogene Beförderungspraxis
In der Regel ist es für einen Arbeitgeber attraktiv, fähige Mitarbeiter dauerhaft an das Unternehmen zu binden. Erfahrene Mitarbeiter sind mit der Organisation vertraut, sie kennen die wichtigen Ansprechpartner, wissen, wie sie ihnen begegnen müssen und können routiniert zur Tat schreiten. Bei der Mitarbeiterbindung spielen auch Zukunftsperspektiven eine wichtige Rolle. Nicht selten werden Beförderungen in diesem Sinn instrumentalisiert, indem man verdiente Mitarbeiter mit einer Beförderung belohnt und sie so an das Unternehmen bindet. Hierbei übersehen die Entscheidungsträger leicht, dass die Leistung auf Arbeitsplatz A nicht ohne Weiteres auf Arbeitsplatz B übertragen werden kann. Neue Arbeitsplätze stellen immer

auch veränderte Anforderungen an den Arbeitnehmer. Dies gilt umso mehr, wenn der Arbeitsplatzwechsel mit einem Aufstieg in höherwertigere, komplexere, machtvollere Positionen verbunden ist. Auch beim internen Aufstieg müssen daher diagnostische Methoden zum Einsatz kommen, mit deren Hilfe die Eignung für die zukünftige Stelle überprüft wird. Die Bewährung auf der derzeitigen Stelle darf bestenfalls bei der Vorauswahl der Kandidaten eine Rolle spielen, und zwar auch nur in einem eingeschränkten Maß. Es ist sinnvoll, diejenigen, die von ihrem Vorgesetzten bislang sehr positiv bewertet wurden, in den Pool der Aspiranten für den weiteren Aufstieg aufzunehmen. Es wäre jedoch falsch, Personen, für die dies nicht gilt, von vornherein auszuschließen. Vielleicht eignen sie sich ja für die nächst höhere Position besser als für ihre derzeitige Stelle. Vielleicht hat der Vorgesetzte ihr Potenzial nicht erkannt oder ein zwischenmenschliches Problem steht einer korrekten Leistungsbeurteilung im Weg. In der Regel sind die Leistungsbeurteilungssysteme in den meisten Unternehmen so schlecht, dass sie die wahre Leistung bestenfalls ansatzweise erfassen. Beförderung ist keine Belohnung für Wohlgefallen, sondern muss Ausdruck der Eignung für die nächst höhere Position sein. Durch eine eignungsbezogene Beförderungspraxis, bei der die derzeitigen Vorgesetzten nur wenig Einfluss auf die Stellenbesetzung nehmen können, würde man das vielleicht größte Grundübel gescheiterter Managerkarrieren ein Stück weit eindämmen können – die Vetternwirtschaft. In sehr vielen Unternehmen werden Karrieren nicht in erster Linie auf der realen Eignung, sondern auf der Zugehörigkeit zu Netzwerken, auf Sympathie und Urteilsfehlern der Vorgesetzten aufgebaut. Auf diesem Weg kommen zu viele Menschen in Positionen, für die sie nur mäßig oder gar nicht geeignet sind. Wer einen solchen Machtmissbrauch verhindern will, der muss auch dafür sorgen, dass interne Auswahlentscheidungen durch professionelle Personalauswahlverfahren herbeigeführt werden. Dabei sollte man zukünftige Vorgesetzte einbinden, sie sollten sich jedoch nicht nach Gutdünken einen Bewerber aussuchen dürfen. Vielmehr sollten sie neben anderen Entscheidungsträgern (Personalabteilung, Personaldiagnostiker etc.) an die Regeln eines Auswahlverfahrens gebunden sein. Hierdurch wird auch verhindert, dass bestimmte Karrieren automatisch Folgebeförderungen nach sich ziehen, nur weil Manager ihre Vertrauten immer weiter mit nach oben hieven. Das mag bei der Besetzung des Sekretariats vielleicht noch legitim sein. Bei der Besetzung von Managementpositionen ist das Vertrauen oder die Verbandelung mit der nächst höheren Ebene hingegen kein hinreichendes Argument. Dafür sind die Positionen zu wichtig und die Folgen einer Fehlbesetzung zu groß.

Strategie 8: Arbeitsprozesse neu strukturieren
Bei nüchterner Betrachtung würde wohl kaum ein Mensch gern unter Arbeitsbedingungen tätig werden, denen viele Manager alltäglich ausgesetzt sind: ständiger Zeitdruck, deutlich mehr Arbeitsaufgaben als sich in vielleicht zehn Stunden pro Tag erledigen lassen, chronischer Schlafmangel, kaum Raum zur Reflexion und langfristigen Planung, meist nur eine oberflächliche Auseinandersetzung mit Themen, die einerseits von großer Bedeutung sind, andererseits von der eigenen Person aber leider nur aus zweiter oder dritter Hand eingeschätzt werden können. Zudem mangelt es bisweilen an Fachkompetenz, vor allem wenn der eigene Verantwortungsbereich extrem breit angelegt ist. Unter diesen Arbeitsbedingungen sind Fehlentscheidungen keine Seltenheit, sondern eher alltäglicher Ausdruck vorhandener Missstände. Letztlich wird man dieses Problem nur dadurch in den Griff bekommen, dass man Entscheidungen auf eine breitere personelle Basis stellt und sie verstärkt auch dort treffen lässt, wo die Expertise anzutreffen ist. Natürlich muss dabei auf eine hinreichende Koordination zwischen den Bereichen geachtet werden und genau dies wäre die Aufgaben für das Spitzenmanagement. In einer solchen Organisationsstruktur würde das Spitzenmanagement beratend und koordinierend mitentscheiden, aber nicht die alleinige und letzte Entscheidungsinstanz darstellen.

Strategie 9: Entscheidungsgremien sozialpsychologisch qualifizieren
Schon heute wird eine Vielzahl von Entscheidungen in Gruppen gefällt. Ohne es wahrscheinlich bewusst zu erkennen, handelt man sich damit Probleme ein, die in der sozialpsychologischen Forschung seit Jahrzehnten bekannt sind. Majoritäten neigen beispielsweise dazu, die freie Meinungsäußerung auch unbeabsichtigt einzuschränken, wodurch gute Hinweise auf bessere Entscheidungen verloren gehen können. Der freie Austausch von Meinungen führt keineswegs immer zu einer ausgewogenen Entscheidung. Das Phänomen der Gruppenpolarisierung beschreibt das Gegenteil. Befinden sich die Mitglieder der Gruppe in einer besonderen Drucksituation und sehen sich vielleicht sogar subjektiv oder objektiv von Feinden umzingelt, so neigen sie zum Gruppendenken und setzen sich nicht mehr differenziert mit den Realitäten auseinander. Wird die Gruppe autoritär geführt, geben die Mitglieder die Verantwortung für ihr Handeln an den Leitwolf ab. Ist das Gremium groß genug, so ermöglicht das jedem Einzelnen, sich hinter den anderen zu verstecken. All dies fördert Fehlentscheidungen. Die Verantwortlichen müssen lernen, dass es solche Phänomene gibt, sie in den eigenen Reihen zu erkennen und zu

unterbinden. In diesem Zusammenhang wäre an eine Art sozialpsychologische Supervision zu denken, die zumindest in einer Übergangsphase bei der Entdeckung und Bekämpfung entsprechender Probleme hilft. Beispielsweise könnte man Entscheidungsprozeduren so verändern, dass jedes Mitglied gezwungen wird, sich unabhängig von den Kollegen zu einer Vorlage zu äußern, ehe man in einen gemeinsamen Entscheidungsprozess einsteigt. Man würde emotionalisierende Wortbeiträge unterbinden oder strittige Abstimmungen anonym durchführen, um nur einige Beispiel zu nennen.

Strategie 10: Kontrollorgane stärken
Zu guter Letzt ist es wichtig, dass Kontrollorgane ihre Funktion auch tatsächlich wahrnehmen. Die Idee, eine Klimaaktivistin in den Aufsichtsrat einer Siemens-Tochter zu installieren, mag unter Marketinggesichtspunkten vielleicht so gerade eben noch als kreativ durchgehen, gleichzeitig entlarvt sie aber eine bemerkenswerte Grundeinstellung zur Institution des Aufsichtsrats. Der Aufsichtsrat erscheint als Quasselbude, die gefüllt wird mit Leuten, die dem Vorstand nicht gefährlich werden können: ehemalige Spitzenmanager des Unternehmens, die den Vorstand in früheren Jahren protegiert haben, aktive Spitzenmanager aus Unternehmen, mit denen man vielfach verbunden ist oder Expolitiker, denen man noch eine Gefälligkeit schuldig ist. Mitglied in einem Aufsichtsrat zu sein, ist eine lukrative Einnahmequelle, die man ganz ungeniert am Rand des eigenen Alltagsbusiness noch mitnimmt. Nur ab und zu muss man mal ein Machtwort sprechen und einen Spitzenmanager entlassen. Danach geht es weiter wie bisher und bei der nächsten Neubesetzung werden dieselben Fehler begangen wie zuvor. Solche Kontrollorgane benötigt niemand. Wer hingegen erkannt hat, dass Kontrollorgane eine zentrale Rolle bei der Verhinderung von Managementfehlern spielen können, der muss auch dafür sorgen, dass sie professionell besetzt werden. Die Mitglieder müssen:

- Fachkompetenz aufweisen;
- hinreichend intelligent sein, um die komplexe Materie verstehen zu können;
- wirklich unabhängig sein, also in keiner geschäftlichen Beziehung zu dem Unternehmen stehen, dessen Arbeit sie kontrollieren sollen, und zugleich auch keinen Aufsichtsratsposten in einem anderen Unternehmen innehaben sowie
- über genügend Zeit verfügen, um sich der Aufgabe professionell widmen zu können.

Alles in allem betrachtet, müssen sie für ihre wichtige Aufgaben, ebenso wie die von ihnen kontrollierten Manager, durch ein diagnostisch anspruchsvolles Auswahlverfahren ausgewählt werden. Die Praxis sieht ganz anders aus. Sie werden eher auserwählt statt professionell ausgewählt.

Viele gravierende Fehlentscheidungen auf Managementebene ließen sich deutlich reduzieren, wenn man sich der Problemlage professionell annehmen würde. Dass dies nicht geschieht, ist selbst Ausdruck jener Fehlentscheidungen, die es eigentlich zu verhindern gilt. Hier beißt sich die sprichwörtliche Katze in den Schwanz. Überall dort, wo diejenigen, die selbst die Fehler produzieren, eine Veränderung des Status quo herbeiführen müssten, wird sich nichts ändern.

MIX
Papier aus verantwortungsvollen Quellen
Paper from responsible sources
FSC® C105338

If you have any concerns about our products,
you can contact us on
ProductSafety@springernature.com

In case Publisher is established outside the EU,
the EU authorized representative is:
**Springer Nature Customer Service Center GmbH
Europaplatz 3, 69115 Heidelberg, Germany**

Printed by Libri Plureos GmbH
in Hamburg, Germany